Conflitos Coletivos do Trabalho e Formas de Solução

OZÓRIO CÉSAR CAMPANER

*Advogado do Sindicato dos Empregados no Comércio de Maringá.
Mestre em Direito do Trabalho pela Pontifícia Univerisdade Católica de São Paulo.
Professor de graduação e de pós-graduação na área trabalhista.*

Conflitos Coletivos do Trabalho e Formas de Solução

EDITORA LTDA.
© Todos os direitos reservados

Rua Jaguaribe, 571
CEP 01224-001
São Paulo, SP — Brasil
Fone (11) 2167-1101

Produção Gráfica e Editoração Eletrônica: R. P. TIEZZI
Projeto de Capa: R. P. TIEZZI
Impressão: COMETA GRÁFICA E EDITORA
LTr 4289.0
Fevereiro, 2011

Visite nosso site:
www.ltr.com.br

Dados Internacionais de Catalogação na Publicação (CIP)
(Câmara Brasileira do Livro, SP, Brasil)

Campaner, Ozório César

Conflitos coletivos do trabalho e formas de solução / Ozório César Campaner. — São Paulo : LTr, 2011.

Bibliografia
ISBN 978-85-361-1667-9

1. Conflitos coletivos trabalhistas 2. Direito do trabalho — Brasil I. Título.

| 10-13512 | CDU-34:331.89(81) |

Índices para catálogo sistemático:
1. Brasil : Conflitos coletivos trabalhistas : Direito do trabalho   34:331.89(81)
2. Brasil : Conflitos trabalhistas : Direito do trabalho   34:331.89(81)

*À minha esposa, Gisele Priscila Costa Campaner,
pela compreensão, pelo incentivo e pelo apoio em todos os momentos,
especialmente durante os anos de mestrado.*

*Aos meus queridos filhos,
Danilo César Costa Campaner e Natália Costa Campaner,
fontes de alegria e motivação.*

Agradecimentos

Ao professor doutor Pedro Paulo Teixeira Manus, meu orientador, a quem agradeço imensamente a paciência e a atenção dispensada, em todas as ocasiões no decorrer do desenvolvimento deste trabalho.

Aos meus professores da Pontifícia Universidade Católica de São Paulo, Renato Rua de Almeida, Paulo Sérgio João, Maria Helena Diniz, Regina Vera Villas Boas Fessel e Maria Celeste Cordeiro Leite dos Santos, que me ensinaram a buscar uma nova compreensão acerca dos institutos e das questões jurídicas estudadas.

Aos colegas de mestrado, agradeço o companheirismo e o partilhar de seus conhecimentos, propiciando embates e discussões jurídicas que enriqueciam as aulas e os seminários.

Aos colegas do Sindicato dos Empregados no Comércio de Maringá, em especial à minha auxiliar na época do mestrado, Ludmila Vaz Gimenes, o incentivo e a compreensão diante das minhas ausências em busca do aprimoramento profissional.

SUMÁRIO

Prefácio — *Pedro Paulo Teixeira Manus* 13

Introdução 15

Capítulo 1. Interesses Coletivos 21
1.1. Definição 21
1.2. Abrangência 23
1.3. Critério categorial como premissa fundamental 25

Capítulo 2. Conflitos Coletivos Trabalhistas 28
2.1. Definição 28
2.2. Aspectos motivadores dos conflitos coletivos e suas consequências 29
2.3. Importância da pacificação 33

Capítulo 3. Meios de Solução Extrajudicial dos Conflitos Coletivos 35
3.1. Aspectos gerais 35
3.2. Autotutela 36
    3.2.1. Definição 36
    3.2.2. Natureza jurídica 38
    3.2.3. Objetivos 39
    3.2.4. Características 40
3.3. Autocomposição 41
    3.3.1. Definição 41
    3.3.2. Características 42

3.4. Heterocomposição 44
    3.4.1. Definição 44
    3.4.2. Características 45
3.5. Conciliação e mediação 46
    3.5.1. Aspectos gerais 46
    3.5.2. Definições e diferenciações 47
        3.5.2.1. Conciliação 47
        3.5.2.2. Mediação 50
    3.5.3. Atribuições do terceiro ou agente: conciliador e mediador 52

Capítulo 4. Negociação Coletiva 54
4.1. Negociação e autonomia privada coletiva 54
4.2. Fundamentos da negociação coletiva 59
4.3. Sujeitos e participação sindical 62
4.4. Princípios da negociação coletiva 68
    4.4.1. Princípio da boa-fé 70
    4.4.2. Princípio do contraditório 71
    4.4.3. Princípio do dever negocial 71
    4.4.4. Princípio do dever de informação 72
    4.4.5. Princípio da razoabilidade das pretensões 73
    4.4.6. Princípio de colaboração 74
    4.4.7. Princípio da igualdade 74
    4.4.8. Princípio de paz social 75
4.5. Objetivos e importância da negociação coletiva 77
4.6. Limites da negociação coletiva 80
4.7. Conteúdo 85
4.8. Efeitos da celebração de norma coletiva e das condições pactuadas ... 87
4.9. Aplicação jurídica da norma coletiva 91

Capítulo 5. Arbitragem 96
5.1. Análise e evolução histórica 96

5.2. Conceituação 102

5.3. Natureza jurídica 104

5.4. A Lei n. 9.307/96: aspectos determinantes e passíveis de adoção no direito coletivo do trabalho 106

    5.4.1. Voluntariedade da utilização da arbitragem 107

    5.4.2. Da convenção arbitral e seus efeitos 108

    5.4.3. Do árbitro 110

    5.4.4. Do procedimento arbitral 113

    5.4.5. Da decisão arbitral 117

5.5. Perspectivas e aplicação no âmbito do direito coletivo do trabalho 123

5.6. A crise do poder judiciário e a resistência à adoção da arbitragem como meio alternativo de solução dos conflitos 130

5.7. Vantagens e desvantagens da arbitragem 134

5.8. Formas de solução arbitral 137

    5.8.1. Em relação aos fundamentos da decisão 138

    5.8.2. Quanto ao critério para a decisão arbitral 139

5.9. Limites da deliberação arbitral 141

5.10. Efeitos e consequências 143

Capítulo 6. Meio de Solução Judicial: Dissídio Coletivo 144

6.1. Considerações iniciais 144

6.2. Conceituação 145

6.3. Espécies de dissídio coletivo 147

6.4. Natureza jurídica da ação coletiva 150

6.5. Disciplinamento legal: da instituição do dissídio coletivo à Emenda Constitucional n. 45/04 151

6.6. Poder normativo 157

    6.6.1. Considerações relevantes para compreensão do instituto 157

    6.6.2. Conceituação 163

    6.6.3. Poder normativo no Brasil e visão crítica acerca do instituto 164

6.6.4. Poder normativo após a EC n. 45/04 168

6.6.5. Limites do poder normativo 171

6.7. Análise dos aspectos controvertidos para ajuizamento de ação coletiva após a EC n. 45/04 176

    6.7.1. Acerca da previsão "de comum acordo": discussão quanto à constitucionalidade 177

        6.7.1.1. Sobre a facultatividade da obtenção do consentimento do oponente 177

        6.7.1.2. Quanto à constitucionalidade ou não da disposição "de comum acordo" 179

        6.7.1.3. Quanto ao momento em que a anuência da parte contrária pode ser externada 184

    6.7.2. Divergência de ordem processual em relação ao "comum acordo" 186

    6.7.3. Discussão quanto instituição da "arbitragem pública" em contraposição à atuação jurisdicional 188

    6.7.4. Possibilidade de supressão judicial em caso de expressa recusa ao consentimento para viabilizar a ação coletiva 191

6.9. Efeitos da solução judicial: sentença normativa 194

Conclusão 197

Referências 201

Prefácio

O mundo do trabalho a cada dia que passa experimenta mudanças nas relações entre empregados e empregadores, tanto no campo individual quanto no campo coletivo. E o que se observa é que tais modificações provocam situações peculiares nos vários setores, o que reclama tratamento específico e soluções adequadas a cada tipo de conflito.

Enquanto a Consolidação das Leis do Trabalho concebe tratamentos iguais às variadas atividades produtivas, o que à época de sua edição era compatível com aquela realidade, dada a pequena diversidade de situações, os fenômenos atuais necessitam, a nosso ver, de enquadramento específico, a fim de melhor atender às peculiaridades, bem como oferecer solução adequada para os conflitos daí decorrentes.

Acreditamos que as soluções negociadas, principalmente na seara do Direito Coletivo do Trabalho, apresentam-se como a melhor forma de solução dos impasses, pois as partes envolvidas no conflito têm pleno conhecimento do tema, das possibilidades de transação e de seus limites, comparativamente a qualquer terceiro. Eis porque esse tipo de solução é mais eficiente.

Não se olvide, contudo, que quando o problema é solucionado diretamente pelas partes, as mesmas assumem posição ativa nessa mesma, o que as compromete pessoalmente com o cumprimento do ajustado, situação que não ocorre quando a decisão de um terceiro, ainda que seja o Estado.

O livro *Conflitos Coletivos do Trabalho e Formas de Solução* do advogado, professor e mestre em Direito Ozório César Campaner é uma contribuição importante para a melhor compreensão dessa questão no Direito do Trabalho, que ainda caminha lentamente entre nós, já que a quantidade de acordos coletivos e convenções coletivas de trabalho é ainda muito pequena, ocasionando uma distância indesejada de empregadores, entidades sindicais e trabalhadores das regras que se aplicam às suas atividades.

O livro, logo no início, em seus Capítulos II e III, ocupa-se do exame dos conceitos de interesses coletivos e interesses coletivos do trabalho, detendo-se não só nos conceitos, mas, também, nos critérios e motivações desses mesmos conflitos.

O Capítulo IV volta-se ao importante tema dos meios de solução, ocupando-se da autotutela e da autocomposição, assim como da heterocomposição e suas formas de expressão, que são a conciliação e a mediação, possibilitando ao leitor compreender não só cada uma das formas de solução, mas seu conteúdo e adequação às variadas situações concretas.

Prossegue a obra na análise da negociação coletiva, no Capítulo V, precedida pelo oportuno exame da autonomia privada coletiva, que embasa a formação dos instrumentos de solução coletiva entre empregados e empregadores, além de estudar os sujeitos da negociação, os princípios que a formam, os seus objetivos e os seus limites.

O Capítulo VI volta-se ao tema da arbitragem, desde sua evolução histórica, conceito e natureza jurídica, além do fundamento legal e aplicação ao mundo do trabalho. Prossegue o Capítulo alcançando as perspectivas da aplicação da arbitragem no Direito Coletivo do Trabalho, mas detendo-se agora na séria questão da crise do Poder Judiciário, com o congestionamento dos vários órgãos, bem como a contraditória resistência interna à adoção da arbitragem. A par destas questões, o livro examina com cuidado o conteúdo e o procedimento da solução arbitral facultativa.

O Capítulo VII volta-se à arbitragem compulsória — que entre nós recebe a denominação de dissídio coletivo —, com ampla explanação do tema, quer quanto aos fundamentos e questões teóricas, como o poder normativo que o embasa, quer quanto à sua dinâmica e os temas decorrentes da recente Emenda Constitucional n. 45, de 2004, que alterou a competência da Justiça do Trabalho, com alterações específicas neste tema em debate.

Seguem-se as conclusões oportunas do autor e a rica e atual bibliografia que subsidiou a elaboração deste oportuno e bem cuidado livro.

O autor, Ozório César Campaner, é advogado trabalhista, atuando principalmente no meio sindical, no Estado do Paraná, e mestre em Direito do Trabalho pela PUC de São Paulo, possuindo sólida experiência na advocacia trabalhista, fruto de sua dedicação pessoal, que enriquece com sua atividade docente, na condição de professor universitário.

Conheci o mestre Ozório César Campaner no Programa de Pós-graduação da Pontifícia Universidade Católica de São Paulo, onde tive a satisfação de ser seu professor em direito processual do trabalho e testemunhar seu interesse pelos temas do Direito, sua dedicação e defesa de seus pontos de vista, sempre de forma fraterna e respeitosa com seus colegas e com todos a sua volta.

Tive a oportunidade gratificante de ser seu orientador na elaboração da dissertação de mestrado, que resultou neste ótimo livro, testemunhando seu entusiasmo com o estudo e elaboração do trabalho, sempre preocupado com o leitor, buscando dar sua contribuição para a melhoria da condição social dos trabalhadores.

Obteve, com brilhantismo, seu título de mestre em Direito, com a defesa competente e serena da dissertação apresentada e que resultou neste livro, o qual a LTr Editora bem avaliou e felizmente, para todos nós, traz a público, como importante contribuição para o Direito Coletivo do Trabalho.

Professor Doutor Pedro Paulo Teixeira Manus
Ministro do Tribunal Superior do Trabalho.
Professor Titular de Direito do Trabalho da PUC-SP.

Introdução

Os conflitos coletivos de trabalho, manifestação do antagonismo ou das divergências de interesses existentes na relação entre o capital e o trabalho, não são de origem recente, mas se tornaram mais evidentes no período coincidente com o surgimento da Revolução Industrial. Isso se deveu aos abusos cometidos pelos detentores da atividade econômica contra os trabalhadores, aliados à tolerância do poder estatal, e concomitantemente à percepção da classe operária sobre a necessidade de união de forças para se contrapor aos interesses do capital.

Conquanto em um momento inicial, as restrições impostas pelas legislações de diversos países proibiam a coalizão operária; posteriormente o movimento associativo dos trabalhadores passou a ser plenamente reconhecido e legitimado por meio dos ordenamentos jurídicos desses mesmos países e pela Organização Internacional do Trabalho (OIT).

Com isso, passou-se a reconhecer, também, a existência de um interesse jurídico coletivo trabalhista, então exteriorizado na defesa exercida por um órgão representativo do grupo, ou, mais precisamente, pelos entes sindicais. Essa exteriorização se *evidencia* nas relações trabalhistas com o conflito de interesses das classes empresarial e trabalhadora, então denominadas categorias econômica e profissional, respectivamente, abarcando a discussão de direitos e obrigações no campo laboral e de atuação dos entes sindicais representativos.

Os conflitos coletivos de trabalho se complementam com as formas ou meios de solução passíveis de serem adotados pelas partes envolvidas na relação conflituosa. De fato, se a existência dos conflitos tem a sua repercussão no meio em que se desenvolvem, as formas pelas quais podem ser solvidos guardam uma importância ainda maior ante os resultados produzidos: pacificação dos embates entre as categorias envolvidas no litígio e estipulação de normas com efeito *erga omnes*, prevendo condições de trabalho aplicáveis no âmbito das representações legais dos sindicatos.

Os meios de solução de tais conflitos não podem desprezar o processo de negociação coletiva e o exercício da autonomia privada coletiva pelos entes sindicais, notadamente em razão de seus reflexos mais positivos, porquanto as próprias partes envolvidas resolvem suas pendências, ajustando seus interesses às condições do oponente.

Para tanto, é imprescindível a participação dos sindicatos, especificamente dos trabalhadores, objetivando suprir a desigualdade econômica e a social dos atores da relação capital-trabalho. De igual modo, a observância aos princípios da negociação coletiva não deve ser desprezada pelas partes, já que a adoção prática de suas diretrizes inequivocadamente enseja no melhor direcionamento do processo negocial e da oportunidade de êxito.

Todavia, como a solução direta entre as partes nem sempre é possível, ainda que tenha a participação conciliatória e/ou mediadora de um terceiro, a ideia de que não há conflito que não encontra uma forma de solução é correta e verdadeira. O nosso ordenamento jurídico, além de prever a mediação exercida pelo Ministério do Trabalho e Emprego, também aponta a arbitragem e a via judicial como meios legais de resolução do conflito coletivo de trabalho. O exercício da autotutela por parte das entidades profissionais, porém, não deve ser descartado, particularmente quando a sua adoção se fizer necessária.

Na modalidade heterocompositiva, destacam-se as hipóteses em que ocorre a intervenção deliberativa de um terceiro — como pessoa ou órgão instituído —, quais sejam: a arbitragem e o dissídio coletivo, refletindo, então, a via judicial. No que se refere à arbitragem, convém ressaltar a autorização explícita do ordenamento jurídico até a sua adoção — vide § 1º do art. 114 da Constituição Federal[1] — como também a normatização dos procedimentos e do estabelecimento dos requisitos para regular processamento — Lei n. 9.307/96 — cujos preceitos se mostram plenamente adequados à resolução dos conflitos coletivos de trabalho.

A utilização do instituto da arbitragem ainda é incipiente, apesar das vantagens propiciadas, como: maior celeridade, idêntica segurança jurídica em relação à solução jurisdicional, respeito aos princípios constitucionais do contraditório e da ampla defesa, imparcialidade do árbitro, além da possibilidade de escolha pelas partes, da pessoa encarregada de deliberar a respeito do conflito. A propósito, os membros do Ministério Público do Trabalho podem atuar como árbitros, sem ônus ou custos para as partes, o que possibilita aos contendores contar com pessoas detentoras de amplo conhecimento técnico-jurídico para decidir sobre as questões que envolvem os interesses categoriais das atividades econômica e profissional.

Não obstante, a opção da via arbitral pode ser rejeitada pelas entidades sindicais envolvidas no conflito, mormente se tratar de um instituto que não está amoldado à nossa cultura e à prática cotidiana pelos mais variados motivos. O fato é que, apesar da total possibilidade de a arbitragem se constituir como o meio mais adequado e propício à solução do conflito, não é possível desconsiderar a intervenção

---

(1) Art. 114.
§ 1º Frustrada a negociação coletiva, as partes poderão eleger árbitros.

judicial com tal propósito, mesmo com a recente alteração legislativa advinda com a Emenda Constitucional n. 45/04, ensejando novas discussões doutrinárias e jurisprudenciais relativas à figura do poder normativo da Justiça do Trabalho.

Por isso, apesar das críticas, o processo de dissídio coletivo permanece inserido em nosso sistema jurídico, mas com um novo e específico condicionamento para sua regular tramitação do processo, decorrente da alteração do disposto no § 2º do art. 114 da Constituição Federal[2]. Denota-se, porém, maior restrição de acesso ou de adoção da via jurisdicional como forma de se alcançar a solução do conflito coletivo de trabalho, com a consequente pacificação das relações trabalhistas e categoriais.

Enfim, a experiência profissional no âmbito do Direito Coletivo do Trabalho como advogado de uma Entidade Sindical Obreira e a grande admiração pelo tema, inclusive como professor universitário da disciplina, foram os principais impulsionadores para a realização deste trabalho, o que justifica o presente livro.

Para a delimitação do tema, o presente trabalho trata de dois aspectos centrais: os conflitos coletivos de trabalho e as múltiplas formas ou meios jurídicos pelos quais podem ser solucionados. Assevere-se, de início, que não se aborda o instituto da greve, embora relacionado à autotela, e também enquadrado como um importante instrumento passível de utilização pelos trabalhadores para viabilizar o andamento negocial e tentativa de resolução do conflito.

Dentro dos temas discorridos, deve ser considerada a abordagem dos interesses coletivos, com ênfase no campo laboral, porquanto precedem aos conflitos, ou seja, para a plena compreensão dos conflitos coletivos do trabalho, discutem-se primeiramente os interesses categoriais, caracterizados pela abstratividade e generalidade, mormente não se levar em conta a individualidade de cada membro.

Na sequência do desenvolvimento deste trabalho, são descritos os aspectos motivadores dos conflitos coletivos de trabalho e suas consequências, cujo enfoque abrange a importância da pacificação das categorias econômica e profissional. Em decorrência do assunto tratado, os meios de solução extrajudicial dos conflitos coletivos de trabalho também são estudados, discorrendo-se sobre os métodos da autotutela, da autocomposição e da heterocomposição, com especial realce nas figuras jurídicas da conciliação e da mediação.

O estudo é complementado pela análise mais detida da negociação coletiva, vislumbrada, contudo, como instituto jurídico mais importante para se buscar a

---

(2) Art. 114. ...
§ 2º Recusando-se qualquer das partes à negociação coletiva ou à arbitragem, é facultado às mesmas, de comum acordo, ajuizar dissídio coletivo de natureza econômica, podendo a Justiça do Trabalho decidir o conflito, respeitadas as disposições mínimas legais de proteção ao trabalho, bem como as convencionadas anteriormente.

solução dos conflitos em referência, como reflexo do exercício da autonomia privada coletiva por parte dos entes sindicais. Alguns aspectos pertinentes merecem registro nessa abordagem à medida que justificam a relevância atribuída à negociação coletiva. Com efeito, os fundamentos e os princípios da negociação coletiva repercutem na própria conduta dos sujeitos envolvidos, no desenvolvimento do processo negocial e na maior chance de êxito na solução do conflito.

Em relação à negociação coletiva, o trabalho também enfoca aspectos pertinentes aos limites e ao conteúdo da negociação, assim como acerca dos efeitos da celebração de norma coletiva e das condições pactuadas, acrescidos de sua aplicação jurídica.

Em prosseguimento, como reflexo direto do método heterocompositivo, focado na intervenção de um terceiro — pessoa física ou órgão instituído — com poderes para deliberar sobre o conflito de interesses, examinam-se a arbitragem e o dissídio coletivo, refletindo, então, a via judicial. No que se refere à arbitragem, os enfoques abrangem desde a autorização explícita do ordenamento jurídico de sua adoção — *vide* § 1º do art. 114 da Constituição Federal[3] — como também a normatização dos procedimentos e do estabelecimento dos requisitos para regular processamento — Lei n. 9.307/96, cujos preceitos se mostram plenamente adequados para a resolução dos conflitos coletivos de trabalho.

Ainda em relação à arbitragem, também são objeto de tratamento no presente trabalho a crise do poder judiciário e a resistência dos entes sindicais à adoção da arbitragem, apesar das vantagens propiciadas pela eleição dessa via pelas partes envolvidas no litígio.

Por fim, analisa-se a adoção da via judicial para a solução dos conflitos coletivos de trabalho e suas particularidades no atual momento pós-Emenda Constitucional n. 45/04. Igualmente são abordados os elementos atinentes ao processo de dissídio coletivo e as suas espécies, a natureza jurídica e o disciplinamento legal.

A ênfase maior, porém, é atribuída ao exercício do poder normativo por parte dos Tribunais do Trabalho como reflexo da atuação jurisdicional para solucionar o conflito e deliberar acerca da fixação de normas e condições de trabalho no âmbito das representações dos sindicatos envolvidos na lide. De igual modo, são abordados os aspectos mais controvertidos para o ajuizamento do dissídio coletivo após a EC n. 45/04, notadamente quanto à constitucionalidade da expressão "de comum acordo", inserida na redação do § 2º do art. 114 da Constituição Federal[4].

Para a elaboração deste trabalho científico que teve por escopo fundamental a busca pelo conhecimento, explorou-se a utilização de diferentes metodologias de

---

(3) Art. 114. ...
§ 1º Frustrada a negociação coletiva, as partes poderão eleger árbitros.
(4) Art. 114. ...
§ 2º Recusando-se qualquer das partes à negociação coletiva ou à arbitragem, é facultado às mesmas, de comum acordo, ajuizar dissídio coletivo de natureza econômica, podendo a Justiça do Trabalho decidir o

pesquisa, dentre as quais os métodos dedutivo, dialético, dedutivo-hipotético e o analítico-sintético.

Considerando que o objeto desta pesquisa é a busca pela solução dos conflitos coletivos relacionados ao trabalho, não se pode olvidar que tais conflitos são foco de abordagem de diversos doutrinadores juristas há muito tempo, o que foi meio para a utilização em especial do método analítico-sintético.

A pesquisa bibliográfica foi a mais utilizada como técnica de pesquisa, valendo-se dos mais clássicos doutrinadores até aqueles que estão despontando na abordagem do tema, embora também tenham sido exploradas formas documentais como artigos, consultas jurisprudências, revistas especializadas e Internet.

Por fim, esta pesquisa procurou adotar as normas e padrões recomendados pela Associação Brasileira de Normas Técnicas (ABNT), visando à melhor compreensão do tema proposto.

---

conflito, respeitadas as disposições mínimas legais de proteção ao trabalho, bem como as convencionadas anteriormente.

Capítulo 1

Interesses Coletivos

1.1. Definição

O interesse coletivo advém do posicionamento e da relação de unidade existente em um determinado grupo de pessoas, físicas ou jurídicas, em obter um bem jurídico que lhe seja favorável e que atenda as suas necessidades.

O interesse que externa o propósito coletivo do grupo não é fruto da soma dos interesses individuais, mas leva em conta os envolvidos abstratamente (ou seja, os próprios indivíduos) e as condições que os identificam entre si, obtendo-se o que se pode apurar como sendo a vontade geral do grupo, uma síntese daqueles, então exercitados coletivamente. Assim, não há individualização dos interessados, apenas a determinação do grupo ou abstratamente das pessoas envolvidas por alguma questão de natureza concreta. A natureza do interesse figura como caráter distintivo[5].

A esse respeito, Ari Possidonio Beltran pondera que

> o simples fato da ocorrência da pluralidade de trabalhadores não é condição suficiente para que se possa falar, tecnicamente, num verdadeiro conflito coletivo, desde que inexista, de forma concorrente, o interesse coletivo,

complementando ser necessário, para essa configuração, que este esteja relacionado com um grupo de trabalhadores considerados em seu conjunto ou em abstrato e que o interesse seja afeto a todos os obreiros em geral[6].

Talvez isso explique o fato de o sindicato figurar como (mero) instrumento para exteriorizar o interesse do grupo ou da categoria que representa, ou seja, enquanto esta (categoria) delibera e decide, aquele (o ente sindical) executa.

---
(5) RUPRECHT, Alfredo J. *Relações coletivas de trabalho*. São Paulo: LTr, 1995. p. 33.
(6) BELTRAN, Ari Possidonio. *A autotutela nas relações do trabalho*. São Paulo: LTr, 1966. p. 53.

E conquanto a atuação sindical tenha por escopo precípuo, como regra, a proteção de interesses coletivos do grupo que o sindicato representa, não se deve olvidar que o disposto no art. 8º, inciso III, da Constituição Federal também atribui a este a defesa dos interesses individuais da categoria[7], que podem ser exteriorizados como sendo de caráter homogêneo.

O ordenamento jurídico pátrio não define o que vem a ser "coletivo", porém a explicitação dessa terminologia se extrai a partir da conceituação de categoria e das prerrogativas e obrigações sindicais — arts. 511, 513 e 514 da CLT e dos contornos que tratam da negociação coletiva — arts. 611 a 624 da CLT.

O interesse coletivo, a propósito, pode ser compreendido por pelo menos dois enfoques, ou, como deduz Carlos Henrique Bezerra Leite, em sentido amplo e em sentido estrito. Na primeira hipótese, abrange todas as espécies de interesses metaindividuais, isto é, os difusos, os coletivos *stricto sensu* e os individuais homogêneos, enquanto que, no segundo, revelam-se aqueles descritos no inciso II, parágrafo único do art. 81 do Código de Defesa do Consumidor, quais sejam, "os transindividuais, de natureza indivisível, tendo como titular grupo, categoria ou classe de pessoas ligadas entre si ou com a parte contrária por uma relação jurídica base"[8].

A Lei n. 8.078/90 define, legalmente, os "interesses coletivos" delineados nos três vértices motivadores da condição coletiva: o objeto (ou objetivo), o grupo (isto é, o conjunto das pessoas envolvidas entre si) e a origem (decorrente da relação existente entre esse grupo). Com efeito, o interesse coletivo é aquele cuja natureza do objeto é indivisível, ou seja, o que se almeja para o grupo não é passível de divisão ou fracionamento; o grupo é determinado ou determinável e exercido por uma classe ou categoria, valendo-se, na seara laboral, do sindicato como instrumento; e a origem, isto é, a relação jurídica existente entre os membros ou integrantes do grupo, com a constatação da necessidade de se alcançar uma "realidade coletiva".

Com pertinência direta ao direito do trabalho e à atuação sindical, deve-se entender por interesses coletivos, segundo Wilson de Souza Campos Batalha, aqueles situados "a meio termo entre os interesses individuais e os interesses gerais", porquanto,

> não são interesses de todo o povo genericamente, não são os interesses de certas e determinadas pessoas, individualmente consideradas, mas são interesses abstratos daqueles que, em determinada base territorial, exercem certas atividades profissionais ou econômicas,

abrangendo "pessoas que se integram abstratamente nas categorias, independentemente da individualidade de cada uma", acrescentando que "em nosso sistema

---

(7) BRITO FILHO, José Cláudio Monteiro de. *Direito sindical*. São Paulo: LTr, 2000. p. 249.
(8) LEITE, Carlos Henrique Bezerra. *A ação civil pública*. São Paulo: LTr, 2001. p. 52.

em vigor, os interesses coletivos são interesses sindicais de empregadores e empregados"[9].

Rodolfo de Camargo Mancuso, após asseverar que os "interesses coletivos valem-se dos grupos como veículos para sua exteriorização", e que "um grupo pressupõe um mínimo de coesão, de organização, de estrutura", complementa afirmando que "os sindicatos surgiram como o grupo social suficientemente forte e definido para captar aquele interesse e protegê-lo"[10].

Denota-se que esses aspectos estão plenamente inseridos nas características dos interesses coletivos trabalhistas, ou, mais propriamente, do direito coletivo que motiva a busca de formas de solução para os conflitos existentes na relação entre o capital e o trabalho a partir das categorias respectivas, cuja forma de ser materializada exige a atuação de um órgão ou ente executor, ora compreendido pelas entidades sindicais.

Por interesse coletivo deve se entender, portanto, o que interessa a um grupo, classe ou categoria de pessoas, que têm como propósito a obtenção de um bem jurídico que satisfaça a necessidade comum, geral e indivisível.

1.2. Abrangência

A maior repercussão dos interesses coletivos envolvendo o âmbito das relações de trabalho surgiu no período da Revolução Industrial, como consequência da constatação pelos trabalhadores de que a unidade entre eles e a conjugação de forças seria primordial para enfrentarem, coletivamente, as dificuldades encontradas e a exploração da mão de obra.

Traçando um paralelo com a doutrina predominante, dessa união dos trabalhadores surgiram os primeiros movimentos para a instituição das corporações, ligas operárias e sindicatos na defesa dos interesses coletivos do grupo. Daí por que, com razão, José Carlos Arouca menciona que "o fenômeno do associacionismo supõe um conjunto de pessoas e interesses bem determinados que não podem ser defendidos individualmente, com possibilidade de êxito"[11].

Na esfera da relação trabalhista, as diferenciações entre os interesses coletivos e individuais são manifestadas a partir de elementos característicos que envolvem os sujeitos, a causa final (ou objeto) e os propósitos visados, ou seja, os próprios interesses.

---

(9) BATALHA, Wilson de Souza Campos. *Direito processual das coletividades e dos grupos*. São Paulo: LTr, 1992. p. 43.
(10) MANCUSO, Rodolfo de Camargo. *Interesses difusos*: conceito e legitimação para agir. São Paulo: Revista dos Tribunais, 2004. p. 59 e 67.
(11) AROUCA, José Carlos. *Repensando o sindicato*. São Paulo: LTr, 1998. p. 15.

Amauri Mascaro Nascimento estabelece diretrizes que distinguem as relações jurídicas coletivas e individuais de trabalho a partir de seus elementos característicos quanto aos sujeitos envolvidos, aos interesses almejados e à causa final. Tendo por base os sujeitos, as relações coletivas se identificam com grupos de trabalhadores e/ou de empregadores, sendo normalmente representados pelos sindicatos (profissionais e patronais), podendo configurar como coletivas, também, as relações entre os trabalhadores e uma ou mais empresas com as quais se relacionam diretamente sem a via sindical-patronal, de modo mais restrito e que "não se desfiguram como grupais, uma vez que atingem também um grupo", acrescentando o autor que "na empresa também há relações individuais e coletivas". Quanto aos interesses, Nascimento define como sendo de caráter grupal, "isto é, referem-se a uma coletividade, sendo comuns a todos os seus membros", ressaltando, todavia, que nem sempre o número de pessoas é fundamental para a distinção entre as relações coletivas e individuais, mas aquelas devem supor "um elo que unifica as pessoas por uma só e comum reivindicação". E relativamente à causa, as relações coletivas envolvem a defesa dos interesses de uma coletividade, caracterizada pela abstratividade e generalidade, contrapondo-se àquelas de caráter individual, nas quais a causa é concreta e específica[12].

Da posição doutrinária supracitada, uma importante observação deve ser feita quanto à abrangência dos sujeitos, que, segundo Nascimento, seriam passíveis de enquadramento como relação coletiva, quando se tem, por finalidade, a tutela de interesses de um grupo de trabalhadores de uma empresa. No entanto, esses interesses não podem ser específicos e nem resultantes "de uma multiplicidade de direitos individuais homogêneos", como preconiza Pedro Paulo Teixeira Manus, concluindo que o interesse coletivo "transcende os interesses individuais, ainda que estes estejam agrupados, pois aquele diz respeito a um grupo determinado, cujos componentes são variáveis"[13].

Ora, apesar da aparência coletiva por abarcar um grupo de sujeitos, os interesses individuais homogêneos têm a conotação individual, porquanto, semelhantemente ao interesse coletivo, em que aquele (o grupo) é determinável (ou identificável) — e sem que isso signifique a possibilidade de individualização dos integrantes que compõem o grupo, para a hipótese do interesse coletivo —, o objeto é divisível aos seus integrantes e a causa se constituiu em um fato de origem comum a todos. No que toca aos interesses coletivos, convém relembrar que o objeto é indivisível, abstrato e geral, e a causa é a relação jurídica que une o grupo ou a classe na busca de seus interesses.

Nesse contexto, deve-se considerar que os elementos característicos que diferenciam as relações coletivas e individuais quanto aos sujeitos, aos interesses e à causa

---

(12) NASCIMENTO, Amauri Mascaro. *Curso de direito do trabalho*. São Paulo: Saraiva, 1996. p. 641-642.
(13) MANUS, Pedro Paulo Teixeira. *Negociação coletiva e contrato individual de trabalho*. São Paulo: Atlas, 2001. p. 23-24.

final motivadora devem ser conjuntamente analisados, de modo a distinguir os interesses coletivos daqueles individuais homogêneos, apenas aparentemente de caráter coletivo.

1.3. Critério categorial como premissa fundamental

Nos delineamentos já transcritos, demonstrou-se que o enfoque dos interesses coletivos é o que retrata o interesse de um grupo de pessoas (trabalhadores e empregadores), ao mesmo tempo comum a todos os seus integrantes, mas abstrato, geral e indivisível quanto ao seu objeto.

Esse grupo de pessoas, no âmbito do direito do trabalho pátrio, é compreendido pela categoria profissional ou pela econômica, sendo certo que o caráter categorial é minimizado quando envolve um agrupamento restrito ao âmbito de uma empresa, sem desfigurar o aspecto coletivo, então abrangendo as partes diretamente envolvidas.

Registre-se, por oportuno, que a adoção da terminologia "categoria", *in casu*, decorre do atual sistema jurídico pátrio, contudo não se deve dissociar outros modelos ou formas de agrupamento de pessoas para expressar a existência de um interesse coletivo que os envolve. Cite-se, por exemplo, o interesse coletivo retratado por ramo de atividade ou segmento econômico, ou ainda, pela profissão, tal como ocorre no caso das categorias diferenciadas. De qualquer modo, o modelo sindical brasileiro leva em conta, tanto para fins de representação sindical como para a defesa dos interesses coletivos, aqueles abrangidos e decorrentes da categoria, sendo esta definida na forma dos §§ 1º, 2º e 3º do art. 511 da CLT[14].

Convém salientar que o conceito jurídico de categoria se desenvolveu no direito italiano durante o regime facista de Mussolini, cujo objetivo era fazer com que o Estado tivesse um controle absoluto dos fatores de produção e da luta de classes, e a existência de um único sindicato por categoria econômica, de um lado, e profissional, de outro, considerando-se o enquadramento sindical prévio e

---

(14) Art. 511. É lícita a associação para fins de estudo, defesa e coordenação dos seus interesses econômicos ou profissionais de todos os que, como empregadores, empregados, agentes ou trabalhadores autônomos, ou profissionais liberais, exerçam, respectivamente, a mesma atividade ou profissão ou atividades ou profissões similares ou conexas.
§ 1º A solidariedade de interesses econômicos dos que empreendem atividades idênticas, similares ou conexas, constitui o vínculo social básico que se denomina categoria econômica.
§ 2º A similitude de condições de vida oriunda da profissão ou trabalho em comum, em situação de emprego na mesma atividade econômica ou em atividades econômicas similares ou conexas, compõe a expressão social elementar compreendida como categoria profissional.
§ 3º Categoria profissional diferenciada é a que se forma dos empregados que exerçam profissões ou funções diferenciadas por força de estatuto profissional especial ou em consequência de condições de vida singulares.

obrigatório. Esse modelo influenciou a legislação brasileira, inclusive com a adoção da mesma terminologia de categorias econômicas e profissionais[15], que, por meio do Decreto-lei n. 1.402, de 5 de julho de 1939[16], passou a retratar o corporativismo sindical e cujos dispositivos foram incorporados à Consolidação das Leis do Trabalho, dentro do "Título V — Da organização sindical" — arts. 511 a 569.

Sem deixar de citar o referido Decreto como base legal da organização sindical que se sedimentou, posteriormente, por intermédio da Norma Consolidada, Arion Sayão Romita pontua que a *Carta del Lavoro* de 1927, na Itália, serviu de inspiração para a formação de sindicatos por categoria no Brasil, então "implantada pela Carta de 10 de novembro de 1937, cujo art. 138 dispunha que o sindicato reconhecido pelo Estado tem o direito de representação legal dos que participarem da categoria de produção para que foi constituído"[17].

Esse sistema categorial, reitera-se, ainda prevalece em nosso ordenamento jurídico, tanto que, além dos preceitos celetários supracitados, a menção contida no inciso II do art. 8º da Constituição Federal[18] expressa que a representação sindical abrange a categoria correspondente.

Wilson de Souza Campos Batalha preleciona, com propriedade, que "os sindicatos representam as 'categorias', que se caracterizam por seu caráter abstrato e indeterminado relativamente a seus integrantes", esclarecendo, ainda, a partir da "conceituação legal", que

> o vínculo básico que caracteriza a categoria econômica (empresas) é a solidariedade de interesses econômicos dos que empreendem atividades idênticas, similares ou conexas. Por outro lado, como categoria profissional se considera a expressão social elementar, caracterizada pela similitude de condições de vida oriunda da profissão ou trabalho em comum, em situação de emprego, na mesma atividade econômica ou em atividades econômicas similares ou conexas[19].

---

(15) BARROS, Cássio Mesquita. Categorias econômicas e profissionais. In: BARROS, Cássio Mesquita. *Direito sindical brasileiro*: estudos em homenagem ao professor Arion Sayão Romita. São Paulo: LTr, 1998. p. 85 e 88.
(16) Convém registrar que, por meio do referido Decreto, estabelecia-se a distinção entre associações e sindicatos, bem como que a existência dos sindicatos dependia do reconhecimento estatal, além do princípio da unicidade sindical, e a fiscalização e a ingerência no funcionamento interno dos sindicatos pelo Ministério do Trabalho, retratando o corporativismo em regime oficial.
(17) ROMITA, Arion Sayão. O conceito de categoria. In: ROMITA, Arion Sayão. *Curso de direito coletivo do trabalho*: estudos em homenagem ao ministro Orlando Teixeira da Costa. São Paulo: LTr, 1998. p. 186.
(18) Art. 8º ...
II — é vedada a criação de mais de uma organização sindical, em qualquer grau, representativa de categoria profissional ou econômica, na mesma base territorial, que será definida pelos trabalhadores ou empregadores interessados, não podendo ser inferior à área de um Município.
(19) BATALHA, Wilson de Souza Campos. *Direito processual das coletividades e dos grupos*. São Paulo: LTr, 1992. p. 24.

Impende destacar que, enquanto a definição de enquadramento da categoria econômica se dá, rigidamente, a partir da solidariedade de interesses que envolvem atividades idênticas, similares ou conexas, no que toca ao sistema de vinculação dos trabalhadores, ou seja, à categoria profissional, tal ocorre, como regra geral, pela vinculação à atividade preponderante do empregador, ou, como adverte Mauricio Godinho Delgado, o ponto de agregação "é a similitude laborativa, em função da vinculação a empregadores que tenham atividades econômicas idênticas, similares ou conexas"[20].

Entretanto, há o caso do critério profissional como fator determinante, ou seja, leva-se em conta a profissão exercida como forma de agregação categorial — *vide* § 3º do art. 511 da CLT[21]. É o que no nosso sistema denomina-se categoria profissional diferenciada. Amauri Mascaro Nascimento destaca que nesse caso os exercentes da profissão constituem uma categoria própria, não integrando o sindicato representativo de todos os trabalhadores do setor econômico da empresa, mas do sindicato da profissão que agrupa todos os que a exercem, independentemente da natureza do setor ou da atividade produtiva, visto que prepondera a profissão e não o segmento econômico-empresarial do empregador[22].

Nota-se, em todo caso, que o aspecto definidor para que o ente sindical possa subsistir é a categoria, a qual é determinada pela identidade de atividades exercidas por aqueles que compõem o grupo representado — econômico ou profissional. Faz--se mister ressaltar que não entra no conceito de categoria o aspecto — individual e específico — de serem seus componentes associados ou não da entidade sindical. Aliás, tal circunstância é e*vide*nte, até porque a categoria preexiste ao sindicato.

---

(20) DELGADO, Mauricio Godinho. *Direito coletivo do trabalho*. São Paulo: LTr, 2001. p. 64.
(21) Art. 511. ...
§ 3º Categoria profissional diferenciada é a que se forma dos empregados que exerçam profissões ou funções diferenciadas por força de estatuto profissional especial ou em consequência de condições de vida singulares.
(22) NASCIMENTO, Amauri Mascaro. *Compêndio de direito sindical*. São Paulo: LTr, 2000. p. 178.

CAPÍTULO 2

CONFLITOS COLETIVOS TRABALHISTAS

2.1. DEFINIÇÃO

De modo geral, o conflito tem o mesmo significado de controvérsia, desentendimento, divergência, podendo extensivamente ser considerado como sinônimo de lide e demanda[23]. No campo do direito laboral, aproveitam-se com maior incidência os vocábulos "conflito" e "controvérsia", ambos designando posições antagônicas de interesse entre partes diversas.

Sergio Pinto Martins apregoa que, embora sejam utilizados na prática com o mesmo significado, conflito "tem sentido amplo e geral, correspondente à divergência de interesses", enquanto a controvérsia "diz respeito a um conflito em fase de ser solucionado", e o dissídio "seria o conflito submetido à apreciação do Poder Judiciário"[24]. Também, nesse sentido, Orlando Gomes e Élson Gottschalk concordam que "conflito coletivo, dissídio coletivo e controvérsia coletiva são expressões usadas ora numa acepção, ora noutra, pela nossa legislação"[25].

Reitera-se que como regra geral, porém, as terminologias acima descritas são adotadas como resultantes da contraposição de interesses coletivos envolvendo as categorias econômica e profissional.

Octavio Bueno Magano define conflito coletivo como aquele em que a divergência em face de determinado interesse envolve a disputa entre sujeitos constituídos por um "grupo de trabalhadores, de um lado, e empregador ou grupo de empregadores, de outro", e se "ademais, o objeto da divergência corresponde ao interesse do próprio grupo, ou de seus membros considerados não *uti singuli* mas *uti universi*"[26].

---

(23) GUIMARÃES, Deocleciano Torrieri. *Dicionário técnico jurídico*. São Paulo: Rideel, 2004. p. 193.
(24) MARTINS, Sergio Pinto. *Direito do trabalho*. São Paulo: Atlas, 1999. p. 657.
(25) GOMES, Orlando; GOTTSCHALK, Élson. *Curso de direito do trabalho*. Rio de Janeiro: Forense, 1995. p. 644.
(26) MAGANO, Octavio Bueno. *Manual de direito do trabalho*. São Paulo: LTr, 1990. v. III, p. 155-156.

Nesse mesmo diapasão, Luiz Carlos da Cunha Avellar sintetiza a definição de conflito coletivo como aquele que "envolve um grupo obreiro, de indivíduos indeterminados, que constituem uma categoria", e que "do lado oposto podemos ter uma coletividade de empresas, que configuram uma categoria econômica, ou pelo menos uma empresa"[27].

Mozart Victor Russomano, ressalvando que sua definição para conflitos coletivos se afigura mais como uma conclusão, observa que

> conflito de trabalho é o litígio entre trabalhadores e empresários ou entidades representativas de suas categorias sobre determinada pretensão jurídica de natureza trabalhista, com fundamento em norma jurídica vigente ou tendo por finalidade a estipulação de novas condições de trabalho[28].

Nota-se que, embora nessa definição não haja a expressão "coletivo", não se deve perder de vista que a conotação retratada tem a amplitude necessária para a dedução lógica envolvendo conflitos de caráter coletivo.

Aspecto de relevo considerado por Alfredo J. Ruprecht, prende-se à necessidade de se analisarem as características dos conflitos coletivos a partir de dois elementos: as partes e o objeto[29]. De fato, como já apontado neste livro, é preciso que pelo menos uma das partes seja um grupo, uma coletividade, uma categoria de trabalhadores de uma empresa, então, comumente representada por um sindicato, e que o objeto deve retratar um interesse coletivo comum aos trabalhadores.

2.2. ASPECTOS MOTIVADORES DOS CONFLITOS COLETIVOS E SUAS CONSEQUÊNCIAS

Como já deduzido no presente livro, os conflitos coletivos de trabalho decorrem da contraposição de interesses entre as classes trabalhadora e patronal, ou, nas palavras de Cássio Mesquita Barros, são aqueles que "nascem de interesses resistidos de caráter genérico"[30], envolvendo obreiros e empregadores.

Deve-se considerar, como aspecto motivador inicial, conforme alertado por José Augusto Rodrigues Pinto, que "a alma do homem é, em si mesma, um imenso campo de turbulências íntimas, causadas pelos conflitos permanentes entre suas fraquezas e ambições"[31], podendo se extrair daí que a própria existência do homem já seria conflituosa consigo mesma.

---

(27) AVELLAR, Luiz Carlos da Cunha. Os dissídios coletivos à luz da Constituição de 1988. *Revista LTr*, São Paulo, n. 55, mar. 1991. p. 324.
(28) RUSSOMANO, Mozart Victor. *Princípios gerais de direito sindical*. Rio de Janeiro: Forense, 2002. p. 226.
(29) RUPRECHT, Alfredo J. *Relações coletivas de trabalho*. São Paulo: LTr, 1995. p. 678.
(30) BARROS, Cássio Mesquita. Modernização da CLT à luz da realidade brasileira. *Revista LTr*, São Paulo, n. 55, abr. 1991. p. 400.
(31) PINTO, José Augusto Rodrigues. *Direito sindical e coletivo do trabalho*. São Paulo: LTr, 1998. p. 153.

Ainda que aparentemente desnecessária, a abordagem dos aspectos históricos possibilita uma dimensão mais ampla de que os conflitos sempre existiram, e em certa medida foram motivadores para a coletivização dos interesses e para a busca de solução das divergências e controvérsias. Apenas como registro, seguindo o entendimento doutrinário predominante com a Revolução Industrial — século XVIII (1750) —, o direito do trabalho teve o seu marco inicial mais evidente ante o agravamento incontrolável da questão social, com reflexos nas relações entre empregado e patrão. Assim sendo, Roberto Barreto Prado pondera que

> a fim de não onerar o custo de produção, assistimos à contratação em grande escala de mulheres e menores, que se satisfazia com salário reduzido e totalmente insuficiente, e ainda a dilatação desmedida da jornada de trabalho. Esse desvio se estendeu e se tornou muito séria[32].

A exploração dos trabalhadores, nessa época, atingiu índices alarmantes, de modo que uma reação se tornou inevitável e urgente, iniciando-se pelas coalizões espontâneas dos próprios empregados das fábricas. Nesse contexto, segundo José Augusto Rodrigues Pinto, a própria Revolução Industrial, em que se concentravam "grandes massas humanas" em um único local de trabalho, propiciou aos operários, subordinados e explorados chegarem "à compreensão de que coletivo e cooperativo não era apenas o trabalho industrial, mas também o interesse dos trabalhadores"[33].

A percepção e a conscientização dos trabalhadores permitiram que estes constatassem que agrupados teriam melhores condições de reivindicar direitos e exercer pressão junto aos patrões como forma de autodefesa. Alfredo J. Ruprecht explica a necessidade que os trabalhadores tinham de obter maiores benefícios, defender direitos adquiridos, lutar pela humanização do trabalho para que não fossem considerados como mercadorias, mas como identificação do homem que o realiza[34].

De fato, historicamente, os trabalhadores precisaram se unir para lutar, coletivamente, por melhores condições de trabalho, porque eram tratados como mercadorias e laboravam em situações de indignidade e abusos (jornadas excessivas, trabalho insalubre, exploração da mão de obra infantil, discriminação em relação ao trabalho da mulher).

Paralelamente à união operária, como já retratado, devem ser considerados três importantes acontecimentos apontados pela doutrina que reforçaram não apenas o reconhecimento da luta dos trabalhadores na busca de melhores condições

---

(32) PRADO, Roberto Barreto. *Curso de direito sindical*. São Paulo: LTr, 2003. p. 127.
(33) PINTO, José Augusto Rodrigues. *Direito sindical e coletivo do trabalho*. São Paulo: LTr, 1998. p. 38.
(34) RUPRECHT, Alfredo J. *Relações coletivas de trabalho*. São Paulo: LTr, 1995. p. 39.

laborais, mas os próprios conflitos com o capital e as tentativas de minimizar os prejuízos para a classe trabalhadora.

O primeiro, consubstanciado pela publicação do "Manifesto Comunista" de 1848, detinha um documento que criticava o materialismo, a prevalência do interesse econômico e do poder político, e concomitantemente a defesa de um movimento socialista clamando pelo intervencionismo estatal nas relações de trabalho como forma de resguardar o proletariado[35].

O segundo, relacionado à preocupação da Igreja com a questão social, especificamente em relação ao trabalho do homem e ao respeito de sua dignidade na relação laboral. A Encíclica *Rerum Novarum* do Papa Leão XIII, de 15 de maio de 1891, se constituiu em um marco como "Carta do Trabalho"[36]. Aliás, é possível se aventar que as diretrizes da *Rerum Novarum* ainda se mantêm incólumes, tanto que o Papa João Paulo II editou no 90º aniversário daquela — ou mais precisamente em 14 de setembro de 1981 — a Encíclica *Laborem Exercens* (ou seja, "O Trabalho Humano"), elencando no item "IV" temas relativos aos "Direitos dos Homens do Trabalho", como o comprometimento do empregador direto e indireto, o problema do emprego, o salário e outros benefícios sociais, a importância e o papel dos sindicatos, a dignidade do trabalho agrícola, a inserção da pessoa deficiente ao mundo do trabalho, o trabalho e o problema da emigração.

O terceiro, envolvendo reconhecimento legal do valor social do trabalho ou como bem jurídico tutelável, erigido em muitas legislações, inicialmente com o disciplinamento de alguns direitos e o reconhecimento do direito de associação em sindicatos ou ligas operárias, e, posteriormente, com o constitucionalismo social, engloba o trabalhador — citando-se, a Constituição Mexicana de 1917 e a Constituição de Weimar (Alemanha) em 1919[37], culminando com o Tratado de Versailles, que selou o fim da primeira guerra mundial e criou a Organização Internacional do Trabalho (OIT) "para realizar estudos e elaborar convenções (tratados multilaterais) e recomendações destinadas a universalizar a justiça social"[38].

E se a união de forças foi determinante no passado, sua importância também se faz sentir no presente. É que, mesmo com a evolução dos tempos, caracterizada pelo avanço dos meios tecnológicos, do aprimoramento nos relacionamentos e dos

---

(35) Nesse sentido: GOMES, Orlando; GOTTSCHALK, Élson. *Curso de direito do trabalho*. Rio de Janeiro: Forense, 1995. p. 4-5; SÜSSEKIND, Arnaldo Lopes. *Direito constitucional do trabalho*. Rio de Janeiro: Renovar, 1999. p. 8-9.
(36) Do mesmo modo, os autores acima citados: GOMES, Orlando; GOTTSCHALK, Élson. *Op. cit.*, p. 5; SÜSSEKIND, Arnaldo Lopes. *Op. cit.*, p. 10, além de PINTO, José Augusto Rodrigues. *Direito sindical e coletivo do trabalho*. São Paulo: LTr, 1998. p. 34.
(37) Como mencionado, dentre outros, por CATHARINO, José Martins. *Tratado elementar de direito sindical*. São Paulo: LTr, 1982. p. 28.
(38) SÜSSEKIND, Arnaldo Lopes. *Direito constitucional do trabalho*. Rio de Janeiro: Renovar, 1999. p. 12.

contatos interpessoais, das quedas de barreiras entre nações, da modernização das legislações, em especial as trabalhistas e sindicais, as controvérsias ainda continuam a integrar as relações de trabalho.

Isso justifica o porquê de os conflitos trabalhistas não se restringirem a algumas sociedades ou a alguns países e tampouco se limitarem a determinadas épocas históricas. A assertiva de Raimundo Simão de Melo, no sentido de que "nos países desenvolvidos onde os problemas econômicos são menores e a distribuição de riquezas existe, também há conflitos trabalhistas dos mais acirrados, pela conquista de direitos, às vezes até de natureza não trabalhista", acrescentando "que em todas as sociedades, até nas de regime socialista, há conflitos de ordem trabalhista, variando quanto à especificidade e às circunstâncias inerentes a cada país"[39] deixa patente que as controvérsias entre capital e trabalho ocorrem em todas as nações do globo terrestre, desenvolvidas ou não, variando apenas em relação ao foco ou ao objetivo específico ou ao direito que resulta na contenda.

Deve-se registrar que o cenário atual ainda é marcado pela prevalência do interesse e do poder econômico, fruto do capitalismo, da globalização da economia e de políticas neoliberais, cujo objetivo maior é o de ampliação de ganhos por parte do detentor do poder econômico com o menor custo possível, sendo também caracterizado pela crise do (des)emprego, que atinge praticamente todos os países do mundo, sendo mais visível em países emergentes, dependentes diretos do capital estrangeiro, como é o caso do Brasil. Mas não é apenas o desemprego que preocupa. Os baixos salários e a consequente queda do poder aquisitivo dos trabalhadores, a informalidade e o subemprego, além da busca cada vez mais crescente de viabilizar a flexibilização das normas trabalhistas, quando não externando o desejo puro e simples da desregulamentação, também contribuem para tornar não somente mais obscuro o horizonte particularmente para a classe operária, como também para dificultar as negociações coletivas e a obtenção de alguma vantagem em favor da categoria profissional.

A contraposição de interesses e a disparidade na relação entre empregados e empregadores, como retratadas a partir das circunstâncias descritas, confirmam o maior poder dos trabalhadores na defesa de seus propósitos comuns quando agrupados, haja vista que, como assinala Alfredo J. Ruprecht, a ação e a atuação profissional por meio de poderosas associações profissionais possibilitam que a enorme desigualdade entre os trabalhadores e a classe patronal ou mesmo a individualidade e a restrição pactual entre operário e patrão sejam atenuadas ou deixem de existir[40].

---

(39) MELO, Raimundo Simão de. Formas de solução dos conflitos coletivos de trabalho no Brasil. *Revista LTr*, São Paulo, n. 55, nov. 1991. p. 1.305.
(40) RUPRECHT, Alfredo J. *Relações coletivas de trabalho*. São Paulo: LTr, 1995. p. 676.

2.3. Importância da pacificação

Se a ocorrência de conflitos ou controvérsias marca sobremaneira as relações de trabalho, com ênfase no âmbito coletivo, a busca de sua solução, que resulta na pacificação dos grupos ou categorias envolvidas (sindicatos profissional e econômico) e dos indivíduos inseridos (obreiros e empregadores), também deve receber enfoque especial.

É certo, como aponta José Carlos Arouca, que na "solução dos conflitos busca-se, pois, um tratado de paz que atenda os trabalhadores sem comprometer a empresa e o Estado preservando a ordem política", "daí por que o procedimento adotado supõe a transação com renúncias e concessões recíprocas"[41].

Sergio Pinto Martins também ressalta os benefícios da negociação e da celebração de uma tratativa coletiva "para os convenentes" e para o Estado, visto que para o empregador isso se apresenta como uma forma de negociação pacífica, sem o perigo da ocorrência de greves; para o empregado, porque significa o reconhecimento, pelo empregador, da legitimidade e da representatividade do sindicato nas negociações, com a consequente conquista de novos direitos para os trabalhadores; e para o Estado, ao retratar uma maneira de não interferência, em que as próprias partes buscam a solução de seus conflitos, culminando com um instrumento de paz social[42].

Não por acaso, Alfredo J. Ruprecht depõe que "os conflitos trabalhistas repercutem não somente sobre as partes interessadas, mas também sobre a sociedade onde estas partes atuam"[43], cujo entendimento também é comungado por Ives Gandra da Silva Martins Filho ao enfatizar que a frustração da negociação coletiva faz com que os embates entre o capital e trabalho não resultem em sofrimento apenas aos empregados e patrões, "mas também e especialmente à sociedade como um todo"[44].

No entanto, a satisfação com a obtenção de um resultado positivo que pacifica os conflitos coletivos de interesses manifestamente antagônicos não deve ser avaliada apenas em relação às partes envolvidas como as principais beneficiadas, assim como à sociedade e ao Estado, mas deve ser contemplada de modo indireto com a solução do litígio.

Destarte, ainda, que estes estejam diretamente abrangidos com a pacificação firmada pelas classes obreira e patronal, como assevera Mauricio Godinho Delgado,

---

(41) AROUCA, José Carlos. *Repensando o sindicato*. São Paulo: LTr, 1998. p. 172.
(42) MARTINS, Sergio Pinto. *Direito do trabalho*. São Paulo: Atlas, 1999. p. 690.
(43) RUPRECHT, Alfredo J. *Relações coletivas de trabalho*. São Paulo: LTr, 1995. p. 676.
(44) MARTINS FILHO, Ives Gandra da Silva. O direito comparado como fonte do direito coletivo do trabalho. *Revista LTr*, São Paulo, n. 55, set. 1991. p. 1.036.

a importância do resultado favorável que se alcança por meio da negociação coletiva transcende o próprio direito laboral e possibilita verificar a tipologia de sistemas trabalhistas no mundo ocidental desenvolvido, dando a devida relevância do instituto da negociação na sociedade contemporânea, de acordo com o maior ou menor grau de atuação sindical, notadamente na participação negocial coletiva. O autor prossegue salientando que a

> experiência histórica dos principais países ocidentais demonstrou, desde o século XIX, que uma diversificada e atuante dinâmica de negociação coletiva no cenário das relações laborativas sempre influenciou, positivamente, a estruturação mais democrática do conjunto social,

enquanto que "as experiências autoritárias mais proeminentes detectadas caracterizavam-se por um Direito do Trabalho pouco permeável à atuação dos sindicatos obreiros e à negociação coletiva trabalhista"[45].

De todo modo, como advertido por Ildélio Martins, "não é mais tempo nem de controvérsia nem de conflitos coletivos de natureza nenhuma", mas sim tempo de

> resistir, com inteligência, buscando fórmulas de convivência na consideração das transformações irremissíveis que aí já estão em adiantado estágio, afetando as relações de trabalho, maltratando a permanência dos empregos, atingindo a própria sobrevivência e constrangendo a individualidade operária[46].

Dada a importância e a repercussão da solução de um conflito coletivo de trabalho, o sistema jurídico admite e disciplina as várias modalidades ou métodos que podem sem adotados para tanto, diretamente pelas partes envolvidas no litígio, ou com a participação de um terceiro, objeto dos enfoques seguintes.

---

(45) DELGADO, Mauricio Godinho. *Direito coletivo do trabalho*. São Paulo: LTr, 2001. p. 107.
(46) MARTINS, Ildélio. Classificação dos conflitos coletivos de trabalho. In: MARTINS, Ildélio. *Curso de direito coletivo do trabalho*: estudos em homenagem ao ministro Orlando Teixeira da Costa. São Paulo: LTr, 1998. p. 262.

CAPÍTULO 3

MEIOS DE SOLUÇÃO EXTRAJUDICIAL DOS CONFLITOS COLETIVOS

3.1. ASPECTOS GERAIS

Os conflitos de interesses que refletem a divergência de propósitos dos segmentos econômico e profissional em temas de âmbito coletivo e que abrangem as respectivas categorias podem ser equacionados por algumas modalidades ou institutos jurídicos reconhecidos pela doutrina e/ou ordenamento legal como meios eficazes de solução das controvérsias, sem a intervenção do sistema judicial estatal.

Apesar da necessária relativização quanto à eficácia da adoção das modalidades ou dos sistemas para a resolução dos conflitos a partir de métodos que excluem a necessidade de acesso ao Judiciário, sua relevância se situa justamente no fato de, em certa medida, resultar de um propósito efetivo das partes envolvidas (como representantes dos interesses coletivos de suas categorias) de buscarem, conjuntamente, o entendimento e a negociação, inclusive no que tange à escolha de um terceiro para mediar ou deliberar pela via arbitral.

Se na sociedade primitiva a prevalência da autotutela, ou seja, da imposição do mais forte sobre o mais fraco ou da solução dos conflitos por meio de duelos ou combates entre os contendores, constituindo-se vitorioso aquele que resistisse ao embate, cuja prática era comumente aceita pela sociedade[47], e embora inexista "um marco na história que separe as formas anteriores de composição dos conflitos e o momento em que o Estado chamou a si essa composição"[48], passando pela arbitragem na Grécia Antiga, cuja escolha para exercer tal encargo recaía, geralmente, aos sacerdotes, considerados próximos aos deuses, ou aos anciãos, por conhecerem os costumes dos povos, o fato é que atualmente a tentativa de se

---

(47) NASCIMENTO, Amauri Mascaro. *Compêndio de direito sindical*. São Paulo: LTr, 2000. p. 255.
(48) SOUZA, Zoraide Amaral de. *Arbitragem, conciliação*: mediação nos conflitos trabalhistas. São Paulo: LTr, 2004. p. 41.

buscar alternativas fora da aparelhagem estatal passou a ser uma constante em todo o mundo[49].

Um dos motivos para essa ocorrência deve-se, inquestionavelmente, ao estrangulamento dos processos em tramitação perante o Judiciário, e à morosidade na solução dos conflitos coletivos, corroborada pelos questionamentos recursais pelas partes. Também pode ser levado em conta o fato de o Poder Judiciário nem sempre conhecer as particularidades que abarcam os segmentos envolvidos no conflito coletivo e que leva à discussão judicial, fazendo com que a solução retratada em uma decisão denominada sentença normativa, em certa medida, não agrade às partes.

Há vários outros argumentos favoráveis à busca de solução sem a intervenção judiciária, valendo-se dos instrumentos ou institutos a serem tratados adiante, assim como existem justificativas para a defesa da deliberação judicial dos conflitos coletivos, os quais igualmente serão objetos de abordagem neste livro. O que se pretende, aqui, é o delineamento das formas de resolução dos conflitos coletivos por meio da utilização da autotutela, autocomposição e heterocomposição, estas como gêneros das formas ou das possibilidades de solver a contenda.

3.2. Autotutela

3.2.1. Definição

Em regra, a autotutela, também entendida como autodefesa, decorre da adoção, pela parte que se sente lesada em seu direito, que reivindica um bem jurídico ou intenciona defender seus interesses ou daqueles que representa, valendo-se de todos os meios e instrumentos capazes de viabilizar seu objetivo, forçando a parte contrária a ceder, total ou parcialmente, em atendimento a sua pretensão.

Ari Possidonio Beltran afirma que o fenômeno da autotutela "remonta à própria história da humanidade", como a defesa do direito sendo exercida pelo próprio titular, tanto no plano individual quanto no coletivo, e ora se constituiu em um "fato social que apresenta aspectos históricos, psicológicos e sociológicos". Prossegue pontuando que,

> em seu sentido amplo, são manifestações de autotutela não só institutos habitualmente agasalhados pelas legislações, como é o caso da legítima defesa, mas também outras, de índole político-social, em voga na atualidade, como o jejum prolongado com a finalidade de protesto, as invasões de propriedades rurais pelos sem-terra, o bloqueio de estradas por

---

(49) SILVA, Antônio Álvares da. Solução dos conflitos do trabalho. In: SILVA, Antônio Álvares da. *Curso de direito do trabalho:* estudos em memória de Célio Goyatá. São Paulo: LTr, 1994. v. 2, p. 692.

moradores que protestam contra acidentes, as invasões urbanas de conjuntos residenciais, as marchas de agricultores, as rebeliões de detentos e diversas outras manifestações coletivas de protesto ou pressão[50].

A exposição supracitada, pela sua generalização, não deixa dúvida quanto à possibilidade de sua ocorrência em situações dissociadas do âmbito do direito do trabalho, confirmando tratar-se de um autêntico instrumento unilateral e autônomo de uma das partes envolvidas no conflito, então adotado como forma de alcançar a reivindicação pretendida com a utilização de meios capazes de persuadir o oponente a ceder, utilizando-se de instrumentos que envolvem a pressão e a força.

A esse propósito, Gino Giugni esclarece que a "autotutela dos interesses coletivos constitui uma das manifestações essenciais e originárias da coalização sindical", podendo "expressar-se através de várias condutas", as quais são submetidas à predisposição do ordenamento estatal; conclui-se que

> nem todos os comportamentos definidos como de autotutela recebem a mesma avaliação, podendo-se distinguir entre comportamentos explicitamente garantidos, penalmente proibidos, ilícitos só civilmente, juridicamente indiferentes, situando-se o direito de greve como "a forma mais incisiva de autotutela"[51].

Antônio Carlos de Araújo Cintra, Ada Pellegrini Grinover e Cândido Rangel Dinamarco apontam as

> razões pelas quais se admite a conduta unilateral invasora da esfera jurídica alheia nesses casos excepcionais: a) a impossibilidade de estar o Estado-juiz presente sempre que um direito esteja sendo violado ou prestes a sê-lo; b) a ausência de confiança de cada um no altruísmo alheio, inspirador de uma possível autocomposição,

e ressaltam que excepcionalmente a própria lei abre exceções à restrição da autotutela como meio ordinário de satisfação de pretensões, citando exemplificativamente o direito de retenção, o desforço imediato, o penhor legal, o direito de cortar raízes e ramos de árvores limítrofes que ultrapassem a extrema do prédio, a autoexecutoriedade das decisões administrativas e os atos que, embora tipificados como crime, sejam realizados em legítima defesa ou estado de necessidade[52].

---

(50) BELTRAN, Ari Possidonio. *A autotutela nas relações do trabalho*. São Paulo: LTr, 1996. p. 25-26.
(51) GIUGNI, Gino. *Direito sindical*. Tradução e notas de Eiko Lúcia Itioka. São Paulo: LTr, 1991. p. 169.
(52) CINTRA, Antonio Carlos de Araújo; GRINOVER, Ada Pellegrini; DINAMARCO, Cândido Rangel. *Teoria geral do processo*. São Paulo: Revista dos Tribunais, 2005. p. 31.

A adoção da autodefesa, porém, não pode ensejar na violação de preceitos legais e tampouco extrapolar os limites do direito do oponente, bastando lembrar que se constitui ilícito o exercício arbitrário das próprias razões — art. 345 do Código Penal[53].

No âmbito do direito coletivo do trabalho, José Cláudio Monteiro de Brito Filho adota a denominação ação direta sindical para retratar a autotutela, definindo aquele fenômeno como

> o conjunto de meios utilizados por trabalhadores e por empregadores, ambos organizados em sindicato ou não, como meio de pressionar a parte contrária em conflito coletivo de trabalho a aceitar sua posição, ou optar pela adoção de um meio de solução de conflitos[54].

Alfredo J. Ruprecht também expressa a mesma denominação, sugerindo que tal ocorre quando as partes "não recorrem aos órgãos ou aos procedimentos instituídos para tal fim", ou seja, resolução da contenda, ignorando "os meios de solução que lhes proporciona o Estado e tratam de obter o êxito na luta por seus próprios meios, rendendo o adversário e impondo-lhes seus pontos de vista"[55].

Ainda que a autodefesa seja caracterizada pelo uso da pressão por uma das partes envolvidas no conflito, isso não desnatura o seu enquadramento e a sua relevância como forma de buscar e alcançar uma solução do impasse, cuja eficácia dependerá de fatores atinentes à capacidade daquele que a adota e do meio utilizado.

3.2.2. Natureza jurídica

A dificuldade de encontrar a natureza jurídica da autotutela decorre da incerteza do seu resultado efetivo e direto.

O enquadramento da autotutela como instrumento jurídico de solução do conflito coletivo trabalhista deve ser compreendido como meio de alcançar o objetivo almejado, pois o seu exercício em si não assegura, necessariamente e de imediato, a obtenção do que se pretende. A hipótese de êxito pela parte que a utiliza, de imediato, corresponde à submissão da parte contrária. Nesse caso, o resultado da solução é a renúncia, a aceitação ou a submissão do oponente ante a pressão sofrida.

De outro modo, a resistência à autotutela exercida pela parte reivindicante pode resultar tão somente no comprometimento daquela em estabelecer

---

(53) Art. 345. Fazer justiça pelas próprias mãos, para satisfazer pretensão, embora legítima, salvo quando a lei o permite.
(54) BRITO FILHO, José Cláudio Monteiro de. *Direito sindical*. São Paulo: LTr, 2000. p. 285-286.
(55) RUPRECHT, Alfredo J. *Relações coletivas de trabalho*. São Paulo: LTr, 1995. p. 707.

conversações que podem desencadear uma negociação, com ou sem a presença de um terceiro como conciliador, mediador ou árbitro, fazendo as suas vezes conforme a modalidade em que a solução é tentada. Aqui, o exercício da autotutela se encerra para dar espaço a outras formas de solução dos conflitos, quais sejam, a autocomposição e/ou a heterocomposição. O resultado pode variar, igualmente, entre a renúncia, a aceitação ou a submissão da parte contrária, ou com a transação, expressa com o término do conflito mediante concessões recíprocas e equivalentes.

3.2.3. Objetivos

O objetivo da autotutela será sempre o de alcançar a solução do conflito coletivo trabalhista pela parte que busca o atendimento de uma reivindicação.

Segundo Gino Giugni, a autotutela tem "como único denominador" "pressionar a parte contrária" "para induzi-la a fazer ou não fazer alguma coisa e para determinar, de tal modo, equilíbrio entre os fatores de produção"[56]. Para Alfredo J. Ruprecht, o objetivo "é o de vencer o opositor mediante pressão econômica, uso de força", mas "correndo os riscos próprios que tais atos implicam"[57]. Para tanto, como descrito acima, a parte vindicante deverá se valer de meios legais para alcançar ou viabilizar a obtenção do que almeja.

A utilização de instrumentos ou meios que se amoldam à autotutela, mas cuja intenção não exprime uma justa e equânime pretensão, deve ser refutada e entendida como abuso de direito. Assim, ainda que a greve se constitua em direito dos trabalhadores, o seu exercício impõe a observância dos requisitos legais e que permitam a sua motivação, já que de outro modo a paralisação dos trabalhadores poderá se afigurar como abusiva e ilegal.

Da mesma forma, o empregador que se valer de recursos enquadrados como decorrentes da autotutela de sua parte depende de motivação, sendo irregular seu exercício se não estiver presente o elemento de luta. Ari Possidonio Beltran assinala que, apesar de não representar a mesma importância que as práticas empregadas pelos trabalhadores, e além de suas aplicações serem mais restritas, várias são as ações da classe patronal que não se resumem ao *lockout*. Conforme Beltran, a

> doutrina tem considerado de maneira geral, como formas de pressão patronal as seguintes: as medidas de ordem administrativa de que dispõem regularmente os empregadores no âmbito do exercício da gestão empresarial; o uso do poder disciplinar; a utilização de prêmios antigreves;

---

(56) GIUGNI, Gino. *Direito sindical*. Tradução e notas Eiko Lúcia Itioka. São Paulo: LTr, 1991. p. 169.
(57) RUPRECHT, Alfredo J. *Relações coletivas de trabalho*. São Paulo: LTr, 1995. p. 707.

as listras negras e brancas, além de outras modalidades de menor importância[58],

cuja descrição desmistifica, em certa medida, que a autotutela somente seria passível de ser exercida pelos trabalhadores por meio da greve.

Aliás, embora a greve seja o mais importante, e conhecido instrumento de pressão que retrata a autotutela obreira, ainda que não se afigure como o único. Ari Possidonio Beltran arrola vários outros "meios de pressão utilizados, sejam combinados com a greve ou não, sejam com ela relacionados ou em ação prévia, podendo ocorrer em atos independentes", citando, dentre outras, as formas de pressões preliminares dos empregados (realização de reuniões, assembleias, expedições de comunicados), os piquetes (auxiliares da greve), a ocupação do estabelecimento, o boicote, a recusa de prestação de horas extras[59].

Em síntese, a autotutela deve ser vislumbrada e adotada como meio de se alcançar uma solução para o conflito e dentro dos limites legais permitidos, ainda que a sua utilização pelas partes envolvidas no litígio tenha por escopo primeiro forçar a parte contrária à negociação.

3.2.4. Características

A autotutela possui características que as abordagens anteriores já evidenciaram, ou seja, o fato de se constituir como meio de pressão que uma das partes envolvidas no conflito e interessada na obtenção de êxito em sua reivindicação adota, valendo-se de instrumentos admitidos como legítimos juridicamente, sem que se alcance o objetivo desejado com essa única investida. Em geral, a autotutela é apenas o primeiro passo que possibilita a conversação e/ou a tratativa negocial entre as partes.

Nesse âmbito, Amauri Mascaro Nascimento preconiza que as medidas autodefensivas não se constituem como "atos decisórios, mas atos de encaminhamento da decisão, modos de pressão sobre a vontade para levá-la à autocomposição"[60]. Por conta desse elemento característico, Isabele Jacob Morgado entende que a autodefesa "não pode ser tida como uma forma de solução dos litígios trabalhistas", por considerar "apenas um instrumento da pressão, uma maneira de forçar a outra parte a ceder, a concordar com o seu posicionamento"[61].

No entanto, como bem focado por Octavio Bueno Magano, a autodefesa ainda persiste nos dias atuais como forma de solução de conflitos, explicadas "por

---

(58) BELTRAN, Ari Possidonio. *A autotutela nas relações do trabalho*. São Paulo: LTr, 1996. p. 193.
(59) BELTRAN, Ari Possidonio. *Op. cit.*, p. 157-158.
(60) NASCIMENTO, Amauri Mascaro. *Curso de direito do trabalho*. São Paulo: Saraiva, 1996. p. 748.
(61) MORGADO, Isabele Jacob. *A arbitragem nos conflitos de trabalho*. São Paulo: LTr, 1998. p. 18.

não ser o Estado nem onipresente nem onisciente, o que o impede de acudir a tempo e de modo satisfatório a todos os conflitos", ressaltando que "uma das áreas mais ricas em manifestações de autodefesa é, sem dúvida, o Direito do Trabalho"[62].

Outra característica que se revela com maior evidência entre as formas de solução dos conflitos é que justamente a autotutela está diretamente relacionada à autonomia sindical, porquanto somente pode ser concebida a partir de um ambiente em que a liberdade sindical pode ser exercida, ainda que restrita a um modelo de unicidade, como ocorre no Brasil. A autonomia sindical é assegurada em nossa estrutura jurídica, como se depreende do disposto no art. 8º, inciso I, da Constituição Federal[63].

Giuliano Mazzoni assevera que a autotutela tem pertinência com a capacidade de os sindicatos "removerem diretamente todos os obstáculos que possam paralisar a atuação de suas regras de direito, sem dever recorrer, por isso, à intervenção direta e imediata de outro ordenamento jurídico, como, por exemplo, o do Estado"[64].

3.3. Autocomposição

3.3.1. Definição

A rigor, a autocomposição ocorre quando as próprias partes envolvidas ou por meio de seus representantes legitimados legalmente, ou seja, os sindicatos, estabelecem as regras da negociação e firmam um instrumento coletivo que finaliza o conflito.

Há, porém, divergências doutrinárias quanto à presença ou não de um terceiro na conversação negocial como elemento caracterizador dessa modalidade de solução dos conflitos coletivos. Uma corrente entende que na autocomposição apenas as partes participam da discussão (ou negociação), sem a presença de um terceiro atuando como conciliador ou mediador.

Nessa linha, Maria Cristina Haddad de Sá aduz que a autocomposição é percebida "quando o conflito é solucionado pelas próprias partes que, diretamente, realizam um convênio coletivo de trabalho"[65]. Também partilham esse entendimento

---

(62) MAGANO, Octavio Bueno. *Manual de direito do trabalho*. São Paulo: LTr, 1990. v. III, p. 183.
(63) Art. 8º ...
I — a lei não poderá exigir autorização do Estado para a fundação de sindicato, ressalvado o registro no órgão competente, vedadas ao Poder Público a interferência e a intervenção na organização sindical.
(64) MAZZONI, Giuliano. *Relações coletivas de trabalho*. Tradução de Antonio Lamarca. São Paulo: Revista dos Tribunais, 1972. p. 83.
(65) SÁ, Maria Cristina Haddad de. *Negociação coletiva de trabalho no Brasil*. São Paulo: LTr, 2002. p. 66.

Pedro Paulo Teixeira Manus ao depor que "denomina-se autocomposição a solução do conflito pelas próprias partes nele envolvidas, sem a necessidade de buscar a intervenção de um terceiro estranho ao litígio"[66], e Mauricio Godinho Delgado, que afirma que a autocomposição se dá "sem a intervenção de outros agentes no processo de pacificação da controvérsia"[67].

De outra banda, José Cláudio Monteiro de Brito Filho, apesar de explanar que "como meios autocompositivos devem ser elencados aqueles em que o poder de solucionar o conflito é das próprias partes", enquadra a mediação como uma das espécies daquela modalidade, inclusive postulando que esta "se caracteriza por ser um meio de autocomposição em que as partes não estabelecem diálogo diretamente, sozinhas, e sim com o auxílio de terceiro, denominado mediador"[68], ou seja, a presença deste não desnatura essa modalidade de solução de conflitos.

Iara Alves Cordeiro Pacheco assim expressa o seu posicionamento: na "autocomposição a solução é encontrada pelas próprias partes, auxiliadas ou não por um terceiro, de forma unilateral ou bilateral"[69], ou seja, embora avente que nessa forma o conflito é solvido pelas partes envolvidas no litígio, não deixa de enfocar que isso pode se dar com a participação de um terceiro.

Essa segunda corrente parte do pressuposto de que a presença de um terceiro com atribuição de aproximar as partes e auxiliar na composição do conflito sem o encargo de deliberar e/ou decidir, já que a solução cabível continua restrita às partes.

É oportuno destacar, por fim, que a terminologia "auto" significa "por si mesmo", "por si próprio", concluindo-se, por conseguinte, que a autocomposição se trata de uma modalidade de solução de conflito coletivo pelas próprias partes envolvidas na discussão e sem a presença de um agente externo, ainda que este se coloque sem qualquer poder deliberatório ou com o mero objetivo de aproximar as partes para a solução da contenda.

3.3.2. Características

O aspecto determinante que retrata a autocomposição é o estabelecimento de negociação direta entre as partes envolvidas no conflito e cujo resultado, que, se deliberado para pôr fim à controvérsia, materializa-se por meio de um instrumento coletivo formalizado, ou seja, uma convenção ou acordo coletivo de trabalho.

---

(66) MANUS, Pedro Paulo Teixeira. *Negociação coletiva e contrato individual de trabalho*. São Paulo: Atlas, 2001. p. 30.
(67) DELGADO, Mauricio Godinho. *Direito coletivo do trabalho*. São Paulo: LTr, 2001. p. 181.
(68) BRITO FILHO, José Cláudio Monteiro de. *Direito sindical*. São Paulo: LTr, 2000. p. 271 e 273.
(69) PACHECO, Iara Alves Cordeiro. *Os direitos trabalhistas e a arbitragem*. São Paulo: LTr, 2003. p. 13.

A negociação, aqui, deve ser entendida como o meio pelo qual as partes se apresentam para discutir as divergências. É o exercício do diálogo, devendo-se relembrar que tal pode não resultar, necessariamente, na solução do conflito existente entre as partes. A solução pacífica dos conflitos coletivos que se exterioriza na autocomposição, porém, não significa a inexistência de divergências e/ou a concordância com os termos ou reivindicações da parte contrária, mas o estabelecimento de contato e conversação respeitosa. Quando a negociação é concluída com a obtenção de êxito, é alcançada, em geral, por meio da transação, ou seja, quando as partes envolvidas na contenda solucionam as divergências mediante concessões recíprocas.

Amauri Mascaro Nascimento aponta a concordância das partes como essência da autocomposição, acrescentando que o alijamento da aquiescência descaracteriza o procedimento, ainda que o desfecho negocial não represente a exata vontade das partes[70].

Entretanto, pode ocorrer também da autocomposição advir da renúncia, da aceitação ou da submissão da parte instigada à negociação. A renúncia se verifica quando decorrente de um ato unilateral da parte que detém um direito, ainda que em discussão, abrindo mão em favor de outrem do bem jurídico que este vindicava. É importante para a validade da renúncia que esse ato seja livre e que o direito renunciado seja disponível e não haja vedação legal para tanto, considerando que no ordenamento jurídico pátrio a maioria dos direitos trabalhistas é de caráter irrenunciável[71].

A aceitação, por sua vez, ocorre quando uma das partes reconhece o direito do oponente, "passando a conduzir-se em consonância com esse reconhecimento", observando-se, contudo, "o estado de espírito e conduta da parte que confere a aquiescência", e desse proceder também pode advir a submissão, então caracterizada pela "inércia em reagir em face da manifestação do direito de outrem"[72].

É conveniente salientar, por fim, que, antes de se constituir em uma característica, via de regra o exercício da autocomposição se revela como a melhor forma de solução dos conflitos de caráter coletivo de trabalho, ou, como Pedro Paulo Teixeira Manus aponta, "que as partes envolvidas é que melhor conhecem suas próprias condições, podendo avaliar qual a melhor solução dentro do que é possível em face da realidade em que se encontram", bem como quando o autor assinala que, em "havendo um processo de negociação que cause efetiva mobilização dos interessados, todos comprometem-se pessoalmente com o resultado produzido, havendo fatalmente um nível maior de cumprimento do avençado"[73].

---

(70) NASCIMENTO, Amauri Mascaro. *Conflitos coletivos de trabalho*. São Paulo: Saraiva, 1978. p. 179.
(71) MORGADO, Isabele Jacob. *A arbitragem nos conflitos de trabalho*. São Paulo: LTr, 1998. p. 21.
(72) DELGADO, Mauricio Godinho. *Direito coletivo do trabalho*. São Paulo: LTr, 2001. p. 181.
(73) MANUS, Pedro Paulo Teixeira. *Negociação coletiva e contrato individual de trabalho*. São Paulo: Atlas, 2001. p. 49.

3.4. Heterocomposição

3.4.1. Definição

A heterocomposição acontece quando há participação direta ou indireta de um terceiro, cuja escolha deve representar uma consensualidade das partes em litígio. José Augusto Rodrigues Pinto manifesta esse entendimento ao enfatizar a "inserção de um sujeito estranho aos interessados no procedimento destinado a pôr fim à controvérsia"[74].

Nessa mesma linha de raciocínio, encontra-se Mauricio Godinho Delgado quando observa que, "ao invés de isoladamente ajustarem a solução de sua controvérsia", as partes submetem "a terceiro seu conflito, em busca de solução a ser por ele firmada ou, pelo menos, por ele instigada ou favorecida"[75].

Os posicionamentos doutrinários ora em questão refletem o entendimento segundo o qual a heterocomposição importa na presença de um terceiro para atuar na busca da solução do conflito, quer auxiliando na aproximação das partes e na convergência de suas propostas (como conciliador), quer praticando esses mesmos atos e exprimindo diretrizes próprias que possam resultar na resolução do impasse, sem imposição (*in casu*, como mediador), ou, ainda, impondo uma solução às partes (agindo, então, como árbitro). Ou seja, a heterocomposição, aqui, abrange a participação de um terceiro. Nesse caso, situam-se as hipóteses de conciliação, mediação e arbitragem, embora a solução jurisdicional também possa ser enquadrada como uma modalidade de heterocomposição.

Não obstante, há outra corrente doutrinária que entende que a heterocomposição "se dá pela decisão de um terceiro (ou terceiros)", citando-se como "exemplos dessa modalidade" "a jurisdição e a arbitragem"[76]. Também neste sentido entende Raimundo Simão de Melo, ao delinear a heterocomposição como "um dos meios de solução de conflitos por fonte suprapartes, que decidirá com força obrigatória os litígios que lhes sejam apresentados, consistindo nas formas jurisdicional e na arbitragem"[77]. Do mesmo modo procede Isabele Jacob Morgado[78] ao incluir apenas a arbitragem e a solução jurisdicional como meios heterocompositivos.

Sobreleva ressaltar que, apesar da controvérsia supracitada externar mera discussão doutrinária, não se deve deixar de considerar a intensidade da participação do terceiro no processo negocial que visa a solucionar o conflito coletivo vivenciado

---

(74) PINTO, José Augusto Rodrigues. *Direito sindical e coletivo do trabalho*. São Paulo: LTr, 1998. p. 257.
(75) DELGADO, Mauricio Godinho. *Direito coletivo do trabalho*. São Paulo: LTr, 2001. p. 182.
(76) PACHECO, Iara Alves Cordeiro. *Os direitos trabalhistas e a arbitragem*. São Paulo: LTr, 2003. p. 15.
(77) MELO, Raimundo Simão de. Formas de solução dos conflitos coletivos de trabalho no Brasil. *Revista LTr*, São Paulo, n. 55, nov. 1991. p. 1.308.
(78) MORGADO, Isabele Jacob. *A arbitragem nos conflitos de trabalho*. São Paulo: LTr, 1998. p. 21.

pelas partes envolvidas. Aliás, justamente esse aspecto serve de motivação para a divergência, porquanto alega-se que, como nos casos de conciliação e de mediação, conforme serão enfocados adiante, o terceiro não decide a controvérsia, ou seja, não emite deliberação que solucione o litígio conflituoso; o enquadramento jurídico seria de autocomposição, e não heterocomposição.

Em todo caso, ainda que a solução do conflito dependa exclusivamente das partes, a presença do conciliador e/ou do mediador no processo de discussão deixa de ser exclusivamente gerida pelos contendores, "transferindo-se em alguma extensão para a entidade interveniente"[79]. Por essa razão, comunga-se do entendimento pelo qual, tanto com a participação de um conciliador quanto de um mediador, se estará diante de um sistema de heterocomposição.

3.4.2. Características

A exemplo da autocomposição, o exercício de conversação negocial entre os contendores se revela essencial para o desdobramento da heterocomposição. Com efeito, a prévia tentativa de negociação direta deve preceder a transmutação para a adoção de um dos meios heterocompositivos, com o fito de solucionar o impasse.

Não teria sentido as partes conflitantes buscarem quaisquer das modalidades da heterocomposição, ainda que restrita à conciliação e, consequentemente, com a presença de um terceiro-conciliador, sem que tenha ocorrido, ainda que em caráter preliminar, um contato direto entre as partes e que justifique, a partir da constatação de impossibilidade de solução direta, a indispensabilidade de intervenção de um agente externo com o propósito de solucionar o impasse. Até mesmo para a escolha consensual — inclusive para o caminho jurisdicional — do meio heterocompositivo a ser adotado será necessária a conversação das partes.

Registre-se, por oportuno, que a "mediação" preliminar realizada no âmbito do Ministério do Trabalho, conhecida na esfera sindical como "reunião de mesa redonda" e comumente realizada como primeiro contato formal das partes conflitantes, não deve ser entendida como um desvirtuamento da exposição anterior. A realização dessa reunião se dá, na prática, em decorrência de solicitação apresentada por uma das partes e para servir como início formal das conversações.

Em geral, porém, concomitantemente ao encaminhamento da proposta reivindicatória e negocial à parte contrária, o interessado também formaliza a solicitação ao Ministério do Trabalho, protestando pela designação da aludida reunião "preliminar". Nota-se, pois, que não há consensualidade das partes envolvidas no litígio para esse encaminhamento. Ademais, deve-se considerar que, na prática, a

---

(79) DELGADO, Mauricio Godinho. *Direito coletivo do trabalho*. São Paulo: LTr, 2001. p. 183.

referida reunião cumpre apenas a mera formalidade de expedir a "ata negativa", ou, quando muito, constar o resguardo da "data-base"[80] da categoria profissional.

Não se deve desconsiderar, obviamente, conforme será objeto de abordagem deste livro, que o agente do Ministério do Trabalho pode desempenhar o papel de mediador por meio de solicitação das partes para tal encargo, cuja medida é levada a efeito, geralmente, apenas depois do aparente esgotamento da possibilidade de negociação direta entre as partes.

Outro elemento relevante na heterocomposição é que, dependendo da modalidade ou da via eleita pelas partes visando à solução da circunstância fático-legal conflituosa, será necessária a observância das formalidades necessárias, tais como nas hipóteses de adoção da via arbitral ou da judicial, as quais serão objeto de discussão no presente trabalho.

De qualquer modo, quando malogram os entendimentos compositivos estabelecidos diretamente entre as partes, sem que a intervenção conciliatória e/ou mediadora resolva o impasse, "para não se chegar ao chamado 'buraco negro' é preciso que existam outros meios rápidos e adequados para solução dos conflitos trabalhistas"[81], entre os quais a arbitragem e o dissídio coletivo.

3.5. Conciliação e mediação

3.5.1. Aspectos gerais

Independentemente das divergências doutrinárias quanto ao enquadramento dos institutos jurídicos da conciliação e da mediação como uma das formas pelas quais a solução do conflito coletivo pode ser alcançada, ou seja, autocomposição ou heterocomposição, o interessante é que ambas externam, sobretudo, a existência ou a intenção de se estabelecer o diálogo negocial entre os contendores.

Claudia de Abreu Lima Pisco propõe que a

> busca de meios alternativos através de mecanismos não impositivos possibilita, na maior parte das vezes, evitar o desgaste em uma relação já deteriorada, permitindo que as partes interessadas participem do procedimento de solução[82].

---

(80) Entende-se por "data-base" o momento anual estabelecido pelos sindicatos das categorias econômica e profissional para a renovação da Norma Coletiva de Trabalho, inicialmente definido pela Lei n. 6.708/79 — art. 4º, §§ 1º e 2º, então tratando da Correção Automática dos Salários e Alteração da Política Salarial, e mantido nas Leis posteriores que igualmente disciplinaram o reajustamento e/ou zeramento (anual) de salários definidos pelo Estado ou por meio da livre negociação, tais como: Lei n. 8.419/92, Lei n. 8.542/92, Lei n. 8.700/03, Lei n. 8.880/94, Lei n. 10.192/01.
(81) MELO, Raimundo Simão de. Formas de solução dos conflitos coletivos de trabalho no Brasil. Revista LTr, São Paulo, n. 55, nov. 1991. p. 1.308.
(82) PISCO, Claudia de Abreu Lima. Técnicas para solução alternativa de conflitos trabalhistas. Revista LTr, São Paulo, n. 70, nov. 2006. p. 1.349.

Com efeito, tanto na conciliação como na mediação um terceiro acompanha a conversação das partes conflitantes, sendo que a diferenciação se dá no grau e na forma da participação desse elemento.

Cássio Mesquita Barros observa que no Brasil "a mediação e a conciliação têm a mesma função intrínseca", e que "os dois institutos têm diferenças apenas formais"[83]. Nas duas hipóteses, esse terceiro desenvolve uma função importante, porque seu encargo é o de buscar uma solução negociada relativamente aos interesses das partes diretamente envolvidas e em discussão, de modo pacífico e equânime.

Ainda que nenhum manual contemple, é importante que o agente externo encarregado de conduzir a conciliação ou a mediação se apresente com imparcialidade, independência, ponderação e equilíbrio, visto que o nível da conflituosidade pode exigir desse terceiro, além do conhecimento das questões que envolvem o litígio, o exercício de paciência e persuasão.

3.5.2. Definições e diferenciações

Sem embargo à assertiva anterior, inclusive quanto à citação doutrinária que não aponta, na prática, diferenças relevantes entre a conciliação e a mediação, o objeto do presente livro impõe a análise dogmática dos institutos, bem como das diferenciações e elementos característicos.

Neste sentido, deduzem-se os seguintes enfoques.

3.5.2.1. Conciliação

A conciliação, para Mauricio Godinho Delgado, "é o método de solução de conflitos em que as partes agem na composição, mas dirigidas por um terceiro, destituído de poder decisório final, que se mantém com os próprios sujeitos originais da relação jurídica conflituosa"[84].

Para Mozart Victor Russomano e Guillermo Cabanellas, a conciliação "é a forma primária de solução indireta dos conflitos coletivos", e embora esta pressu-ponha, entre os litigantes, a figura do conciliador, os autores ponderam que a intervenção deste é tênue, justamente em razão da forte importância da livre manifestação de vontade das partes[85].

---

[83] BARROS, Cássio Mesquita. Mediação e arbitragem em uma nova relação de trabalho. In: BARROS, Cássio Mesquita. *Temas atuais de direito*. Edição comemorativa ao Jubileu de Prata da Academia Paulista de Direito. São Paulo: LTr, 1998. p. 235.
[84] DELGADO, Mauricio Godinho. *Direito coletivo do trabalho*. São Paulo: LTr, 2001. p. 185.
[85] RUSSOMANO, Mozart Victor; CABANELLAS, Guillermo. *Conflitos coletivos de trabalho*. São Paulo: Revista dos Tribunais, 1979. p. 112-113.

Octavio Bueno Magano, por seu turno, delineia a conciliação como um "negócio jurídico em que as partes respectivas, com a assistência de terceiro, põem fim a conflito entre elas existente"[86].

Pois bem, sem desconsiderar a aparente disparidade doutrinária ora externada, três aspectos merecem destaques, além da indispensável participação do terceiro ou agente como conciliador e da atuação deste, como será contemplado adiante.

O primeiro, tendo-se em conta que a conciliação (voluntária) é objeto de previsão na Recomendação n. 92 da OIT[87], a qual dispõe, dentre outras diretrizes, *a)* a paridade do órgão de conciliação, ou seja, uma representação igual de empregadores e trabalhadores; *b)* acerca da celeridade e da gratuidade do processo; *c)* sobre a iniciativa por qualquer das partes em conflito, ou, de ofício, por parte do órgão de conciliação; *d)* que uma vez submetido ao processo de conciliação com o consentimento das partes envolvidas, deve-se estimular para que as mesmas se abstenham de recorrer a greves ou ao *lockout* no decorrer das conversações; *e)* que todos os acordos celebrados entre as partes sejam redigidos por escrito, considerando-os como contratos. No Brasil, o processo de conciliação dos conflitos trabalhistas está disciplinado nos arts. 625-A a 625-H da CLT, advindo da edição da Lei n. 9.958, de 12 de janeiro de 2000, porém restrito àqueles de caráter individual, e cuja criação depende, indispensavelmente, de negociação coletiva.

O segundo, para destacar que a conciliação pode ocorrer nas esferas extrajudicial ou judicial. Naquela, o procedimento de conciliação se desenvolve sem qualquer envolvimento do órgão judiciário, bastando que as partes em conflito e um terceiro ou agente, que assume o encargo de conciliador, estabeleçam as conversações e contatos com o fito de solucionar as controvérsias. Pode ocorrer como uma fase pré-processual[88], aliás, como acontece para os conflitos individuais de trabalho, cuja submissão à comissão de conciliação prévia, se existente, se constitui como medida indispensável.

Quando o conflito é levado ao Poder Judiciário, a conciliação pode ocorrer em qualquer fase processual, embora Amauri Mascaro Nascimento assevere a restrição "enquanto não estiver proferida a decisão judicial"[89], situação, contudo, que não encontra paralelo no ordenamento jurídico pátrio ante a possibilidade de se designar audiência para tentativa de conciliação entre as partes, cujo processo judicial já se encontra em fase de execução — inteligência do disposto no art. 764, § 1º, da

---

(86) MAGANO, Octavio Bueno. *Manual de direito do trabalho*. São Paulo: LTr, 1990. v. III, p. 184.
(87) Importante destacar, a respeito, dois aspectos: a Recomendação em desate foi aprovada na 34ª Conferência Internacional do Trabalho realizada em 1951, e cujo objetivo, a exemplo de outras Recomendações, é o de servir para a criação de normas por parte do legislador do país vinculado à OIT, e que podem ser adotadas como fonte formal de direito, no disciplinamento do assunto tratado naquelas.
(88) NASCIMENTO, Amauri Mascaro. *Compêndio de direito sindical*. São Paulo: LTr, 2000. p. 261.
(89) *Idem*.

CLT[90], combinado com o art. 599 e inciso I do CPC[91]. João de Lima Teixeira Filho aponta que "o juízo conciliatório é uma etapa obrigatória do procedimento judicial trabalhista, seja individual (arts. 831, 846 e 850 da CLT), seja coletivo (art. 860 da CLT)"[92], e cuja obrigatoriedade, de acordo com Octavio Bueno Magano, "não desvirtua, porém, a sua natureza jurídica", ou seja, de negócio jurídico[93].

E por fim, o terceiro ponto de destaque prende-se à possibilidade de a conciliação ser obrigatória ou facultativa, conforme o ordenamento jurídico que a disciplina. A Recomendação n. 92 da OIT, supracitada trata do processo de conciliação voluntária, ou seja, facultativa, todavia nada obsta que o ordenamento jurídico estabeleça a obrigatoriedade de sua utilização, tal como acontece para os conflitos individuais, como mencionado anteriormente. A OIT deixa evidenciada a preferência pelo critério de voluntariedade das partes na escolha e adoção dos mecanismos ou sistemas de conciliação, como se depreende do contido no art. 6º da Convenção n. 154[94].

A distinção entre a facultatividade e a obrigatoriedade reside apenas na espontaneidade naquela hipótese e na compulsoriedade nesta, a que estão sujeitas as partes conflitantes.

A conciliação obrigatória, como bem salientam Orlando Gomes e Élson Gottschalk, não significa que "as partes são obrigadas a conciliar seus interesses divergentes de qualquer forma", mas "apenas são obrigadas a negociar, a sentar à mesa dos debates, a dialogar, a discutir suas divergências"[95], ou como propõem Mozart Victor Russomano e Guillermo Cabanellas, "mantém-se a autonomia da vontade das partes quanto à possibilidade de recusa do acordo", já que no "fundo, sempre, a conciliação, isto é, o acordo ou transação, resulta da vontade livre e soberana das partes"[96].

Em arremate, é oportuna a conclusão de Éfren Córdova ao analisar as particularidades da conciliação voluntária e obrigatória nos conflitos coletivos em países da

---

(90) Art. 764. Os dissídios individuais ou coletivos submetidos à apreciação da Justiça do Trabalho serão sempre sujeitos à conciliação.
§ 1º Para os efeitos deste artigo, os juízes e Tribunais do Trabalho empregarão sempre os seus bons ofícios e persuasão no sentido de uma solução conciliatória dos conflitos.
(91) Art. 599. O juiz pode, em qualquer momento do processo:
I — ordenar o comparecimento das partes.
(92) TEIXEIRA FILHO, João de Lima. *Instituições de direito do trabalho*. São Paulo: LTr, 2002. v. 2, p. 1.190-1.991.
(93) MAGANO, Octavio Bueno. *Manual de direito do trabalho*. São Paulo: LTr, 1990. v. III, p. 185.
(94) Art. 6º 1. Deverão ser adotadas medidas adequadas às condições nacionais no estímulo à negociação coletiva. 2. As medidas a que se refere o § 1º deste artigo devem prover que: de instituições de conciliação de arbitragem, ou de ambos, nos quais tomem parte voluntariamente as partes na negociação coletiva.
(95) GOMES, Orlando; GOTTSCHALK, Élson. *Curso de direito do trabalho*. Rio de Janeiro: Forense, 1995. p. 647-648.
(96) RUSSOMANO, Mozart Victor; CABANELLAS, Guillermo. *Conflitos coletivos de trabalho*. São Paulo: Revista dos Tribunais, 1979. p. 112.

América Latina, de que "as partes que se submetem voluntariamente ao procedimento têm mais possibilidades de conseguir acordos do que as que se veem, de alguma maneira, compelidas a participar dele"[97].

3.5.2.2. MEDIAÇÃO

João de Lima Teixeira Filho conceitua a mediação como "o processo dinâmico de convergência induzida ao entendimento", e que "visa à progressiva redução do espaço faltante para o atingimento do ponto de equilíbrio em torno do qual o consenso das partes se perfaz, livrando-as do impasse ou retirando-as da posição de conflito"[98]. Para tanto, um terceiro ou agente é eleito pelas partes, ou em determinadas situações e mediante previsão legal, apenas uma das partes invoca a atuação daquele para o encargo da mediação.

A mediação, para Claudia de Abreu Lima Pisco, é "uma forma de autocomposição induzida"[99], na qual a figura do terceiro mediador assume maior ênfase. José Carlos Arouca, por exemplo, ao definir a mediação como "forma de solução dos conflitos coletivos com participação de terceiro neutro", ressalta o papel deste no sentido de "aproximar as partes dissidentes, propondo alternativas, justificando-as, empenhando-se, enfim, para o atingimento de uma composição amistosa"[100]. Mauricio Godinho Delgado enfoca o encargo e a conduta do agente, que, "considerado terceiro imparcial em face dos interesses contrapostos e das respectivas partes conflituosas, busca auxiliá-las e, até mesmo, instigá-las à composição, cujo teor será, porém, decidido pelas próprias partes"[101].

Não obstante, ainda que o processo de mediação envolva uma atuação mais efetiva do terceiro ou agente, porquanto além de ouvir e avaliar as intenções das partes em conflito, sugerir e propor alternativas, instar e aproximar os contendores para a solução dos pontos divergentes, inclusive formulando alternativas que possam ser aceitas, a maior ou menor passividade daquele não deve ser o único aspecto relevante, embora se constitua no diferencial em relação à conciliação.

Inexiste diferenciação, todavia, quanto à limitação do agente ou terceiro, haja vista que tanto na conciliação quanto na mediação o êxito na negociação com a consequente solução do conflito não depende somente da atuação daquele, mas da regular aceitação das partes envolvidas no conflito para dirimir a controvérsia. Ou seja, mesmo agindo de acordo com as diretrizes descritas acima, o mediador

---

(97) CÓRDOVA, Efrén. *As relações coletivas de trabalho na América Latina*. São Paulo: LTr, 1985. p. 243.
(98) TEIXEIRA FILHO, João de Lima. *Instituições de direito do trabalho*. São Paulo: LTr, 2002. v. 2, p. 1.189.
(99) PISCO, Claudia de Abreu Lima. Técnicas para solução alternativa de conflitos trabalhistas. *Revista LTr*, São Paulo, n. 70, nov. 2006. p. 1.352.
(100) AROUCA, José Carlos. *O sindicato em um mundo globalizado*. São Paulo: LTr, 2003. p. 826.
(101) DELGADO, Mauricio Godinho. *Direito coletivo do trabalho*. São Paulo: LTr, 2001. p. 191.

não tem poder decisório, mas, como alerta Georgenor de Sousa Franco Filho, a mediação permite o diálogo mais franco entre as partes, o que facilita o encontro de solução satisfatória para ambas[102].

Assim como na conciliação, a mediação pode ser voluntária (ou facultativa) e obrigatória. Naquela hipótese, tal se dá por interesse unicamente das partes, sem que haja qualquer imposição do sistema jurídico na sua adoção. De outro modo, a medição tem-se por obrigatória quando estipulada como medida prévia e indispensável antes da adoção de qualquer outro meio de tentativa de solução do conflito ou de pressão. O ideal, porém, é que a mediação seja adotada facultativamente pelas partes, seguindo a diretriz fixada no art. 6º da Convenção n. 154 da OIT, a qual, embora faça referência à conciliação e à arbitragem, não deve ser desconsiderada no tocante à mediação.

Ademais, a regulamentação legislativa da mediação deve ser mínima[103]. No Brasil, o processo de mediação para os conflitos coletivos de trabalho está regulado pelo Decreto n. 1.572, de 28 de julho de 1995, e nos §§ 1º a 4º do art. 11 da Lei n. 10.192, de 14 de fevereiro de 2001[104] (conversão da Medida Provisória n. 2.074--73/01), e, embora o contido no § 5º desse dispositivo legal assevere a necessidade de sua regulamentação por parte do Poder Executivo, os preceitos elencados em ambos podem ser assim sintetizados:

- a possibilidade de as partes escolherem, de comum acordo, mediador para a tentativa de solução do conflito, ou solicitar ao Ministério do Trabalho a designação de um;

- a parte que se considerar em situação ou condição inferior em relação à outra para a negociação coletiva pode solicitar de imediato a designação de um mediador junto ao Ministério do Trabalho e Emprego;

- o mediador pode ser um terceiro, com comprovada experiência na composição de conflitos e com conhecimentos técnicos pertinentes aos

---

(102) FRANCO FILHO, Georgenor de Sousa. *A nova lei de arbitragem e as relações de trabalho*. São Paulo: LTr, 1997. p. 12.
(103) TEIXEIRA FILHO, João de Lima. *Instituições de direito do trabalho*. São Paulo: LTr, 2002. v. 2, p. 1.191-1.192.
(104) Art. 11. ...
§ 1º O mediador será designado de comum acordo pelas partes ou, a pedido destas, pelo Ministério do Trabalho e Emprego, na forma da regulamentação de que trata o § 5º deste artigo.
§ 2º A parte que se considerar sem as condições adequadas para, em situação de equilíbrio, participar da negociação direta, poderá, desde logo, solicitar ao Ministério do Trabalho e Emprego a designação de mediador, que convocará a outra parte.
§ 3º O mediador designado terá prazo de até trinta dias para a conclusão do processo de negociação, salvo acordo expresso com as partes interessadas.
§ 4º Não alcançado o entendimento entre as partes, ou recusando-se qualquer delas à mediação, lavrar--se-á ata contendo as causas motivadoras do conflito e as reivindicações de natureza econômica, documento que instruirá a representação para o ajuizamento do dissídio coletivo.

temas de natureza trabalhista, devidamente credenciado junto ao Ministério do Trabalho, ou servidor do quadro desse órgão;

• ausência de custos, exceto quando as partes adotarem mediador cadastrado, hipótese em que aquelas deverão arcar com o pagamento dos honorários propostos pelo agente por ocasião da indicação;

• estipulação do prazo máximo de trinta dias para a conclusão do processo de negociação, salvo acordo expresso com as partes interessadas, fixando outro lapso temporal.

De qualquer modo, malgrado a possibilidade de sua utilização, nosso sistema negocial não exige que as partes, ou mesmo uma delas, busquem a mediação visando a dirimir as controvérsias, mas apenas que a via de negociação seja exaustivamente exercida, ainda que direta e unicamente pelos contendores.

3.5.3. Atribuições do terceiro ou agente: conciliador e mediador

Não se exigem do conciliador ou do mediador requisitos personalíssimos específicos para cada hipótese de atuação. Tanto o conciliador quanto o mediador inserido em uma negociação conflituosa de caráter coletivo devem ter conhecimento técnico das temáticas em discussão, equilíbrio e ponderação, além de agirem com imparcialidade, independência e com a finalidade de levar as partes à solução do conflito. Devem, ainda, procurar compreender os interesses contrapostos das partes envolvidas, ainda que, aparentemente, possam parecer absurdos ou sem razões plausíveis de postulação.

Se não há motivos para a distinção personalística desse terceiro ou agente, o mesmo não se pode dizer quanto aos procedimentos e/ou atitudes que deve observar e que variam de acordo com o instituto adotado. O que diferencia é o exercício por parte do terceiro ou agente, tomando-se por base os critérios estabelecidos e que definem a prática da conciliação ou da mediação.

Neste sentido, aquele que atua como conciliador deve "manter uma atitude de intermediação para com as partes e oferecer as informações que possam facilitar a negociação"[105]. Após destacar o papel menos ativo em relação ao mediador, Zoraide Amaral de Souza destaca que o conciliador exerce uma função de "um interlocutor que dialoga com as partes, procurando dessa forma tentar ajustar os partícipes do procedimento conciliatório para que encontrem uma solução para o litígio"[106]. Portanto, o conciliador não efetua propostas e tampouco age no sentido de interferir no conteúdo do ajuste a ser celebrado. Limita-se a aproximar e a esti-

---

(105) AMARAL, Lídia Miranda de Lima. *Mediação e arbitragem*: uma solução para os conflitos trabalhistas no Brasil. São Paulo: LTr, 1994. p. 16.
(106) SOUZA, Zoraide Amaral de. *Arbitragem, conciliação:* mediação nos conflitos trabalhistas. São Paulo: LTr, 2004. p. 59.

mular as partes conflitantes, agindo de uma forma passiva, embora interessada na solução do impasse.

Por outro lado, como advertem Mozart Victor Russomano e Guillermo Cabanellas, "o mediador, ao contrário do conciliador, não desenvolve uma atividade apagada no processo da mediação", posto que aquele "ouve, avalia, sugere e propõe", deduzindo "a solução adequada e insta junto aos litigantes para que acertem seus pontos de vista"[107]. Nesse passo, o mediador tem uma participação mais concreta e *evidente* no processo negocial entre as partes.

Sem embargo, é importante a assertiva de Efrén Córdova, que, embora se referindo à conciliação, mas que inequivocadamente também serve para a mediação, pontuou que a "chave do êxito" se encontra "não apenas na capacidade do conciliador para aproximar as partes", mas no próprio processo negocial pela via conciliatória e/ou de mediação, e na intenção das partes "de um mínimo de disposição para procurar acordos"[108].

---

(107) RUSSOMANO, Mozart Victor; CABANELLAS, Guillermo. *Conflitos coletivos de trabalho*. São Paulo: Revista dos Tribunais, 1979. p. 112.
(108) CÓRDOVA, Efrén. *As relações coletivas de trabalho na América Latina*. São Paulo: LTr, 1985. p. 243-244.

CAPÍTULO 4

NEGOCIAÇÃO COLETIVA

A negociação coletiva de trabalho trata-se de um mecanismo em que as partes envolvidas no conflito estabelecem contatos e conversações entre si, com o objetivo de solucionar as divergências dos interesses coletivos de ambas as categorias (econômica e profissional). Figura, pois, como um procedimento em que as próprias partes litigantes, representadas em geral pelos sindicatos respectivos das categorias econômica e profissional, adotam para solverem seus conflitos de natureza coletiva.

A par dos aspectos abordados acima, a negociação coletiva se enquadra como um método autocompositivo, quando somente as partes participam das discussões negociais. Será, porém, considerada uma heterocomposição, se o processo negocial se desenvolver com a presença de um terceiro, na condição de conciliador ou mediador.

O aspecto mais relevante, porém, é que a negociação "é o meio mais eficaz para a solução dos conflitos coletivos, e através dela é que se encontram fórmulas para que seja mantida a paz social"[109], e, por isso, é amplamente prestigiada e defendida pelo sistema jurídico.

4.1. NEGOCIAÇÃO E AUTONOMIA PRIVADA COLETIVA

Apesar de intimamente correlacionadas, a negociação coletiva não se confunde com a autonomia privada coletiva. Como propõe João de Lima Teixeira Filho, a negociação coletiva é efeito decorrente da autonomia privada e de sua manifestação concreta[110].

---

(109) TEIXEIRA FILHO, João de Lima. *Instituições de direito do trabalho*. São Paulo: LTr, 2002. v. 2, p. 1.150.
(110) *Ibidem,* p. 1.162.

De fato, a negociação coletiva somente se exterioriza a partir do reconhecimento e do exercício da autonomia privada coletiva. Mas antes das devidas definições, convém reforçar que, no âmbito do direito do trabalho, as relações coletivas se exteriorizam, com maior ênfase, nas negociações coletivas, pois por meio destas são criadas normas jurídicas em que os sujeitos das relações individuais se vinculam para compor o seu quadro de direitos e obrigações, e que exercem uma função disciplinadora das relações individuais, podendo também se destinar ao disciplinamento de algumas questões de caráter sindical.

Outro aspecto que não deve ser desprezado para a plena compreensão e o alcance da negociação coletiva e da autonomia privada coletiva é que a abordagem dos temas envolvidos não comporta tratamento individualizado, já que deve prevalecer o interesse geral do grupo, ou, mais precisamente, o interesse coletivo então compreendido pela categoria, como retratado anteriormente. Ademais, tanto a negociação coletiva quanto a autonomia privada coletiva se manifestam com a participação de um ente coletivo — pelo menos do segmento profissional —, cujos integrantes são atraídos e reunidos por semelhança ou condições e harmonizados por um objetivo comum.

A importância dos temas impõe, inclusive para melhor balizamento e desenvolvimento das demais circunstâncias e consectários, a análise das definições doutrinárias de negociação coletiva e de autonomia privada coletiva. Não se deve desmerecer, por outro lado, o tratamento dado pela Organização Internacional do Trabalho, ocupando-se do assunto mediante as Convenções ns. 98, 151 e 154, cujo estudo de sua Comissão de Peritos em Aplicação de Convenções e Recomendações afirma que a negociação coletiva voluntária é um dos quesitos mais importantes das relações laborais[111].

Para José Augusto Rodrigues Pinto, a

> negociação coletiva deve ser entendida como o complexo de entendimentos entre representações de categorias de trabalhadores e empresas, ou suas representações, para estabelecer condições gerais de trabalho destinadas a regular as relações individuais entre seus integrantes ou solucionar outras questões que estejam perturbando a execução normal dos contratos[112].

Nessa temática, Enoque Ribeiro dos Santos discorre acerca da negociação coletiva como o melhor meio de solução dos conflitos ou problemas existentes nas relações envolvendo o capital e o trabalho, visto que

---

(111) BRITO FILHO, José Cláudio Monteiro de. *Direito sindical*. São Paulo: LTr, 2000. p. 175.
(112) PINTO, José Augusto Rodrigues. *Direito sindical e coletivo do trabalho*. São Paulo: LTr, 1998. p. 168.

por meio dela trabalhadores e empresários estabelecem não apenas condições de trabalho e de remuneração, como também todas as demais relações entre si, através de um procedimento dialético previamente definido, que se deve pautar pelo bom senso, boa-fé, razoabilidade e equilíbrio entre as partes diretamente interessadas[113].

Dessa exposição doutrinária dois importantes registros devem ser feitos. O primeiro que, mesmo sem fazer referência expressa aos entes sindicais como maiores responsáveis pelo exercício da negociação coletiva, faz menção direta aos atores das relações conflituosas (operários e patrões), apregoando que não se deve perder de vista a efetiva atuação daqueles, sem desconsiderar que deve prevalecer a vontade do grupo ou da classe. Tanto que Irany Ferrari, defendendo a negociação direta entre as partes, pontua que tal "seja do sindicato profissional com uma empresa, seja do sindicato profissional com o sindicato correspondente da categoria econômica"[114]. Do mesmo modo, como já delineado, o sindicato atua apenas como "porta-voz" do interesse coletivo da categoria.

A segunda observação prende-se às condições e às premissas que devem nortear a própria negociação coletiva, entendidas pela doutrina como princípios atinentes àquela e que as partes devem externar.

Sob o enfoque da atuação sindical, Luiz de Pinho Pedreira da Silva considera a negociação coletiva "o direito das organizações sindicais de trabalhadores e empregadores ou destes ao procedimento destinado à autorregulação dos seus interesses"[115]. Nessa mesma linha, Hugo Gueiros Bernardes sugere que a negociação coletiva "é o modo espontâneo das partes, empregados e empregador, resolverem as suas disputas relacionadas com a execução do contrato de trabalho, assim como os interesses sindicais nela envolvidos"[116].

Pelo prisma da negociação coletiva, mas já estendendo os seus efeitos ou consequência direta, Maria Cristina Haddad de Sá define como "o caminho através do qual deverão as partes interessadas, devidamente representadas, percorrer para chegar a um ajuste final"[117], retratando, pois, o resultado da negociação coletiva

---

(113) SANTOS, Enoque Ribeiro dos. *Direitos humanos na negociação coletiva*. São Paulo: LTr, 2004. p. 78.
(114) FERRARI, Irany. Negociação coletiva direta nas relações de trabalho. In: FERRARI, Irany. *Curso de direito coletivo do trabalho*: estudos em homenagem ao ministro Orlando Teixeira da Costa. São Paulo: LTr, 1998. p. 265.
(115) SILVA, Luiz de Pinho Pedreira da. Negociação coletiva. In: SILVA, Luiz de Pinho Pedreira da. *Curso de direito constitucional do trabalho*: estudos em homenagem ao professor Amauri Mascaro Nascimento. São Paulo: LTr, 1991. v. 2, p. 54.
(116) BERNARDES, Hugo Gueiros. Níveis da negociação coletiva. In: BERNARDES, Hugo Gueiros. *Direito sindical brasileiro*: estudos em homenagem ao professor Arion Sayão Romita. São Paulo: LTr, 1998. p. 153.
(117) SÁ, Maria Cristina Haddad de. *Negociação coletiva de trabalho no Brasil*. São Paulo: LTr, 2002. p. 40.

como a celebração (ou estipulação) de um instrumento, denominado convenção ou acordo coletivo de trabalho — art. 611, § 1º, da CLT[118].

É certo, porém, corroborando Alfredo J. Ruprecht, que, embora se deva "entender por negociação coletiva os entendimentos para se chegar ao acordo", todavia "sendo totalmente irrelevante que se chegue ou não a um acordo", porquanto o que importa é que "a negociação aconteceu; o resultado é contingente, pode ou não acontecer, mas não influi na existência de diálogo"[119]. Assim sendo, ainda que o objetivo de uma negociação coletiva seja o de alcançar o pleno entendimento que possa resultar na instrumentalização de um acordo, a ausência de êxito nesse particular não significa a insubsistência da negociação.

Também não deve passar despercebida a síntese de Mauricio Godinho Delgado assinalando a negociação coletiva como um dos mais relevantes métodos de solução de conflitos existentes na sociedade contemporânea e o mais destacado no tocante aos conflitos trabalhistas de natureza coletiva[120]. Todavia, uma forma de entender a negociação coletiva como instituto jurídico e a sua importância é considerar as suas características, quais sejam: *a)* são exercidas, em regra, pelos sindicatos; *b)* refletem o exercício de uma liberdade de atuação sindical, uma atribuição funcional dos sindicatos, e a autonomia privada coletiva, então intimamente relacionada com aquele procedimento; *c)* se afigura como importante meio utilizado para a pactuação de uma tratativa coletiva de trabalho, que finaliza um conflito ou satisfaça a(s) reivindicação(ões) apresentada(s) por uma ou por ambas as partes interessadas.

A negociação coletiva encontra fundamento na autonomia privada coletiva, sendo, em conformidade com João de Lima Teixeira Filho, meramente instrumental e meio pelo qual essa autonomia se exerce[121]. Isso explica que a negociação coletiva somente pode ser plenamente compreendida a partir de igual compreensão sobre a autonomia privada coletiva. Mauro Medeiros cita a impossibilidade de se conseguir interpretar de modo adequado e convincente a norma coletiva caso não se volte para a plenitude da conceituação de autonomia privada coletiva[122].

E como forma de pacificação dos conflitos entre capital e trabalho os sindicatos representativos das categorias econômicas e profissionais estão legitimados, exercendo uma autonomia denominada privada coletiva, característica do direito

---

(118) Art. 611. Convenção Coletiva de Trabalho é o acordo de caráter normativo, pelo qual dois ou mais Sindicatos representativos de categorias econômicas e profissionais estipulam condições de trabalho aplicáveis, no âmbito das respectivas representações, às relações individuais de trabalho.
§ 1º É facultado aos Sindicatos representativos de categorias profissionais celebrar Acordos Coletivos com uma ou mais empresas da correspondente categoria econômica, que estipulem condições de trabalho, aplicáveis no âmbito da empresa ou das acordantes respectivas relações de trabalho.
(119) RUPRECHT, Alfredo J. *Relações coletivas de trabalho*. São Paulo: LTr, 1995. p. 265.
(120) DELGADO, Mauricio Godinho. *Direito coletivo do trabalho*. São Paulo: LTr, 2001. p. 105.
(121) TEIXEIRA FILHO, João de Lima. *Instituições de direito do trabalho*. São Paulo: LTr, 2002. v. 2, p. 1.164.
(122) MEDEIROS, Mauro. *A interpretação da convenção coletiva de trabalho*. São Paulo: LTr, 2003. p. 70.

do trabalho e sindical. Não se deve deixar de considerar, como aponta Ricardo Luis Lorenzetti, a hipossuficiência individual do trabalhador no âmbito da relação de emprego para justificar também o reconhecimento da autonomia coletiva exercida pelo representante do grupo mais fraco, visando ao equilíbrio de forças[123].

Assim, o próprio Estado, sem perder a sua soberania[124], confere poderes partindo do ordenamento jurídico para que determinados grupos sociais, dentre os quais os sindicatos, as associações e os partidos políticos, tenham liberdade e autonomia de auto-organização e autorregramento de seus próprios interesses[125], respeitando a correlação de forças entre as partes em conflito.

Ari Possidonio Beltran lembra, contudo, que a teoria da autonomia privada coletiva foi desenvolvida pelos juristas italianos, os quais procuraram estabelecer as bases da ordem sindical fundamentada na liberdade e na democracia, corroborando com Gino Giugni, o qual postula que tal autonomia se contrapõe ao sistema corporativo, marcado pela interferência e pelo rígido controle do Estado que vigorou na Itália entre os anos de 1926 e 1944[126].

Essa referência quanto à origem da concepção da autonomia privada coletiva ora adotada em nosso sistema jurídico mostra-se relevante, porque, além de retratar a repercussão e a predominância do direito italiano na legislação trabalhista pátria, especialmente entre 1930 e a Segunda Guerra Mundial[127], também exterioriza a autonomia sindical em vários âmbitos, com ênfase na possibilidade de pactuação de normas estipulando condições de trabalho por meio da negociação coletiva.

Neste sentido, ressaltando a tipicidade da autonomia sindical, Octavio Bueno Magano sugere que

> o seu âmbito encontra-se circunscrito pela ordem estatal, mas, de nenhum modo, se reduz à mera concreção ou individualização daquela, impondo--se, ao contrário, a conclusão de que a autonomia implica a possibilidade de criação de normas próprias não identificáveis com as da ordem estatal[128].

Voltando ao enfoque predominante, a definição de Pedro Paulo Teixeira Manus retrata a autonomia privada coletiva como sendo

---

(123) LORENZETTI, Ricardo Luis. *Fundamentos do direito privado*. São Paulo: Revista dos Tribunais, 1998. p. 192.
(124) Nesse sentido, NASCIMENTO, Amauri Mascaro. *Curso de direito do trabalho*. São Paulo: Saraiva, 1996. p. 648, o qual deduz que "a autonomia coletiva não é o mesmo que soberania, pois esta pertence ao Estado".
(125) SANTOS, Enoque Ribeiro dos. *Direitos humanos na negociação coletiva*. São Paulo: LTr, 2004. p. 71.
(126) BELTRAN, Ari Possidonio. *A autotutela nas relações do trabalho*. São Paulo: LTr, 1996. p. 97.
(127) REALE, Miguel. *Nova fase do direito moderno*. São Paulo: Saraiva, 2001. p. 233.
(128) MAGANO, Octavio Bueno. *Manual de direito do trabalho*. São Paulo: LTr, 1990. v. III, p. 14.

o poder das entidades sindicais de auto-organização e autorregulamentação dos conflitos coletivos do trabalho, produzindo normas que regulam as relações atinentes à vida sindical, às relações individuais e coletivas de trabalho entre trabalhadores e empregadores[129].

Essa síntese também é abstraída por Adriano Guedes Laimer, que, após analisar a etimologia dos termos "autonomia", "privada" e "coletiva", conceitua a conjugação, isto é, a autonomia privada coletiva "como sendo a possibilidade de atuação do sindicato por si próprio, em âmbito das relações de trabalho, sem a interferência ou intervenção estatal para abordar questões de interesse dos trabalhadores representados"[130].

Paulo Renato Fernandes da Silva apregoa que

> por via da autonomia privada coletiva, o legislador substitui a tutela legal pela autotutela dos próprios trabalhadores conscientizados de sua força enquanto coletividade e organizados em sindicatos livres e independentes do Estado e do poder econômico[131].

Em síntese, a autonomia privada coletiva trata-se da legitimação conferida pelo ordenamento jurídico às entidades sindicais representativas das categorias econômica e profissional para que no exercício da negociação coletiva estipulem normas genéricas regulando as condições de trabalho aplicáveis normativamente no âmbito das relações de trabalho, bem como pertinentes à atuação sindical, então materializada em Norma Coletiva (Convenção Coletiva do Trabalho e Acordo Coletivo do Trabalho).

4.2. Fundamentos da negociação coletiva

O ordenamento jurídico pátrio não define expressamente a autonomia privada coletiva e tampouco a negociação coletiva, ficando a cargo da doutrina a partir dos elementos constantes nos regramentos legais. Uma ressalva, porém, deve ser feita, visto que, por força do disposto no § 2º do art. 5º da Constituição Federal[132], as Convenções da OIT, uma vez ratificadas de acordo com os trâmites legislativos, passam a integrar o ordenamento jurídico pátrio.

---

(129) MANUS, Pedro Paulo Teixeira. *Negociação coletiva e contrato individual de trabalho*. São Paulo: Atlas, 2001. p. 102.
(130) LAIMER, Adriano Guedes. *O novo papel dos sindicatos*. São Paulo: LTr, 2003. p. 36.
(131) SILVA, Paulo Renato Fernandes da. A regulação no contrato de trabalho. *Revista LTr*, São Paulo, n. 68, jul. 2004. p. 801.
(132) Art. 5º...
§ 2º Os direitos e garantias expressos nesta Constituição não excluem outros decorrentes do regime e dos princípios por ela adotados, ou dos tratados internacionais em que a República Federativa do Brasil seja parte.

Nesse contexto, a única disposição legal que define a negociação coletiva é a do art. 2º da Convenção n. 154 da OIT, ratificada pelo Brasil (Decreto Legislativo n. 22, de 12 de maio de 1992, com vigência a partir de 10 de julho de 1993), ao preconizar que tal compreende

> todas as negociações que tenham lugar entre, de uma parte, um empregador, um grupo de empregadores ou uma organização ou várias organizações de empregadores, e, de outra parte, uma ou várias organizações de trabalhadores, com o fim de: a) fixar as condições de trabalho e emprego; ou b) regular as relações entre empregadores e trabalhadores; ou c) regular as relações entre os empregadores ou suas organizações e uma ou várias organizações de trabalhadores, ou alcançar todos estes objetivos de uma só vez.

Sem desmerecer a referida definição legal, é imperioso destacar que os institutos da negociação coletiva e da autonomia privada coletiva decorrem das características subtraídas dos preceitos legais que respaldam a atuação sindical em prol de seus representados, ou seja, devem ser compreendidas no conjunto das demais disposições constitucionais e infraconstitucionais. É o que se depreende da conjugação do contido no art. 513, alínea *b*, da CLT[133], que trata da prerrogativa sindical de celebrar convenções coletivas de trabalho com o disposto no art. 616 da CLT[134], estabelecendo a obrigatoriedade de participação dos sindicatos na negociação coletiva, além dos preceitos elencados nos arts. 611 a 615, também do Diploma Consolidado, abordando o instrumento legal resultante da negociação coletiva, dos procedimentos, requisitos e formalidades.

Também é possível constatar fundamentos da negociação coletiva de trabalho no plano constitucional, haja vista que o preceituado no art. 8º, inciso VI, da Constituição[135] assevera a obrigatoriedade de participação dos sindicatos no processo negocial, enquanto o disposto no art. 114, § 2º, da Carta[136], trata da possibilidade de ajuizamento de dissídio coletivo quando frustrada a negociação coletiva ou o resultado desta não ensejar na solução do conflito.

---

(133) Art. 513. São prerrogativas dos sindicatos:
...
b) celebrar convenções coletivas de trabalho.
(134) Art. 616. Os Sindicatos representativos de categorias econômicas ou profissionais e as empresas, inclusive as que não tenham representação sindical, quando provocados, não podem recusar-se à negociação coletiva.
(135) Art. 8º ...
VI — é obrigatória a participação dos sindicatos nas negociações coletivas de trabalho.
(136) Art. 114. ...
§ 2º Recusando-se qualquer das partes à negociação coletiva ou à arbitragem, é facultado às mesmas, de comum acordo, ajuizar dissídio coletivo de natureza econômica, podendo a Justiça do Trabalho decidir o conflito, respeitadas as disposições mínimas legais de proteção ao trabalho, bem como as convencionadas anteriormente.

Tem-se, ainda, o contido no inciso XXVI do art. 7º da Constituição Federal[137], então expressando o reconhecimento das convenções e acordos coletivos de trabalho — ora compreendido como resultado da negociação, e esta, do exercício da autonomia privada coletiva. Não obstante, segundo Arnaldo Lopes Süssekind, o regramento citado afirma "menos do que resulta do conjunto de normas correlacionadas com as convenções e os acordos coletivos de trabalho, constantes do próprio art. 7º"[138].

De qualquer modo, o nosso ordenamento jurídico, inclusive na esfera constitucional, reconhece não apenas os instrumentos coletivos, mas a própria negociação coletiva, já que aqueles não subsistem sem esse procedimento, tanto que atribuiu elevada importância à negociação coletiva e aos instrumentos coletivos, reconhecendo-os. Não por acaso, de acordo com Amauri Mascaro Nascimento, o "fundamento jurídico das relações coletivas é de natureza constitucional", por considerar a indispensabilidade da liberdade de associação e da autonomia privada coletiva, ambas delineadas na Constituição Federal[139].

As Constituições anteriores igualmente não trataram de modo específico a negociação coletiva e/ou a autonomia privada coletiva, todavia, a partir da Carta de 1934, todas cuidaram de expressar o reconhecimento das convenções e dos acordos coletivos. A Constituição de 1934, por exemplo, por meio do contido no art. 121, § 1º, alínea *j*. A Carta Federal de 1937 fez referência aos contratos coletivos, também reconhecendo-os — vide art. 137, os quais somente poderiam ser firmados pelas associações (de trabalhadores ou de empregadores) reconhecidas pelo poder estatal. A Constituição de 1946 também atribuiu importância ao tema, restaurando a denominação "convenção coletiva de trabalho" com referência à legislação ordinária quanto às normas de fixação. O mesmo quanto à Carta Magna de 1967, a qual abordou o reconhecimento das convenções coletivas de trabalho — art. 158, inciso XIV, e a EC n. 1/69, com similar disposição — art. 165, inciso XIV.

No âmbito internacional, têm-se as Normas da OIT, dentre as quais a Convenção n. 98 de 1949 — ratificada pelo Brasil pelo Decreto n. 33.196, de 29 de junho de 1953, após Decreto Legislativo n. 49, de 27 de agosto de 1952. Trata-se da primeira norma específica, estabelecendo no art. 4º o dever de se adotarem medidas adequadas às condições nacionais, visando a estimular e a fomentar entre empregadores e as organizações de empregadores, de um lado, e as organizações

---

[137] Art. 7º São direitos dos trabalhadores urbanos e rurais, além de outros que visem à melhoria de sua condição social:
(XXVI — reconhecimento das convenções e acordos coletivos de trabalho.
[138] SÜSSEKIND, Arnaldo Lopes. *Direito constitucional do trabalho*. Rio de Janeiro: Renovar, 1999. p. 406-407.
[139] NASCIMENTO, Amauri Mascaro. *Curso de direito do trabalho*. São Paulo: Saraiva, 1996. p. 644.

de trabalhadores, de outro, o pleno desenvolvimento e o uso de procedimentos de negociação voluntária com o objetivo de regulamentar, por meio de contratos coletivos, as condições de emprego. Denota-se, daí, o caráter voluntário da negociação coletiva, a titularidade da negociação e o seu objetivo, qual seja, o de regular as condições de trabalho.

A citada Convenção n. 154 da OIT trata do "fomento da negociação coletiva", complementando as normas da Convenção n. 98 com as seguintes diretrizes: *a)* seja possibilitada a todos os empregadores e a todas as categorias de trabalhadores — arts. 1º, 2º e 3º; *b)* seja extensiva a todas as matérias relativas à condição de trabalho e emprego, relações entre empregadores e trabalhadores, relações entre empregadores e suas organizações, e relações entre as organizações de empregados e empregadores; *c)* estabeleça regras de procedimento convencionadas, e que a ausência ou insuficiência dessas não se constitua em obstáculo à negociação coletiva; *d)* os órgãos e os procedimentos de solução dos conflitos devem ser concebidos para contribuir e fomentar a negociação coletiva — art. 5º.

A OIT emitiu ainda, tratando do procedimento para as negociações coletivas, a Recomendação n. 91, de 1951, abordando a definição dos contratos coletivos, seus efeitos, extensão, interpretação e controle de aplicação, deixando para a legislação nacional determinar sobre a organização o funcionamento e o alcance dos sistemas de negociação.

Convém relembrar, seguindo Arnaldo Lopes Süssekind, que as Recomendações "se destinam a sugerir normas que podem ser adotadas por qualquer das fontes diretas ou autônomas do Direito do Trabalho, embora visem, basicamente, ao legislador de cada um dos países vinculados à OIT", enquanto as Convenções "são tratados multilaterais abertos, de caráter normativo", com normas "cujo destino é a incorporação ao direito interno dos países que manifestaram sua adesão ao respectivo tratado", possuindo, ambas, como característica ou obrigação comum, o dever de serem "submetidas à autoridade nacional competente para aprovar a ratificação da convenção ou para adotar as normas constantes da recomendação"[140].

4.3. Sujeitos e participação sindical

A par do nosso ordenamento jurídico, os sindicatos detêm a legitimidade da representação daqueles que integram as suas categorias econômica e/ou profissional, e podem — por isso — legalmente exercer em nome dessa (categoria) a prerrogativa de participarem das negociações coletivas. Aliás, como já explanado anteriormente

---

(140) SÜSSEKIND, Arnaldo Lopes. *Convenções da OIT*. São Paulo: LTr, 1994. p. 28-29.

os regramentos legais externam a obrigatoriedade de tal participação — *vide* art. 8º, inciso VI, da Constituição Federal[141], e art. 616 da CLT[142].

Essa condição do sindicato é reconhecida pela doutrina, tanto que Wilson de Souza Campos Batalha e Sílvia Marina Labate Batalha, por exemplo, prelecionam que não há dúvida de que a negociação coletiva com efeito vinculativo para a categoria, bem como a celebração de convenções e acordos coletivos de trabalho são prerrogativas que só as entidades sindicais detêm com exclusividade, por direito próprio e não por delegação[143].

Segundo Mauricio Godinho Delgado, conforme o teor do disposto no art. 8º, inciso VI, da Carta Magna, os sindicatos de categorias profissionais são os sujeitos legitimados, pela ordem jurídica, a celebrarem negociação coletiva trabalhista sob o ponto de vista dos empregados. A exceção, para o autor, é que no ponto de vista do empregador a legitimação pode ser própria, ou seja, exercida por este no caso de acordo coletivo de trabalho — art. 612 da CLT[144].

Deve-se registrar que o vocábulo "sindicato" do preceito constitucional quer se referir à "entidade sindical", posto que na ausência daquele ente de primeiro grau (ou no caso de categoria inorganizada) automaticamente a Federação e/ou a Confederação correspondente(s) estará(ão) legitimada(s) para participar(em) da negociação e firmar convenção ou acordo coletivo de trabalho.

Outro aspecto que merece destaque reside no fato de a prerrogativa-dever dos sindicatos de participar da negociação coletiva depender de autorização obtida mediante deliberação (e aprovação) em assembleia da categoria para o exercício dessa função. Destarte, apesar da condição de legitimidade na representação expressa por lei, somente por meio de assembleia que o sindicato obtém a legitimidade para a negociação, haja vista que a negociação coletiva visa a atender um interesse coletivo da categoria representada pelo sindicato, ou seja, a titularidade do direito (ou interesse) é do grupo-categoria, que então o autoriza via assembleia.

Neste sentido, Rider Nogueira de Brito afirma que os sindicatos "não são os titulares do direito", já que este "pertence aos trabalhadores e, por serem os sindicatos seus representantes, necessitam de poderes especiais, concedidos pelos meios e pelas formas previstas na lei e nos estatutos dos sindicatos", e cuja "outorga desses poderes" "só pode ser dada pelas Assembleias Gerais respectivas"[145].

---

(141) Art. 8º ...
VI – é obrigatória a participação dos sindicatos nas negociações coletivas de trabalho.
(142) Art. 616. Os Sindicatos representativos de categorias econômicas ou profissionais e as empresas, inclusive as que não tenham representação sindical, quando provocados, não podem recusar-se à negociação coletiva.
(143) BATALHA, Wilson de Souza Campos; BATALHA, Sílvia Marina Labate. *Sindicato sindicalismo*. São Paulo: LTr, 1994. p. 164.
(144) DELGADO, Mauricio Godinho. *Direito coletivo do trabalho*. São Paulo: LTr, 2001. p. 119.
(145) BRITO, Rider Nogueira de. Legitimação para a negociação coletiva. In: BRITO, Rider Nogueira de. *Curso de direito coletivo do trabalho*: estudos em homenagem ao ministro Orlando Teixeira da Costa. São Paulo: LTr, 1998. p. 289-290.

Assim, o sindicato apenas exerce a sua capacidade legal de negociar, porquanto a titularidade do direito material outorgada pela categoria (via assembleia) ao sindicato confere a este a legitimidade negocial.

Salienta-se, porém, que, embora a rigor os preceitos legais supracitados direcionem a indispensabilidade dos entes sindicais no processo de negociação coletiva, essa condição sofre ressalva a partir da situação descrita no art. 617 da CLT[146], que possibilita aos empregados de uma ou mais empresas celebrarem acordo coletivo de trabalho diretamente com estas, caso sucessivamente o sindicato profissional e a Federação, ou na falta desta da Confederação, correspondentes e representantes legais dos obreiros não assumam as negociações no prazo de oito dias após devidamente cientificados por escrito.

A aplicabilidade e a eficácia desse preceito legal não encontram uniformidade na doutrina e na jurisprudência, cujas correntes se dividem entre os que entendem que a regra do art. 617, § 1º, do Diploma Consolidado foi recepcionada pelo disposto constitucional do art. 8º, inciso VI, e os que se posicionam de maneira adversa, ou seja, que o preceito ordinário teria sido derrogado, e há uma terceira corrente, considerada mista ou intermediária. Objetivando uma melhor compreensão, convém analisar, ainda que sucintamente, esses posicionamentos.

Luiz Eduardo Gunther e Cristina Maria Navarro Zornig definem o primeiro posicionamento como corrente positiva, a qual postula que a norma celetária foi recepcionada pela nova ordem constitucional e inexiste incompatibilidade entre o art. 617 da CLT e o art. 8º, inciso VI, da Carta Magna. Esses juristas descrevem como embasamento para a apresentação da aludida corrente o r. entendimento judicial externado pelo Egrégio Tribunal Regional do Trabalho da 9ª Região, então confirmado pelo Colendo Tribunal Superior do Trabalho na apreciação de Ação Declaratória n. 2/02, na qual algumas empresas ingressaram com demanda visando ao reconhecimento judicial, via declaração de validade, de acordos coletivos firmados diretamente com seus empregados[147]. O fundamento das decisões proferidas pelos

---

(146) Art. 617. Os empregados de uma ou mais empresas que decidirem celebrar Acordo Coletivo de Trabalho com as respectivas empresas darão ciência de sua resolução, por escrito, ao Sindicato representativo da categoria profissional, que terá o prazo de 8 (oito) dias para assumir a direção dos entendimentos entre os interessados, devendo igual procedimento ser observado pelas empresas interessadas com relação ao Sindicato da respectiva categoria econômica.
§ 1º Expirado o prazo de 8 (oito) dias sem que o Sindicato tenha se desincumbido do encargo recebido, poderão os interessados dar conhecimento do fato à Federação a que estiver vinculado o Sindicato e, em falta dessa, à correspondente Confederação, para que, no mesmo prazo, assuma a direção dos entendimentos. Esgotado esse prazo, poderão os interessados prosseguir diretamente na negociação coletiva até final.
(147) GUNTHER, Luiz Eduardo; ZORNIG, Cristina Maria Navarro. A insustentável leveza da negociação coletiva e o peso do sindicato (exegese da recepção do § 1º do art. 617 da CLT, em face do art. 8º, inc. VI, da CF/88, e da reforma trabalhista/sindical em andamento). In: GUNTHER, Luiz Eduardo; ZORNIG, Cristina Maria Navarro. *Reforma trabalhista e sindical:* o direito do trabalho em perspectivas. Homenagem a Edésio Franco Passos. São Paulo: LTr, 2005. p. 319-320.

tribunais, deliberadas por maioria, levou em conta a recusa do sindicato profissional à negociação, como se deduz da r. ementa, tendo o Ministro Rider Nogueira de Brito como relator:

> ACORDO CELEBRADO DIRETAMENTE COM OS EMPREGADOS. RECURSA DO SINDICATO PROFISSIONAL À NEGOCIAÇÃO. Comprovada a recusa do sindicato profissional à negociação proposta pelas empregadoras e observadas as prescrições do art. 617 da CLT, válido o acordo celebrado pelas empresas diretamente com seus empregados. Recurso ordinário a que se nega provimento[148].

Também seguindo essa corrente, Ronaldo Lima dos Santos assevera que a "legitimação conferida aos trabalhadores não viola o preceito constitucional que estabelece a presença obrigatória das entidades sindicais nas negociações coletivas", complementando, como argumento a favor de seu posicionamento, que tal

> legitimidade encontra respaldo na Recomendação n. 91 da Organização Internacional do Trabalho sobre contratos coletivos, a qual prevê a possibilidade de os próprios trabalhadores diretamente interessados firmarem contratos coletivos com os empregadores ou suas organizações na ausência de entidade sindical profissional,

ou ainda a aplicação analógica para respaldar o disposto no art. 617 Consolidado, a "legitimação conferida à comissão de trabalhadores, pelo § 2º do art. 4º da Lei n. 7.783/89, para entabular as deliberações a respeito da greve na falta de entidade sindical", ou "diante da sua recusa"[149].

Em contraposição, ou seja, os que defendem a impossibilidade de o disposto no art. 617, § 1º, da CLT prevalecer na hipótese de recusa dos entes profissionais, quando regularmente cientificados para assumirem as negociações, consideram que o preceituado no inciso VI do art. 8º da Constituição Federal não teria recepcionado aquele regramento ordinário. Arnaldo Lopes Süssekind expõe a participação obrigatória dos sindicatos nas negociações coletivas como uma prerrogativa sindical de caráter exclusivo, visto que o mandamento constitucional exclui a possibilidade de serem as convenções e os acordos coletivos celebrados por grupos de trabalhadores, como os comitês de greve, as comissões de salário etc.; só a associação sindical que legalmente os representa pode assinar os aludidos instrumentos. Inquestionável, igualmente, que a convenção coletiva há de ser firmada, em nome da categoria econômica, pela entidade sindical que a represente[150].

---

(148) ROAD n. 61332/2002-900-09-00-0, da 9ª Reg., Ac. da SCDC, publ. no DJU 26.3.04. p. 515. Cf. BRITO, Rider Nogueira de. Legitimação para a negociação coletiva. In: BRITO, Rider Nogueira de. *Curso de direito coletivo do trabalho*: estudos em homenagem ao ministro Orlando Teixeira da Costa. São Paulo: LTr, 1998. p. 641-642.
(149) SANTOS, Ronaldo Lima dos. *Teoria das normas coletivas*. São Paulo: LTr, 2007. p. 202-203.
(150) SÜSSEKIND, Arnaldo Lopes. *Direito constitucional do trabalho*. Rio de Janeiro: Renovar, 1999. p. 410.

Estêvão Mallet assevera que a disposição constitucional supracitada impede a negociação coletiva entre empregadores e empregados sem a participação do órgão sindical relacionado com esses últimos[151]. De modo mais contundente, José Augusto Rodrigues Pinto observa que o "pensamento do legislador constituinte, ao colocar a norma em causa, foi o de fortalecer a posição do sindicato no cenário dos interesses coletivos", acrescentando que a

> própria estrutura corporativista de nossa Consolidação esteve atenta a isso, tanto que o Acordo Coletivo de Trabalho não pode ser celebrado por empregados, mas, obrigatoriamente, por sua representação sindical — modo de induzi-los a organizar-se sindicalmente[152].

Não se deve olvidar que a desigualdade existente na relação entre empregador e empregado é fato público e notório, que é não minimizado mesmo com a união de interessados formando um grupo de obreiros unidos com propósitos idênticos ou similares. A inferioridade econômica e a pressão psicológica exercida pelo empresário, detentor do capital e do emprego, sobre os empregados são manifestas. Não raro, os pontos que se constituem em objeto da negociação têm por escopo atender o interesse patronal, sendo apenas adotado, por via transversa, o recurso de um suposto propósito operário de negociação coletiva. Assim, uma eventual negociação direta e sem a presença do sindicato profissional como representante e defensor do grupo de operários enseja na sobreposição de poder do patrão e, consequentemente, em acordo prejudicial aos interesses dos empregados, ou em alteração *in pejus* das condições laborais.

Ora, como enfatiza Cássio Mesquita Barros, supor que

> é possível regular a relação integralmente por meio da negociação coletiva implica ignorar que a condição essencial da negociação, para que seja autêntica, é que ambos os interlocutores sociais se encontre (*sic*), numa situação de equilíbrio relativo de forças[153],

situação difícil de ser admitida se os empregados "interessados" não estiverem representados pelo sindicato profissional, no processo negocial.

O cenário de fragilização por que passam os empregados e até mesmo a maior parte dos sindicatos profissionais corroboram para a indispensabilidade do ente sindical representativo da categoria obreira no processo negocial. Da mesma maneira, as relações de emprego em que prevalece o direito potestativo do

---

(151) MALLET, Estêvão. Outorga judicial do consentimento negado pelo sindicato. In: MALLET, Estêvão. *Temas de direito do trabalho*. São Paulo: LTr, 1998. p. 116.
(152) PINTO, José Augusto Rodrigues. *Direito sindical e coletivo do trabalho*. São Paulo: LTr, 1998. p. 223-224.
(153) BARROS, Cássio Mesquita. Flexibilização do direito do trabalho. *Revista LTr*, São Paulo, n. 59, ago. 1995. p. 1.045.

empregador de dispensar o empregado, as circunstâncias atuais que atestam a alta rotatividade de mão de obra e o elevado índice de desemprego, assim como o reduzido número de trabalhadores sindicalizados e envolvidos com a defesa da causa operária, contribuem para reforçar a prevalência dessa segunda corrente, que considera inconsistente a negociação coletiva direta entre empregador e empregados.

A terceira corrente se apresenta como uma posição intermediária ou mista, na qual se reconhece tanto o disposto constitucional — inciso VI, do art. 8º da Carta Magna, como o preceito Celetista — art. 617, § 1º, da CLT, dosando-se a aplicabilidade desse regramento para a hipótese de inquestionável e infundada recusa do sindicato profissional.

Hugo Gueiros Bernardes, por exemplo, apesar de reconhecer o privilégio sindical relativo à negociação coletiva e à obrigatoriedade da participação dos sindicatos notadamente para os interesses das categorias profissional ou econômica que representam, acentua que a representação de trabalhadores em parcela menor do que a categoria pode pertencer a uma associação profissional com pretensões sindicais, alcançando apenas os seus associados. Acrescenta que, para negociar coletivamente, deve-se convocar o sindicato, e, se este comparecer, assume a negociação em nível amplo, representando todos os trabalhadores da empresa ou estabelecimento, independentemente de serem associados do sindicato ou da associação, ou de nenhum deles. Conclui afirmando que, se o sindicato rejeitar ou negligenciar a negociação, não se deve obstacularizar que a associação negocie coletivamente em favor de seus próprios associados, porque a negociação coletiva não é direito do sindicato, mas dos trabalhadores[154].

Sem se aliar a essa corrente, inclusive externando dúvidas quanto à constitucionalidade do disposto no art. 617, § 1º, da CLT, porém entendendo a restrição imposta no dispositivo constitucional como atentatória ao princípio da liberdade sindical e que tal não deve ser admitida como absoluta. José Cláudio Monteiro de Brito Filho pontua que, em razão da negociação se afigurar como processo de diálogo ou de conversação organizada, "nada impede que ela seja estabelecida pelos próprios trabalhadores, diretamente, ou por grupo por eles eleito ou designado", citando a comissão de empresa ou a comissão de negociação, em caso de greve, como consta na Lei n. 7.783/89, ressaltando a limitação dessa comissão negocial para a materialização do resultado de uma negociação coletiva, ou seja, a celebração do instrumento de acordo ante a disposição do inciso VI, do art. 8º da Carta Magna[155].

Quanto à participação do sindicato patronal, apesar do preceito constitucional supracitado não explicitar exceção, este se mostra dispensável na negociação coletiva

---

(154) BERNARDES, Hugo Gueiros. Participação dos sindicatos na negociação coletiva de trabalho. In: BERNARDES, Hugo Gueiros. *Curso de direito constitucional do trabalho*: estudos em homenagem ao professor Amauri Mascaro Nascimento. São Paulo: LTr, 1991. v. 2, p. 76.
(155) BRITO FILHO, José Cláudio Monteiro de. *Direito sindical*. São Paulo: LTr, 2000. p. 185-186.

se envolver apenas uma ou algumas empresas com o mesmo ramo de atividade e cujos quadros de pessoal são representados pelo mesmo ente profissional.

Para Marcelo Salaroli de Oliveira, o fundamento da norma "é compensar juridicamente o grande desequilíbrio existente na realidade econômica e social", ou seja, "colocar as partes em um nível de igualdade, sendo que, no caso ora em tela, as empresas não são partes fracas, não sendo necessária a imposição estatal compensadora exigindo a presença dos sindicatos econômicos"[156]. No mesmo sentido, Luiz Pinho Pedreira da Silva discorre que "uma empresa, em regra, vale por uma coalizão, no mínimo tão poderosa quanto o sindicato de trabalhadores, e, assim, pode negociar por si mesma, sem a intermediação do sindicato", e "por isso mesmo a Constituição nova conservou a figura do acordo coletivo"[157].

Isso não significa que os sindicatos econômicos não possam participar da negociação em auxílio a um único empregador ou a um grupo de empregadores de sua representação visando à celebração de um acordo coletivo com o sindicato obreiro.

Por fim, é interessante notar que, mesmo quando não possuíam personalidade jurídica sindical e, portanto, sem qualquer legitimidade para firmar acordos e/ou convenções coletivas de trabalho, as Centrais Sindicais exercem na prática, grande influência sobre várias negociações coletivas de âmbito nacional (bancários, petroleiros...), figurando, de fato, como verdadeiras entidades representativas dos trabalhadores[158].

4.4. Princípios da negociação coletiva

A classificação doutrinária dos princípios gerais de direito quanto às suas funções informadora, normativa e interpretadora deve ser vislumbrada com certa relatividade no âmbito da negociação coletiva, não obstante a conceituação de que os princípios são bases fundantes de todo e qualquer sistema jurídico, não deve ser descartada e tampouco desprezada, especialmente pelas partes envolvidas no processo negocial.

---

(156) OLIVEIRA, Marcelo Salaroli de. Da obrigatoriedade da participação dos sindicatos econômicos na negociação coletiva de trabalho. In: OLIVEIRA, Marcelo Salaroli de. *Direito coletivo moderno*. São Paulo: LTr, 2006. p. 77-78.
(157) SILVA, Luiz de Pinho Pedreira da. Negociação coletiva. In: SILVA, Luiz de Pinho Pedreira da. *Curso de direito constitucional do trabalho*: estudos em homenagem ao professor Amauri Mascaro Nascimento. São Paulo: LTr, 1991. v. 2, p. 63.
(158) Convém registrar que, com a edição da Lei n. 11.648, de 31 de março de 2008, as Centrais Sindicais passaram a fazer parte da estrutura sindical brasileira, ainda que se contrapondo ao modelo de unicidade e de representação legal por categoria, inserto no inciso II do art. 8º da Constituição Federal. A propósito, dentre as atribuições e prerrogativas das Centrais, elencadas nos incisos I e II do art. 1º da referida Norma, não consta a de participar de negociações coletivas de trabalho, mas primordialmente participar e integrar fóruns, colegiados de órgãos públicos e demais espaços de diálogo social com composição tripartite e que estejam em discussão interesse geral de trabalhadores.

A importância dos princípios também deve ser considerada, porquanto se constituem no fundamento do ordenamento jurídico, de modo que não pode haver contradição entre eles e os preceitos legais, estando acima do direito positivo enquanto lhe servem de inspiração, sem, no entanto, tornarem-se independentes dele[159].

É que os princípios da negociação coletiva se enquadram, dentro da multiplicidade que os princípios gerais de direito servem, segundo Maria Helena Diniz, na natureza derivativa

> das ideias políticas e sociais vigentes, ou seja, devem corresponder ao subconjunto axiológico e ao fático que norteiam o sistema jurídico, sendo, assim, um ponto de união entre consenso social, valores predominantes, aspirações de uma sociedade com o sistema de direito, apresentando, portanto, uma certa conexão com a filosofia política e ideológica imperante[160].

Em síntese, os princípios gerais de direito possibilitam a formulação de princípios específicos e mais restritos à negociação coletiva.

Hugo Gueiros Bernandes descreve que a negociação coletiva é, antes de tudo, um fato social e economicamente relevante, daí por que os princípios nessa esfera detêm maior importância no plano ético do que no plano jurídico. Complementa pontuando que

> a negociação coletiva, ao contrário da legislação, produz composição de interesses em um conflito não normatizado pela lei; e, em tais circunstâncias, as partes negociadoras, para alcançarem *acordo* entre si, se devem mutuamente um comportamento ético adequado à vontade de conciliar e não de confrontar, como seria conatural ao conflito[161].

Essa também é a opinião de Enoque Ribeiro dos Santos ao preconizar que a "negociação coletiva possui princípios que lhe são próprios", e que se "constituem em verdadeiros postulados éticos vivenciais, delineando o processo negocial"[162].

Neste sentido, constitui-se como base dos princípios específicos da negociação coletiva a postura ou a conduta ética que deve ser exercitada pelas partes envolvidas naquele processo, ou seja, exprime a lealdade e o respeito mútuo.

---

(159) RODRIGUEZ, Américo Plá. *Princípios de direito do trabalho*. São Paulo: LTr, 1996. p. 19-20.
(160) DINIZ, Maria Helena. *Compêndio de introdução à ciência do direito*. São Paulo: Saraiva, 2004. p. 465.
(161) BERNARDES, Hugo Gueiros. Princípios da negociação coletiva. In: DINIZ, Maria Helena. *Relações coletivas de trabalho*: estudos em homenagem ao ministro Arnaldo Süssekind. São Paulo: LTr, 1989. p. 358.
(162) SANTOS, Enoque Ribeiro dos. *Direitos humanos na negociação coletiva*. São Paulo: LTr, 2004. p. 108-109.

No campo doutrinário, pode-se afirmar que não há substancial divergência quanto aos princípios inerentes à negociação coletiva, variando apenas as terminologias adotadas pelos juristas que tratam do assunto, sem comprometer a essência daqueles. O enfoque no presente livro possibilita descrever como princípios primordiais os seguintes.

4.4.1. Princípio da boa-fé

A boa-fé figura como um primado de todos os ramos ou âmbitos do direito cuja observância se impõe aos envolvidos em relações jurídicas, particularmente aquelas de caráter conflituoso. No ordenamento jurídico pátrio são encontradas disposições que aferem a importância da boa-fé em todos os atos, negócios e/ou procedimentos jurídicos. O Código Civil faz referência à boa-fé no art. 113[163] como método de embasamento e interpretação dos negócios jurídicos. O Código de Processo Civil, por sua vez, estabelece no art. 14, inciso II[164], competir às partes e aos seus procuradores judiciais proceder com lealdade e boa-fé.

Envolvendo a negociação coletiva, José Cláudio Monteiro de Brito Filho conceitua a boa-fé como a fonte maior de todos os princípios[165], advindo daí, como corolário, a indispensável lealdade e observância a um padrão ético e respeitoso em relação à parte contrária e durante o processo de negociação, desde a fase preliminar até a consumação (ou não) da pactuação de um acordo, devidamente instrumentalizado. Nesse contexto, a boa-fé impõe a plena observância de cada um dos negociadores ou das partes envolvidas na negociação — em geral, sindicatos profissional e econômico — das formalidades que lhes possibilitam e os legitimam à prática daquele ato. Torna indispensável que cada um dos envolvidos apresente as suas posições e propostas, e que, no decorrer do processo negocial, esteja aberto ao diálogo e à transação. E chegando as partes a bom termo, as disposições firmadas devem expressar o que efetivamente se pactuou de modo claro e indubitável.

O princípio da boa-fé "significa que as partes se obrigam a negociar" e a "proceder com lealdade em todos os seus entendimentos assim como na execução do que for acordado"[166], porém, Luiz de Pinho Pedreira da Silva, citando Sala Franco, sugere que a boa-fé negocial se apresenta como uma "obrigação de meio" e não

---

(163) Art. 113. Os negócios jurídicos devem ser interpretados conforme a boa-fé e os usos do lugar de sua celebração.
(164) Art. 14. São deveres das partes e de todos aqueles que de qualquer forma participam do processo: II — proceder com lealdade e boa-fé.
(165) BRITO FILHO, José Cláudio Monteiro de. *Direito sindical*. São Paulo: LTr, 2000. p. 182.
(166) BERNARDES, Hugo Gueiros. Princípios da negociação coletiva. In: BERNARDES, Hugo Gueiros. *Relações coletivas de trabalho*: estudos em homenagem ao ministro Arnaldo Süssekind. São Paulo: LTr, 1989. p. 359.

de "resultado", pois a obrigação de negociar de boa-fé não exige, necessariamente, que se chegue a um acordo[167].

A boa-fé, portanto, situa-se como princípio fundamental e premissa para os relacionamentos jurídicos conflituosos.

4.4.2. Princípio do contraditório

A contradição entre os interesses econômicos e profissionais e que faz surgir o conflito de caráter individual ou coletivo é a razão de ser da negociação coletiva e da busca de uma solução para a controvérsia.

O que exterioriza o contraditório é o antagonismo de interesses; todavia, esse princípio serve apenas como fator determinante da negociação, uma vez que deve prevalecer o propósito das partes em alcançar a harmonização necessária e a convergência na discussão dos conflitos, a par dos demais princípios. Dessa maneira, o contraditório somente atesta o conflito de interesses.

A esse respeito, Maria Cristina Haddad de Sá aponta que é "necessário que as partes tenham pretensões contraditórias que motivem a discussão, uma vez que tais pretensões são o próprio objeto da negociação que busca, ao final, um entendimento por consenso entre os participantes"[168].

4.4.3. Princípio do dever negocial

Esse princípio retrata a compulsoriedade negocial, em que a parte instada não pode se excusar de apreciar as pretensões deduzidas pelo adverso em decorrência do conflito de interesse. Esse princípio está referenciado no disposto no art. 616, *caput*, da CLT[169] e no art. 114, § 2º, da Constituição Federal[170].

Segundo Enoque Ribeiro dos Santos, tal princípio "tem por fundamento a necessidade imperativa, ou mesmo obrigatória, de que as partes integrantes no

---

(167) SILVA, Luiz de Pinho Pedreira da. Negociação coletiva. In: SILVA, Luiz de Pinho Pedreira da. *Curso de direito constitucional do trabalho*: estudos em homenagem ao professor Amauri Mascaro Nascimento. São Paulo: LTr, 1991. v. 2, p. 55.
(168) SÁ, Maria Cristina Haddad de. *Negociação coletiva de trabalho no Brasil*. São Paulo: LTr, 2002. p. 44.
(169) Art. 616. Os Sindicatos representativos de categorias econômicas ou profissionais e as empresas, inclusive as que não tenham representação sindical, quando provocados, não podem recusar-se à negociação coletiva.
(170) Art. 114...
§ 2º Recusando-se qualquer das partes à negociação coletiva ou à arbitragem, é facultado às mesmas, de comum acordo, ajuizar dissídio coletivo de natureza econômica, podendo a Justiça do Trabalho decidir o conflito.

processo da negociação coletiva não a rechacem de plano"[171]. Denota-se, em certa medida, que o dever de negociar está intimamente relacionado ao dever de boa-fé, visto que o mínimo que se exige da parte suscitada para a negociação é a abertura que deve dar à parte instigante, examinando as pretensões e respondendo por meio de contraproposta ou aceite.

No entanto, reitera-se que a obrigação de negociar é apenas um meio para se alcançar um resultado satisfatório, mormente inexistir a obrigatoriedade de expressa pactuação que solucione o conflito. Ora, se a negociação se revela obrigatória para as partes envolvidas no litígio, o mesmo não se pode afirmar no que tange à obtenção de um resultado, haja vista que elas não podem ser constrangidas a tanto sob pena de ferir o próprio princípio da boa-fé.

Não obstante, é preciso compreender e realçar que o princípio da irrecusabilidade negocial está inserido no contexto da Carta Magna, que prestigiou sobremaneira o diálogo social entre os entes sindicais incumbidos de representar os atores da relação de emprego. João de Lima Teixeira Filho enumera cinco itens que levam a essa inescusável conclusão, quais sejam: *a)* a menção preambular, na qual a negociação coletiva se insere como espécie do gênero "solução pacífica das controvérsias" para alcançar a "harmonia social e comprometida"; *b)* a obrigatoriedade de participação dos sindicatos na negociação coletiva — art. 8º, VI; *c)* o reconhecimento dos instrumentos coletivos e, consequentemente, da autonomia privada coletiva — art. 7º, inciso XXVI; *d)* como mecanismo exclusivo da flexibilização de direitos, nas hipóteses elencadas nos incisos VI, XIII e XIV do art. 7º; *e)* a referência às formas de heterocomposição, uma vez fracassado o diálogo direto — art. 114, §§ 1º e 2º[172].

O respaldo do legislador pátrio, contudo, não significa o pleno respeito ao princípio em desate. Aliás, embora eventual recusa de uma das partes à negociação coletiva importe na automática inobservância ao dever de negociar, e consequentemente ao princípio da boa-fé, o fato de o nosso ordenamento jurídico não estabelecer penalização à parte recalcitrante, ou seja, que se nega a negociar, possibilita à parte interessada apenas ingressar com a ação coletiva denominada "dissídio coletivo", respeitadas as condições, requisitos e formalidades exigidas, como serão abordados adiante.

4.4.4. Princípio do dever de informação

O dever de informação também se insere no princípio da boa-fé, sendo apenas mais específico por envolver uma atribuição das partes envolvidas no processo de

---

(171) SANTOS, Enoque Ribeiro dos. *Direitos humanos na negociação coletiva*. São Paulo: LTr, 2004. p. 109.
(172) TEIXEIRA FILHO, João de Lima. *Instituições de direito do trabalho*. São Paulo: LTr, 2002. v. 2, p. 1.166.

negociação coletiva em prestar todas as informações, fornecer todos os dados relativos à proposta reivindicatória, ou à contraposta negocial, esclarecer as dúvidas ou indagações com transparência e lisura, sem a adoção de subterfúgios ou evasivas, com o objetivo de viabilizar o bom andamento da negociação.

Esse princípio deve ser exercido reciprocamente, ou seja, ambas as partes devem se sujeitar a tal condição. Assim, da mesma forma que o segmento econômico tem o encargo de demonstrar as efetivas condições econômico-financeiras (lucro, produtividade, receita, crescimento, despesas...) que demonstrem o desempenho empresarial, o segmento profissional deve, se instado, responder aos pedidos de informações, ainda que envolvendo a sua representação e a justificativa de seus pleitos. Hugo Gueiros Bernardes esclarece que apesar da resistência, em geral do âmbito patronal, "as informações pertinentes, direta ou indiretamente, à negociação, não podem ser negadas sem que se caracterize má-fé do negociador"[173].

O aspecto de relevo é que embora se constitua em princípio, o dever de informação não encontra respaldo necessário na legislação, visto que nenhum dispositivo legal disciplina expressamente o assunto. Não se deve olvidar que a tradição jurídica brasileira é a da regulamentação de tudo o que seja necessário como medida impositiva, especificamente que obrigue as partes envolvidas a negociar, ao necessário e amplo dever de informação.

A OIT emitiu a Recomendação n. 163, de 1981, tratando da negociação coletiva, enfatizando, em especial, que, "se necessário, medidas adequadas às condições nacionais devem ser adotadas para que as partes tenham acesso às informações necessárias a uma expressiva negociação". No entanto, a ausência de expressa disposição a respeito no ordenamento jurídico, deste e de outros princípios, dificulta grandemente a possibilidade de exigência de sua plena observância no decorrer do processo negocial.

4.4.5. Princípio da razoabilidade das pretensões

O princípio da razoabilidade impõe que as partes negociantes ajam com a razão, de modo sensato, justo e equilibrado. Também é caracterizado pela racionalidade que deve predominar nas negociações, particularmente por intermédio de reivindicações razoáveis, isto é, pretensões que sejam passíveis de exigibilidade.

Enoque Ribeiro dos Santos apregoa que a formulação de pleitos que não tenham a mínima condição de serem atendidos, assim como a apresentação

---

(173) BERNARDES, Hugo Gueiros. Princípios da negociação coletiva. In: BERNARDES, Hugo Gueiros. *Relações coletivas de trabalho*: estudos em homenagem ao ministro Arnaldo Süssekind. São Paulo: LTr, 1989. p. 361-362.

de contraproposta muito aquém das reais possibilidades de dar a justa recompensa aos trabalhadores na negociação coletiva, comprometem a eficácia do processo negocial[174].

Tanto a proposição quanto a contraproposta de uma ou de ambas as partes negociantes que não estejam devidamente adequadas a uma realidade e justificativa factível e fora de parâmetros que possam ser alcançados ensejam a consequente impossibilidade de solução do conflito.

A adoção prática desse princípio ocorre, em geral, na hipótese de arbitramento por proposta final, cuja abordagem será feita adiante. De qualquer maneira, a sua importância e plena adoção se revelam mais que salutares para se alcançar o êxito almejado na negociação coletiva, qual seja, a de celebração de um acordo.

4.4.6. Princípio de colaboração

O princípio da colaboração relaciona-se à cooperação que deve ser manifestada pelas partes, ou à "disposição de ânimo" negocial visando a solucionar o contraditório[175].

A colaboração das partes, aliada à solidariedade entre os atores sociais, quais sejam, os empregados, os empregadores e as entidades sindicais, de acordo com Enoque Ribeiro dos Santos, são "imprescindíveis para a revitalização do direito do trabalho", ante o entrelaçamento no mesmo tecido social[176].

Nenhuma das partes envolvidas em um conflito coletivo deve se recusar a colaborar ou cooperar com o intuito de alcançar a pacificação da relação jurídica controvertida, até porque isso decorre da necessária observância a outros princípios, dentre os quais do dever de negociar e da boa-fé.

4.4.7. Princípio da igualdade

O princípio da igualdade na negociação coletiva tem por escopo afastar a desigualdade existente na relação jurídica contratual individual envolvendo empregado e empregador, ajustada por meio do sistema jurídico que tende a amparar o obreiro. Os princípios inerentes ao direito do trabalho, como da realidade contratual, da aplicação da norma mais favorável e da adoção da condição mais benéfica não deixam dúvidas quanto à disparidade e ao respaldo em favor do obreiro.

---

(174) SANTOS, Enoque Ribeiro dos. *Direitos humanos na negociação coletiva*. São Paulo: LTr, 2004. p. 118.
(175) PINTO, José Augusto Rodrigues. *Direito sindical e coletivo do trabalho*. São Paulo: LTr, 1998. p. 173.
(176) SANTOS, Enoque Ribeiro dos. *Direitos humanos na negociação coletiva*. São Paulo: LTr, 2004. p. 122.

Na negociação coletiva, porém, supõe-se uma igualdade de poder, de força e de persuasão, e em geral isso ocorre com a participação de sindicatos dos segmentos econômico e profissional, ou mesmo que envolvendo apenas uma empresa, o seu poder econômico não prevalece ante a indispensável presença do ente obreiro no processo negocial.

Ressalte-se, contudo, que o princípio da igualdade objetiva, justamente, assegurar que haja uma equivalência de poder entre as partes negociantes, sem que prevaleça a supremacia de uma em relação à outra. José Augusto Rodrigues Pinto declara como fundamental a igualdade dos negociadores para a frutificação do diálogo, pois a hierarquia e a subordinação jurídica se mostram incompatíveis para o proveito negocial[177].

Em razão disso — e conforme já foi objeto de abordagem mais apropriada —, a hipótese descrita no art. 617, § 1º, da CLT[178] deve ser vislumbrada com reserva, especialmente quando se constatar que há desigualdade dos atores negociantes.

4.4.8. Princípio de paz social

Como já visto, os princípios analisados se constituem em postulados éticos ou regras de conduta que as partes envolvidas na negociação coletiva devem adotar e aplicar durante o processo negocial. Em relação a alguns desses princípios, é imprescindível que a observância ocorra desde a fase preliminar. Em outros, no decorrer da negociação. Há, todavia, um princípio inerente ao término da negociação, ou seja, que deve ser considerado após o término do conflito e com a celebração da tratativa coletiva, denominado princípio da paz social.

Adotando a terminologia de obrigação de paz, João de Lima Teixeira Filho define como o

> dever jurídico a que se submetem as partes de não recorrer a medidas que comprometam ou reabram o conflito coletivo já composto pelo instrumento normativo regulador das condições específicas de trabalho, durante

---

(177) PINTO, José Augusto Rodrigues. *Direito sindical e coletivo do trabalho*. São Paulo: LTr, 1998. p. 173.
(178) Art. 617. Os empregados de uma ou mais empresas que decidirem celebrar Acordo Coletivo de Trabalho com as respectivas empresas darão ciência de sua resolução, por escrito, ao Sindicato representativo da categoria profissional, que terá o prazo de 8 (oito) dias para assumir a direção dos entendimentos entre os interessados, devendo igual procedimento ser observado pelas empresas interessadas com relação ao Sindicato da respectiva categoria econômica.
§ 1º Expirado o prazo de 8 (oito) dias sem que o Sindicato tenha se desincumbido do encargo recebido, poderão os interessados dar conhecimento do fato à Federação a que estiver vinculado o Sindicato e, em falta dessa, à correspondente Confederação, para que, no mesmo prazo, assuma a direção dos entendimentos. Esgotado esse prazo, poderão os interessados prosseguir diretamente na negociação coletiva até final.

a respectiva vigência, ou de recorrer a medidas de força dentro de determinadas regras[179].

É assente na doutrina que o princípio da paz social se configura como uma disposição implícita que se insere no conteúdo obrigatório das convenções e acordos coletivos de trabalho, pela qual, segundo Wilson de Souza Campos Batalha e Sílvia Marina Labate Batalha, "obrigam-se os sindicatos convenentes a não assumir, nem permitir que os associados assumam, posições contrárias ao pactuado, durante a vigência estipulada", complementando que "qualquer posição antiética, durante o período de vigência, enseja responsabilidade por violência à 'obrigação de paz sindical'"[180].

É certo que incumbe às partes envolvidas em qualquer negociação coletiva dispor e atuar com o dever de paz, situando-se essa condição como intrínseca naquele processo, daí por que a obrigação de paz não necessita ser explicitada no instrumento normativo, mas, como já adiantado, pode estar implícita. A propósito, o ato de celebração de uma tratativa encerrando o conflito de interesses e o processo negocial não deixa de exteriorizar a intenção das partes no pleno e integral cumprimento do ajuste.

Deve-se considerar, porém, que o princípio de paz social não importa na renúncia de uma das partes se insurgir de modo contrário ao que restou estabelecido, notadamente sobrevindo circunstância fática imprevisível ou não constatada no momento negocial e que lhe seja substancialmente desfavorável. Assim sendo, a classe operária pode, em determinadas situações, valer-se do instrumento da greve se a situação impuser a adoção dessa medida como último recurso.

Da mesma forma, tornando impossível o regular cumprimento do ajuste firmado diante da superveniência de condição econômica desfavorável para a qual não concorreu, o segmento patronal pode esquivar-se do cumprimento. Tanto é verdade que o preceituado no art. 615, §§ 1º e 2º, da CLT[181] estatui os procedimentos para o processo de prorrogação, revisão, denúncia ou revogação, total ou parcial da

---

(179) TEIXEIRA FILHO, João de Lima. A obrigação de paz e os instrumentos normativos. In: TEIXEIRA FILHO, João de Lima. *Relações coletivas de trabalho*: estudos em homenagem ao ministro Arnaldo Süssekind. São Paulo: LTr, 1989. p. 405.
(180) BATALHA, Wilson de Souza Campos; BATALHA, Sílvia Marina Labate. *Sindicatos sindicalismo*. São Paulo: LTr, 1994. p. 166-167.
(181) Art. 615. O processo de prorrogação, revisão, denúncia ou revogação total ou parcial de Convenção ou Acordo ficará subordinado, em qualquer caso, à aprovação de Assembleia Geral dos Sindicatos convenentes ou partes acordantes, com observância do disposto no art. 612.
§ 1º O instrumento de prorrogação, revisão, denúncia ou revogação de Convenção ou Acordo será depositado, para fins de registro e arquivamento, na repartição em que o mesmo originariamente foi depositado, observado o disposto no art. 614.
§ 2º As modificações introduzidas em Convenção ou Acordo, por força de revisão ou de revogação parcial de suas cláusulas, passarão a vigorar 3 (três) dias após a realização do depósito previsto no § 1º.

tratativa coletiva firmada, aventando-se, pois, a possibilidade de reexame das condições pactuadas caso seja constatado o desequilíbrio dos ajustes.

Enoque Ribeiro dos Santos pondera que, "ocorrendo fatos supervenientes que venham a alterar o equilíbrio contratual, provocando uma onerosidade excessiva a uma das partes da convenção ou acordo coletivo", hipótese em que, com base na teoria da imprevisão dos contratos, "a parte lesada poderá denunciar o pacto previamente celebrado, exigindo a sua revisão e o retorno ao *status quo ante bellum*, ou seja, à situação de equilíbrio anterior"[182].

4.5. OBJETIVOS E IMPORTÂNCIA DA NEGOCIAÇÃO COLETIVA

A negociação coletiva possui dupla finalidade: prevenir ou solucionar conflitos trabalhistas de natureza coletiva e que se referem às categorias (profissional e econômica) envolvidas, e estabelecer condições de trabalho aplicáveis no âmbito da representação dos entes sindicais envolvidos na negociação às relações individuais de trabalho.

Amauri Mascaro Nascimento cita, além das funções compositivas e de criação de normas incidentes nas relações individuais de trabalho, que a negociação coletiva cumpre outras de caráter não jurídicas, quais sejam: ***a)*** a função política, visto que a negociação coletiva é um instrumento de estabilidade nas relações entre os trabalhadores e as empresas e os seus efeitos ultrapassam a esfera restrita das partes envolvidas diretamente, interessando também a sociedade política; ***b)*** a função econômica, porquanto a negociação coletiva serve como meio de distribuição de riquezas em uma economia em prosperidade ou de redução de vantagens do assalariado em uma economia em crise; ***c)*** a função social, que contribui para a normalidade das relações coletivas e da harmonia no ambiente de trabalho, com a possibilidade de participação dos trabalhadores no processo de decisão empresarial[183].

Pedro Paulo Teixeira Manus descreve o envelhecimento das legislações nacionais sobre as relações de trabalho, a insuficiência e a inadequação das legislações para alcançar a multiplicidade de questões, as relações de trabalho que se apresentam a cada dia, o aumento do número de médias e grandes empresas, com a consequente necessidade de regulamentação específica das questões funcionais e a mudança de ótica de empregados e empregadores, com uma nova postura dos atores sociais de desvencilharem-se da tutela do Estado, buscando soluções próprias para seus problemas[184].

---

(182) SANTOS, Enoque Ribeiro dos. *Direitos humanos na negociação coletiva*. São Paulo: LTr, 2004. p. 121.
(183) NASCIMENTO, Amauri Mascaro. *Compêndio de direito sindical*. São Paulo: LTr, 2000. p. 309.
(184) MANUS, Pedro Paulo Teixeira. *Negociação coletiva e contrato individual de trabalho*. São Paulo: Atlas, 2001. p. 27.

Sem desconsiderar as premissas arroladas, é inequívoco que a negociação coletiva atua como "ferramenta" (ou instrumento) para respaldar os trabalhadores na obtenção de vantagens ou benefícios trabalhistas e no equilíbrio de forças e condições perante o empregador em razão da relação de emprego. Nesse contexto, paralelamente ao propósito de dirimir conflitos e estabelecer regras trabalhistas aplicáveis no âmbito das relações de emprego, é certo que, por meio da negociação coletiva, a luta de classe ou da categoria profissional influencia nas condições de trabalho e nivela as forças sociais e a resistência empresarial mediante a atuação de seu sindicato representativo.

Há quem compreenda a negociação coletiva como um direito do trabalhador. Luiz de Pinho Pedreira da Silva aponta razões de equidade e justiça social, além do desenvolvimento da convicção pelos trabalhadores de que não podem se proteger contra a exploração, individualmente e da busca de uma igualdade de força, coletivamente, pelos trabalhadores, então com poder de negociação[185].

Essas ponderações devem ser compreendidas e melhor sistematizadas no contexto da relação entre empregado e empregador, quando o resultado da negociação satisfaz os interesses das partes envolvidas e passa a ser retratado no instrumento de pactuação, ou seja, na convenção ou acordo coletivo de trabalho. Com efeito, tanto a resolução das controvérsias e dos conflitos quanto o estabelecimento de condições de trabalho e outras circunstâncias que envolvem as relações laborais e sindicais que podem significar a colocação do operariado no mesmo patamar em relação ao segmento empresarial somente se evidencia com a celebração da tratativa. É fato que a negociação com o pleno envolvimento do sindicato profissional possibilita uma igualdade de forças para a defesa dos interesses obreiros, todavia a plenitude no relacionamento com o âmbito patronal se consuma com a pactuação propriamente dita.

Não por acaso a importância da convenção coletiva do trabalho — obviamente como resultado da negociação coletiva — é defendida por Orlando Gomes, tanto no campo social, quanto no jurídico. No primeiro, para o jurista baiano, "o advento da convenção coletiva de trabalho representa acontecimento sem par na história das relações de trabalho", porque "foi a instituição que, pela primeira vez, permitiu aos trabalhadores influir, real e positivamente, na determinação das condições de trabalho", complementando que isso propiciou "a intervenção dos trabalhadores", o que por si só "justificaria todo o interesse que a instituição tem despertado". No campo jurídico, o jurista acrescenta que a instituição da convenção coletiva tem penetrado vitoriosamente até no Brasil, "tão moroso em aceitar inovações", e último em decretar uma legislação social, "admitiu e regulamentou a instituição"[186].

---

(185) SILVA, Luiz de Pinho Pedreira da. Negociação coletiva. In: SILVA, Luiz de Pinho Pedreira da. *Curso de direito constitucional do trabalho*: estudos em homenagem ao professor Amauri Mascaro Nascimento. São Paulo: LTr, 1991. v. 2, p. 48.
(186) GOMES, Orlando. *A convenção coletiva de trabalho*. São Paulo: LTr, 1995. p. 30-31 e 33.

Por conta disso, a ênfase deve ser dada quanto à obrigatoriedade de participação do sindicato nas negociações coletivas, especialmente da categoria profissional envolvida no litígio.

O enfoque de Lucilde D'Ajuda Lyra de Almeida, porém, não deve passar despercebido, pois, embora registre que a negociação coletiva fora concedida como fator de harmonização e equilíbrio das relações trabalhistas, argumenta que no atual momento "assiste-se a precarização das condições de trabalho, calcada na postura de se dar amplitude cada vez maior à negociação coletiva, instrumentalizada pelas convenções e acordos coletivos", e que por meio desses instrumentos, "de forma velada, vêm servindo aos interesses da classe patronal, em detrimento da classe trabalhadora, cuja ação sindical encontra-se cada vez mais enfraquecida em face do fantasma do desemprego"[187]. José Luciano de Castilho Pereira ainda tem dúvidas de como se negociar validamente, sem amplo direito de greve e sem transparência da vida financeira das empresas[188].

Essas ponderações não devem ser consideradas com relatividade, mas como algo que reflete, ao longo dos últimos anos, as dificuldades encontradas pelos sindicatos profissionais na obtenção de conquistas ou vantagens em favor da classe obreira. Se, de um lado, tem-se mostrado expressivo o alcance de índices de reajustes salariais superiores à inflação do período adotado para apuração (interregno entre as datas-base), essa situação advém mais das estabilidades política e econômica e do baixo percentual inflacionário oficial do que de um cogitado "poder negocial" dos entes obreiros.

Se, por um lado, se obtém na negociação um reajuste acima da inflação, ainda que enquadrado como "aumento real" do salário, os empregados envolvidos no processo de negociação coletiva têm sido compelidos a cederem as vantagens conquistadas ao longo dos anos, em negociações anteriores, ensejando a estipulação de condições que propiciam uma maior flexibilização dos direitos. A compensação anual de horas, também conhecida como "banco de horas", é um exemplo clássico e contemporâneo para praticamente todas as categorias profissionais, deixando de servir exclusivamente como instrumento para regular as atividades sazonais.

É relevante a assertiva de Arnaldo Lopes Süssekind, para o qual "o êxito da negociação coletiva depende de vários fatores", elencando-os: "a) garantia da liberdade e da autonomia sindical; b) razoável índice de sindicalização do grupo representado; c) espaço para a complementação e suplementação do sistema legal de proteção ao trabalho"[189], sendo certo que este último fator, ou seja, o reconhe-

---

(187) ALMEIDA, Lucilde D'Ajuda Lyra da. A negociação coletiva como instrumento de harmonização das relações de trabalho. *Revista LTr,* São Paulo, n. 68, set. 2004. p. 1.077.
(188) PEREIRA, José Luciano de Castilho. Autonomia privada coletiva. In: PEREIRA, José Luciano de Castilho. *O direito do trabalho na sociedade contemporânea.* São Paulo: Jurídica Brasileira, 2001. p. 121.
(189) SÜSSEKIND, Arnaldo Lopes. *Direito constitucional do trabalho.* Rio de Janeiro: Renovar, 1999. p. 401.

cimento legal da garantia de emprego, se constitui em quesito fundamental para fomentar não apenas o segundo item citado, mas para fortalecer o ente sindical representativo da categoria. Süssekind ainda faz uma oportuna observação acerca do assunto, ao ressaltar que a

> negociação coletiva, em quase todos os países, vem sendo prejudicada pelo enfraquecimento dos sindicatos, resultante da crise gerada pela globalização da economia com o endeusamento das leis do mercado, que ampliou consideravelmente o desemprego e reduziu significativamente (salvo algumas exceções: países escandinavos e Espanha) o número de trabalhadores filiados aos correspondentes sindicatos[190].

Sem embargo, os sindicatos obreiros que detêm efetiva representatividade da categoria, fortalecidos pela própria atuação, conseguem encontrar na negociação coletiva uma forma de obter maiores vantagens ou benefícios, haja vista que podem se valer da própria mobilização da classe.

4.6. Limites da negociação coletiva

O direito do trabalho é caracterizado por conter normas de conteúdo eminentemente social e que visam, primordialmente, a assegurar aos trabalhadores condições ou direitos mínimos relacionados a salário, jornada, aspectos pertinentes à saúde e à segurança, além de outras questões tuteladas por normas estatais. Em razão disso, em tese não podem ser objeto de transação e muito menos de renúncia, particularmente quando vigente a relação jurídica de emprego.

No âmbito coletivo, contudo, o assunto abre margem para o debate quanto ao limite para a pactuação de cláusulas convencionais, com a possibilidade de restrição de direitos, emanado da soberania da vontade coletiva exercida pelas partes negociantes e signatários da tratativa.

Não se deve perder de vista que o objetivo da negociação coletiva é a solução de conflitos decorrentes da contraposição dos interesses envolvendo os segmentos econômico e profissional, abrangendo desde a relação de emprego em que estão inseridos os atores do contrato (empregados e empregadores), assim como os entes sindicais representativos. Para tanto, faz-se imprescindível a plena observância dos princípios da negociação, bem como as demais formalidades que legitimam as partes envolvidas na negociação.

Concomitantemente a esses precedentes e na mesma intensidade, deve se atentar que a negociação reflete uma autêntica transação, em que as partes envolvidas no processo se obrigam a fazer concessões recíprocas, obviamente respeitadas

---

(190) SÜSSEKIND, Arnaldo Lopes. *Direito constitucional do trabalho*. Rio de Janeiro: Renovar, 1999. p. 402-403.

as condições ou limites para as quais estão regularmente autorizadas pelos representados. Convém relembrar que os sindicatos, como agentes negociais, são apenas sujeitos ou instrumentos para que a categoria alcance seus objetivos, principalmente os de caráter reivindicatório.

A questão de relevo, aqui, é saber quais os limites da negociação, ou o que pode ou não ser objeto de negociação. Doutrinariamente, a negociação pode envolver a pactuação de condições *in mellius*, ou seja, quando as estipulações são mais benéficas para o trabalhador, promovendo a elevação dos níveis de proteção dos trabalhadores e permitindo maiores e melhores direitos acima daqueles previstos legalmente. Em contraposição, constituem-se em condições *in pejus* quando há redução das vantagens existentes.

Se não há dúvidas quanto à possibilidade de implementação de um instrumento negocial com disposições *in mellius* para a classe obreira, ou seja, as condições mais favoráveis ao trabalhador se mostram passíveis de plena admissibilidade, o mesmo não se pode afirmar quanto às situações *in pejus* ante a divergência quanto a sua aceitação e/ou as restrições impostas tanto pela doutrina quanto pela jurisprudência a partir dos sistemas de interpretação dos regramentos legais, considerando inexistir definição expressa a respeito.

Amauri Mascaro Nascimento analisa a questão em debate, partindo da fonte do direito reduzido ou suprimido, para concluir pela possibilidade ou não de negociação *in pejus* para o trabalhador. Deduz que as "estipulações *in pejus* de direitos assegurados por lei, quando autorizadas por lei, são admitidas, porque é a lei a expressão da vontade geral e, por expressar o interesse geral", e que as

> vantagens conseguidas pelos trabalhadores pela negociação coletiva, não garantidas pela lei, mas apenas nos contratos coletivos, não são gerais, são específicas, não resultam de um imperativo legal, são direitos conseguidos pela negociação coletiva, motivo pelo qual podem ser reduzidos ou suprimidos pela mesma via[191].

Os limites da negociação coletiva motivam a discussão da flexibilização das normas e condições de trabalho advindas do exercício da autonomia privada coletiva e negociadas entre as partes legitimadas. Luiz Carlos Amorim Robortella entende que a "intocabilidade dos direitos adquiridos é considerada incompatível com o dinamismo do mercado de trabalho", e que observados certos pressupostos deve--se conferir à negociação coletiva "a aptidão de modificar as condições contratuais, inclusive reduzindo determinados direitos"[192], cujo mínimo de proteção ao traba-

---

(191) NASCIMENTO, Amauri Mascaro. *Compêndio de direito sindical*. São Paulo: LTr, 2000. p. 318.
(192) ROBORTELLA, Luiz Carlos Amorim. O conceito moderno de negociação coletiva. In: ROBORTELLA, Luiz Carlos Amorim. *Direito sindical brasileiro*: estudos em homenagem ao prof. Arion Sayão Romita. São Paulo: LTr, 1998. p. 241.

lhador, conforme Júlio Assumpção Malhadas, "deveria ser a simples compilação das normas da OIT", e cuja abrangência poderia atingir a "flexibilização das normas estatais"[193].

A posição externada por Luciane Alves Sávio, para a qual a possibilidade de implantação de processo flexibilizatório deve ser feito "com cautela e adaptado à realidade que cerca o país"[194], revela-se correta, e deve ser complementada não apenas com a consagração da liberdade sindical plena, nos moldes estabelecidos na Convenção n. 87 da OIT — não ratificada pelo Brasil em razão do modelo sindical vigente —, mas também dotando os sindicatos profissionais com maior poder de negociação, com o pleno reconhecimento do exercício do direito de greve, e a adoção do regular sistema contra as despedidas arbitrárias ou sem justa causa nos termos da Convenção n. 158 da OIT.

De outro lado, Mauricio Godinho Delgado destaca a inconteste possibilidade de "normas autônomas juscoletivas" implementarem "um padrão setorial de direitos superior ao padrão geral oriundo da legislação heterônoma aplicável", além de advertir que o processo negocial jamais deve se alicerçar na renúncia, por falecer de poderes sobre direitos de terceiros, mas na transação em que há o despojamento bilateral ou multilateral, com reciprocidade entre os agentes envolvidos[195].

José Cláudio Monteiro de Brito Filho, analisando os limites negociais com o conteúdo da Norma Coletiva, assinala que "é preciso respeitar as normas legais mínimas de proteção ao trabalho instituídas pelo Estado, salvo nos casos aceitos pelo ordenamento jurídico"[196], descrevendo as hipóteses descritas nos incisos VI, XIII e XIV, do art. 7º da Constituição Federal.

Apesar do *caput* do art. 7º preconizar como "direitos dos trabalhadores urbanos e rurais, além de outros que visem à melhoria de sua condição social", aqueles elencados nos incisos I a XXXIV, o mesmo dispositivo abre a possibilidade de flexibilização de direitos trabalhistas a partir da negociação coletiva, notadamente sobre a redução salarial — inciso VI; compensação de hora — inciso XIII; e sistema de turno ininterrupto de revezamento, inclusive com a possibilidade de ampliação da limitação de seis horas — inciso XIV. Para Arnaldo Lopes Süssekind, mesmo que restrito a essas situações, demonstra a amplitude do poder atribuído pela Carta Magna, uma vez que a flexibilização envolve a "aplicação de alguns dos seus mais importantes comandos e das normas legais cujas prestações correspondam ao objeto

---

(193) MALHADAS, Júlio Assumpção. Flexibilização de direitos. In: MALHADAS, Júlio Assumpção. *Relações coletivas de trabalho*: estudos em homenagem ao ministro Arnaldo Süssekind. São Paulo: LTr, 1989. p. 380 e 385.
(194) SÁVIO, Luciane Alves. Flexibilização do direito do trabalho e implantação da autonomia privada coletiva no Brasil. In: SÁVIO, Luciane Alves. *Direito do trabalho*: estudos. São Paulo: LTr, 1997. p. 597 e 602.
(195) DELGADO, Mauricio Godinho. *Direito coletivo do trabalho*. São Paulo: LTr, 2001. p. 137.
(196) BRITO FILHO, José Cláudio Monteiro de. *Direito sindical*. São Paulo: LTr, 2000. p. 217.

dessas hipóteses"[197]. De fato, tanto a questão salarial como a que se refere à jornada de trabalho se constituem em temas de relevo em qualquer relação contratual.

Pedro Paulo Teixeira Manus defende que, no exame das normas jurídicas e na criação destas — por meio da negociação coletiva, devem ser atendidos os princípios e preceitos constitucionais, respeitando uma compatibilidade vertical, ou seja, podem as partes na negociação estabelecer condições mais favoráveis aos trabalhadores, sempre respeitando o mínimo garantido, sendo vedada a retirada das garantias mínimas asseguradas[198].

Também comungando da limitação ora externada, inclusive se contrapondo às propostas de alargar as hipóteses de negociação abarcando outras situações, Mauricio Godinho Delgado ressalta que

> não prevalece a adequação setorial negociada se concernente a direitos revestidos de indisponibilidade absoluta (e não indisponibilidade relativa), os quais não podem ser transacionados nem mesmo por negociação sindical coletiva,

compreendendo-se, nesse aspecto, aqueles tutelados como de interesse público

> por se constituírem um patamar civilizatório mínimo que a sociedade democrática não concebe ver reduzido em qualquer segmento econômico-profissional, sob pena de se afrontarem a própria dignidade da pessoa humana e a valorização mínima deferível ao trabalho (arts. 1º, III e 170, *caput*, da CF/88).

O jurista esclarece que o patamar (civilizatório) mínimo, no direito laboral brasileiro, é constituído por três grupos convergentes de normas trabalhistas heterônomas: *a)* as normas constitucionais em geral — observando-se as ressalvas parciais expressas: art. 7º, VI, XIII e XIV; *b)* as normas de tratados e convenções internacionais vigorantes no plano interno brasileiro — art. 5º, § 2º, CF; *c)* as normas legais infraconstitucionais que asseguram patamares de cidadania ao trabalhador, tais como: preceitos relativos à saúde e segurança no trabalho, normas concernentes a bases salariais mínimas, normas de identificação profissional e dispositivos antidiscriminatórios[199].

Não obstante, diversas normas infraconstitucionais já deduzem situações que externam a flexibilização das condições e do direito do trabalho, em alguns casos sujeitos à prévia negociação coletiva, tais como:

---

(197) SÜSSEKIND, Arnaldo Lopes. *Direito constitucional do trabalho*. Rio de Janeiro: Renovar, 1999. p. 407.
(198) MANUS, Pedro Paulo Teixeira. *Negociação coletiva e contrato individual de trabalho*. São Paulo: Atlas, 2001. p. 115.
(199) DELGADO, Mauricio Godinho. *Direito coletivo do trabalho*. São Paulo: LTr, 2001. p. 137-138.

a) Lei n. 6.019/74: permissão para o trabalho temporário;

b) Lei n. 9.601/98: contrato por prazo determinado, com contratação limitada e restrição de direitos (multa do FGTS, depósito fundiário...);

c) Art. 59, § 2º da CLT: sistema de compensação anual de horas;

d) Art. 59-A da CLT: trabalho a tempo parcial, com redução da jornada e limitação dos direitos;

e) Art. 476-A da CLT: suspensão do contrato de trabalho, com concessão de incentivos fiscais ao empregador e redução dos direitos trabalhistas.

Arnaldo Lopes Süssekind também refuta os argumentos dos neoliberais, lembrando que nosso sistema já contempla a flexibilização em importantes aspectos da relação de emprego[200], tais como:

a) ampla liberdade patronal para despedir os empregados;

b) redução das hipóteses de salário-utilidade — Lei n. 10.243/01;

c) terceirização de serviços em determinadas hipóteses — *vide* Súmula n. 331 do C. TST;

d) quebra do princípio da irredutibilidade salarial por acordo ou convenção coletiva;

e) flexibilização das jornadas de trabalho, facultando-se a sua redução ou compensação de horários por acordo ou convenção;

f) ampliação da jornada de seis horas nos turnos ininterruptos de revezamento por meio de negociação coletiva.

Mas não é apenas no plano legislativo que a possibilidade de maior amplitude da flexibilização negocial no âmbito coletivo encontra respaldo, ao menos para viabilizar a discussão. Os precedentes judiciais exarados pelo Judiciário Trabalhista, em especial pelo C. Tribunal Superior do Trabalho, também têm trilhado neste sentido, como, em processos que discutem questões individuais com restrições impostas por norma coletiva com disposição *in pejus* ou por uma "nova" interpretação jurisprudencial, podendo-se citar, ilustrativamente:

a) limitação à estabilidade de gestante, com previsão de comunicação do estado gravídico por norma coletiva, consoante autorizado pela OJ n. 88 da SBDI-1 do C. TST;

b) limitação da estabilidade do acidentado por norma coletiva, condicionando o direito à emissão de CAT por ato do empregador (DC n. TST/RODC-765202/01.4);

---

(200) SÜSSEKIND, Arnaldo Lopes. A negociação trabalhista e a lei. *Revista LTr*, São Paulo, v. 69, fev. 2005. p. 137.

c) atribuição de natureza indenizatória ao auxílio-alimentação previsto em norma coletiva — *vide* OJ n. 123 da SBDI-1 do TST, para o caso do bancário que a receba diante de prestação de horas extras;

d) exclusão da ficção legal da redução da hora noturna (TST — ROAA n. 09203200290009006; em sentido contrário, TST — RR n. 179--1200311203008);

e) proporcionalidade do adicional de periculosidade — OJ n. 258 da SBDI-1 e TST-RR n. 589.226/99.7.

4.7. Conteúdo

Como já explicitado neste livro, o objetivo determinante da negociação coletiva é a solução do conflito entre as categorias econômica e profissional, com a regulamentação das condições de trabalho aplicáveis nas relações individuais de trabalho. Além disso, também viabiliza o disciplinamento de obrigações a serem observadas pelos entes negociantes; daí advém o conteúdo ou o objeto negocial.

O disposto no art. 2º da Convenção n. 154 da OIT se encarrega de definir o conteúdo da negociação coletiva ao preconizar que este compreende: ***a)*** a fixação das condições de trabalho e emprego; ***b)*** a regulação das relações entre empregadores e trabalhadores; ***c)*** a regulação das relações entre os empregadores ou suas organizações e uma ou várias organizações de trabalhadores, ou alcançar todos estes objetivos de uma só vez.

Para Orlando Gomes, algumas questões imperativas devem compor a discussão negocial, tornando variável o seu conteúdo, uma vez que envolvem circunstâncias do ambiente e do momento das tratativas. No entanto, alerta que o conteúdo pode ser dividido em duas partes: um núcleo e um invólucro protetor, esclarecendo essa comparação: "o núcleo encerra as cláusulas atinentes às condições de trabalho", enquanto "o invólucro protetor abrange todas as cláusulas que visam a assegurar a observância das regras contidas no núcleo". Como assuntos pertinentes a temas nucleares, o autor aponta a discussão sobre salário e a duração da jornada de trabalho[201].

É notório que há assuntos e/ou reivindicações — com as devidas contraposições — de maior relevo, permitindo compreender seu grau de importância no processo negocial, principalmente se abrangendo as condições e os possíveis benefícios trabalhistas, porém isso não descarta a discussão de temas relacionados à atuação sindical.

---

(201) GOMES, Orlando. *A convenção coletiva de trabalho*. São Paulo: LTr, 1995. p. 186.

Predomina, doutrinariamente, que o conteúdo de uma negociação corresponde, como indicado por Ronaldo Lima dos Santos, "ao conjunto de matérias, normas e condições de trabalho" então contidos nas cláusulas que compõem uma Norma Coletiva[202], e por isso deve abranger a estipulação de cláusulas normativas aplicáveis às relações contratuais de trabalho, e de cláusulas estabelecendo obrigações direcionadas às partes convenentes. Todavia, é imprescindível reconhecer que a negociação tem como principal objeto a discussão e a possível pactuação de cláusulas normativas[203].

Seguindo a lição de Octavio Bueno Magano, as cláusulas normativas dizem respeito "ao conceito de condições de trabalho, aptas a se tornarem parte integrante de contratos individuais, conceito esse que se reflete no art. 611 da CLT"[204] e, sob esse prisma, têm eficácia imediata, *in melius*, sobre os contratos de trabalho, assim como têm incidência *erga omnes*[205].

Outros aspectos relevantes arrolados por Arnaldo Lopes Süssekind referem que "as cláusulas normativas constituem o principal objetivo da negociação coletiva e o núcleo essencial do diploma que a formaliza", bem como "correspondem a fontes formais do direito, incorporando-se aos contratos individuais dos trabalhadores que, durante sua vigência, forem empregados da empresa à qual se aplica a convenção ou acordo coletivo"[206].

No tocante às cláusulas obrigacionais, Amauri Mascaro Nascimento expõe que

> o conteúdo obrigacional dos acordos coletivos abrange as estipulações que recairão diretamente sobre os contratantes, como se fossem partes de um contrato de direito comum, assumindo deveres e ajustando direitos que diretamente cumprirão[207].

Situam-se como exemplos de cláusulas obrigacionais aquelas que asseguram a liberdade da atividade sindical nas empresas, abrangendo desde o dever de informação da empresa ao sindicato dos trabalhadores, como do acesso dos dirigentes sindicais nas instalações empresariais; as que tratam da frequência, dispensa e licenciamento de dirigentes sindicais; as que criam e disciplinam as comissões paritárias ou de conciliação prévia; as que estabelecem os descontos de contribuições sindicais (assistencial, confederativa e mensalidade) e os repasses aos sindicatos, dentre outras.

---

(202) SANTOS, Ronaldo Lima dos. *Teoria das normas coletivas*. São Paulo: LTr, 2007. p. 211.
(203) LEITE, Carlos Henrique Bezerra. A negociação coletiva no direito do trabalho brasileiro. *Revista LTr*, São Paulo, v. 70, jul. 2006. p. 802.
(204) MAGANO, Octavio Bueno. *Manual de direito do trabalho*. São Paulo: LTr, 1990. v. III, p. 144.
(205) BATALHA, Wilson de Souza Campos; BATALHA, Silvia Marina Labate. *Sindicato sindicalismo*. São Paulo: LTr, 1994. p. 167.
(206) SÜSSEKIND, Arnaldo Lopes. *Direito constitucional do trabalho*. Rio de Janeiro: Renovar, 1999. p. 412.
(207) NASCIMENTO, Amauri Mascaro. *Compêndio de direito sindical*. São Paulo: LTr, 2000. p. 305.

4.8. EFEITOS DA CELEBRAÇÃO DE NORMA COLETIVA E DAS CONDIÇÕES PACTUADAS

A negociação coletiva, quando exitosa, resulta na celebração de uma Norma Coletiva de Trabalho, com a estipulação de regras convencionadas aplicáveis no âmbito da relação envolvendo as partes representadas e os próprios signatários, então inserto nesse Instrumento.

A referida Norma pode compreender uma Convenção Coletiva de Trabalho, quando firmada entre os sindicatos patronal e profissional, envolvendo ambas as categorias ou mais precisamente os representados dos entes signatários. Ou um Acordo Coletivo de Trabalho, celebrado entre uma ou mais empresas e o sindicato profissional como representante dos obreiros, e de abrangência e aplicação restrita a estes e ao(s) seu(s) empregador(es).

Em ambos os casos, sobressai o caráter normativo do Instrumento Coletivo firmado e de seu efeito *erga omnes* a todos os integrantes das categorias econômica e profissional envolvidas, no caso de convenção, e em relação aos empregados e à empresa empregadora acordante, para o acordo coletivo, resultando, em ambas as hipóteses, na incorporação das disposições pactuadas aos contratos individuais de trabalho durante o período de vigência daquele.

É o que se depreende do disposto no art. 611, § 1º, da CLT[208] ao estabelecer que a aplicação das condições convencionadas abrange todos os trabalhadores representados pelas partes que negociaram e firmaram o Instrumento Coletivo com a estipulação de condições de trabalho, já que nosso modelo sindical leva em conta o critério de representação categorial — *vide* incisos II e III do art. 8º da Constituição Federal[209]. Em razão disso, como enfatiza Pedro Paulo Teixeira Manus, "os empregados e empregadores são obrigados a respeitar as cláusulas normativas, pois o sistema jurídico reconhece a autonomia privada coletiva como produtora de normas trabalhistas"[210].

Merece especial registro a assertiva de Octavio Bueno Magano de que o efeito normativo "significa a impossibilidade de que, nos contratos individuais abrangidos

---

(208) Art. 611. Convenção Coletiva de Trabalho é o acordo de caráter normativo, pelo qual dois ou mais Sindicatos representativos de categorias econômicas e profissionais estipulam condições de trabalho aplicáveis, no âmbito das respectivas representações, às relações individuais de trabalho.
§ 1º É facultado aos Sindicatos representativos de categorias profissionais celebrar Acordos Coletivos com uma ou mais empresas da correspondente categoria econômica, que estipulem condições de trabalho, aplicáveis no âmbito da empresa ou das empresas acordantes às respectivas relações de trabalho.
(209) Art. 8º ...
II — é vedada a criação de mais de uma organização sindical, em qualquer grau, representativa de categoria profissional ou econômica, na mesma base territorial, que será definida pelos trabalhadores ou empregadores interessados, não podendo ser inferior à área de um Município;
III — ao sindicato cabe a defesa dos direitos e interesses coletivos ou individuais da categoria, inclusive em questões judiciais ou administrativas.
(210) MANUS, Pedro Paulo Teixeira. *Negociação coletiva e contrato individual de trabalho*. São Paulo: Atlas, 2001. p. 114.

pela convenção, existam cláusulas menos favoráveis ao trabalhador do que as nela pactuadas"[211]. A propósito, dentro dos efeitos da estipulação negocial de cláusulas coletivas, denota-se, em certa medida, a limitação da autonomia da vontade individual das partes representadas pelos sindicatos convenentes. Referida limitação, contudo, advém dos princípios aplicáveis na seara do direito do trabalho e dos preceitos constantes no ordenamento jurídico pátrio.

De forma específica, a indispensável consideração aos princípios da aplicação da norma mais favorável e da condição mais benéfica também encontra respaldo no disposto nos arts. 444 e 619 da CLT[212]. O primeiro dispositivo apregoa a liberdade de estipulação das condições relativas ao contrato laboral, desde que não contrarie as "disposições de proteção ao trabalho, aos contratos coletivos que lhes sejam aplicáveis e às decisões das autoridades competentes", enquanto o segundo, no mesmo sentido, preceitua que nenhuma disposição contratual da relação de emprego prevalecerá e será considerada nula caso contrarie as normas de convenção ou o acordo coletivo de trabalho.

Outro aspecto de relevo atinente aos efeitos das condições estabelecidas no Instrumento Coletivo relaciona-se à incorporação temporária nos contratos de trabalho. Com efeito, a vigência de uma Norma Coletiva validamente celebrada deve se limitar ao período máximo de dois anos, como previsto no art. 614, § 3º, da CLT[213], enquanto para a Sentença Normativa o prazo de vigência não pode ultrapassar quatro anos — art. 868, parágrafo único da CLT[214].

De acordo com essa premissa, predomina o entendimento doutrinário e o jurisprudencial de que as disposições convencionadas só têm aplicação durante a vigência da Tratativa Coletiva ou Sentença Normativa, ante a estipulação de prazo de vigência. No entanto, como observa Pedro Paulo Teixeira Manus,

> nada obsta que as partes ajustem expressamente que as cláusulas normativas sejam incorporadas aos contratos individuais de trabalho, hipótese em que não haverá discussão a respeito, pois manifestada a vontade das partes de que assim ocorra[215].

---

(211) MAGANO, Octavio Bueno. *Manual de direito do trabalho*. São Paulo: LTr, 1990. v. III, p. 152.
(212) Art. 444. As relações contratuais de trabalho podem ser objeto de livre estipulação das partes interessadas em tudo quanto não contravenha às disposições de proteção ao trabalho, aos contratos coletivos que lhes sejam aplicáveis e às decisões das autoridades competentes.
Art. 619. Nenhuma disposição de contrato individual de trabalho que contrarie normas de Convenção ou Acordo Coletivo de Trabalho poderá prevalecer na execução do mesmo, sendo considerada nula de pleno direito.
(213) Art. 614. ...
§ 3º Não será permitido estipular duração de Convenção ou Acordo superior a 2 (dois) anos.
(214) Art. 868. ...
Parágrafo único. O Tribunal fixará a data em que a decisão deve entrar em execução, bem como o prazo de sua vigência, o qual não poderá ser superior a quatro anos.
(215) MANUS, Pedro Paulo Teixeira. *Negociação coletiva e contrato individual de trabalho*. São Paulo: Atlas, 2001. p. 120.

Tal situação, porém, revela-se de difícil ocorrência. Por outro lado, não raro a estipulação de uma nova Norma Coletiva repete cláusulas anteriormente constantes no Instrumento cuja vigência se esvaiu, mitigando a problemática quanto à incorporação daquelas ao contrato laboral.

Digna de nota a assertiva de Délio Maranhão para defender a incorporação das condições ajustadas e previstas em Instrumento Coletivo, independentemente do esgotamento temporal da vigência deste. O jurista observa que, além das condições e vantagens obtidas em decorrência do contrato individual e por meio de instrumentos normativos, é possível ao trabalhador a obtenção de maiores garantias e benefícios superiores por meio do Regulamento de empresa, cujas normas sobre condições de trabalho se tornam cláusulas bilaterais que integram definitivamente os contratos individuais dos que trabalham ou vierem a trabalhar durante a vigência dessas normas. E prossegue aventando que o Regulamento se constitui em ato originalmente unilateral do empregador a quem cabe a propositura de alteração e/ou revogação, mas nesse caso específico somente alcançará os obreiros contratados após a modificação ou extinção, como consta no entendimento jurisprudencial sedimentado na Súmula n. 51 do C. TST. E conclui:

> ora, o princípio é um só, seja a vantagem resultante de regulamento, seja de convenção coletiva, seja de sentença normativa, cabendo salientar que esses últimos, sendo instrumentos coletivos, têm, necessariamente, por definição, eficácia normativa,

e que "não seria positivamente lógico que essa eficácia fosse menor do que a do regulamento, ato, originariamente, unilateral", já que "a contradição seria flagrante"[216].

Também comungando desse posicionamento, Mozart Victor Russomano ventila que o

> princípio medular da inalterabilidade do contrato individual de trabalho, somado à defesa que a ciência jurídica empresta aos direitos adquiridos, pode impedir que a simples extinção do convênio coletivo faça com que desapareçam as prerrogativas que, por força dela, passaram a figurar no contrato individual[217].

Cláudio Armando Couce de Menezes, ainda que sob a égide da antiga redação do art. 114, § 2º, da Constituição Federal, ou seja, antes da edição da EC n. 45/04, expôs que o texto constitucional encerrava

---

(216) MARANHÃO, Délio. Dos instrumentos trabalhistas normativos e do limite de sua eficácia no tempo. In: MARANHÃO, Délio. *Relações coletivas de trabalho*: estudos em homenagem ao ministro Arnaldo Süssekind. São Paulo: LTr, 1989. p. 392-393.
(217) RUSSOMANO, Mozart Victor. *Princípios gerais de direito sindical*. Rio de Janeiro: Forense, 2002. p. 216.

definitivamente a controvérsia a propósito da permanência das cláusulas coletivas frente às decisões normativas posteriores: as condições incorporam-se ao contrato individual só sendo alteráveis se as posteriores forem mais favoráveis (aplicação dos princípios da condição mais benéfica e da norma mais favorável, que norteiam os arts. 444 e 468 da CLT)[218].

Todavia, contrapondo-se àqueles que defendem a incorporação das cláusulas convencionais no contrato laboral após o término de vigência da Norma Coletiva, sob o argumento de não permitir a alteração das condições de trabalho e consequente violação ao preceituado no art. 468 da CLT[219], deve-se considerar, como bem delineado por Renato Rua de Almeida, a impossibilidade de se invocar o princípio legal da imodificabilidade das condições contratuais de trabalho. Para este jurista, enquanto a convenção coletiva de trabalho se afigura como um acordo normativo compreendido dentro de um processo amplo de negociação coletiva, sempre aberto às adaptações circunstanciais pela autonomia privada coletiva, o contrato individual de trabalho se constitui em um negócio jurídico exclusivamente bilateral, de interesses individuais, constituindo obrigações garantidas por lei, que só deixam de existir em caso de extinção contratual[220].

Do mesmo modo, Ronaldo Lima dos Santos pontua que a inalterabilidade das condições de trabalho tem como objetivo salvaguardar os interesses dos trabalhadores junto ao empregador, servindo como limitador ao pleno exercício da autonomia da vontade individual, enquanto as normas coletivas são elaboradas com fundamento na autonomia privada coletiva, cujo exercício e embasamento legal são incompatíveis com a aplicação de norma estatuída para reger a relação privada individual[221].

Pedro Paulo Teixeira Manus sintetiza que "como a lei não determina a incorporação, no silêncio das partes cessa a vigência de tais cláusulas com o término do prazo da norma coletiva"[222], o que reflete, em certa medida, o r. entendimento sedimentado pelo judiciário trabalhista, por meio da Súmula n. 277 do C. TST, *in verbis*:

> As condições de trabalho alcançadas por força de sentença normativa vigoram no prazo assinado, não integrando, de forma definitiva, os contratos.

---

(218) MENEZES, Cláudio Armando Couce de. Permanência das cláusulas constantes de instrumentos coletivos. *Revista LTr*, São Paulo, n. 56, abr. 1992. p. 433.
(219) Art. 468. Nos contratos individuais de trabalho só é lícita a alteração das respectivas condições por mútuo consentimento, e, ainda assim, desde que não resultem, direta ou indiretamente, prejuízos ao empregado, sob pena de nulidade da cláusula infringente desta garantia.
(220) ALMEIDA, Renato Rua de. Das cláusulas normativas das convenções coletivas de trabalho: conceito, eficácia e incorporação nos contratos individuais de trabalho. *Revista LTr*, São Paulo, n. 60, dez. 1996. p. 1.603.
(221) SANTOS, Ronaldo Lima dos. *Teoria das normas coletivas*. São Paulo: LTr, 2007. p. 241.
(222) MANUS, Pedro Paulo Teixeira. *Negociação coletiva e contrato individual de trabalho*. São Paulo: Atlas, 2001. p. 121.

E embora o aludido posicionamento jurisprudencial predominante refira-se expressamente às disposições oriundas de sentença normativa, também é aplicável para as condições estabelecidas em convenção e/ou acordo coletivo de trabalho.

Renato Rua de Almeida faz uma ressalva "ao princípio da não incorporação definitiva das cláusulas normativas nos contratos individuais de trabalho", ao citar uma "hipótese que o direito francês convencionou chamar de vantagem individual adquirido por força da aplicação de cláusula normativa", exemplificando que no "caso do direito brasileiro seria" como

> alguma vantagem especial dos representantes eleitos pelos empregados para a Comissão Interna de Prevenção de Acidentes (CIPAs), prevista pelo art. 163 da Consolidação das Leis do Trabalho, ou daquelas relacionadas à organização interna de trabalho na empresa (garantias disciplinares, alteração de horário, intervalos, etc.)[223].

apontando, inclusive, decisão judicial exarada pelo mesmo C. TST (RR n. 49759/92.4, Ac. da SDI n. 4652/94, julg. em 8.11.94, Rel. Min. Ney Doyle, in *Revista LTr*, 59-04-523), cuja r. ementa é a que segue:

> As cláusulas que conferem estabilidade a empregado por doença profissional são permanentes, não estando restritas ao prazo de vigência da Convenção Coletiva. É necessário, porém, que a causa da doença tenha se originado na vigência da norma.

A jurisprudência do C. TST também assinala neste sentido, tanto que a SDI-1 editou a Orientação Jurisprudencial n. 41, *in verbis*:

> Preenchidos todos os pressupostos para a aquisição de estabilidade decorrente de acidente ou doença profissional, ainda durante a vigência do instrumento normativo, goza o empregado de estabilidade mesmo após o término da vigência deste.

Em todo caso, predomina a vertente jurídica de aplicação das condições ajustadas e previstas em Norma Coletiva de Trabalho, tanto nos contratos individuais de trabalho e sobre os atores da relação de emprego como envolvendo os agentes negociantes, apenas no interregno de vigência do Instrumento Normativo correspondente.

4.9. APLICAÇÃO JURÍDICA DA NORMA COLETIVA

Como resultante dos delineamentos exteriorizados nos tópicos descritos, extrai-se que a Norma Coletiva em que as condições negociadas pelas partes envolvidas

---

(223) ALMEIDA, Renato Rua de. Das cláusulas normativas das convenções coletivas de trabalho: conceito, eficácia e incorporação nos contratos individuais de trabalho. *Revista LTr*, São Paulo, n. 60, dez. 1996. p. 1.604.

em tal processo são sistematizadas apresenta-se como uma das várias fontes de direito do trabalho[224] e integra o conjunto normativo positivado na esfera trabalhista, retratando, segundo Amauri Mascaro Nascimento, um pluralismo jurídico sustentado pela diversificação de processos de formação do direito de origens estatal e não estatal[225].

É preciso ponderar, todavia, que o Instrumento Legal Coletivo deve considerar alguns critérios relacionados à sua aplicação jurídica, dentre os quais aqueles atinentes ao espaço físico ou territorial de sua incidência e ao espaço temporal ou período de vigência. No primeiro caso, como assevera Mozart Victor Russomano, "a convenção coletiva vigora em determinado espaço físico, demarcado pela base territorial da entidade sindical que a celebra"[226], devendo-se compreender, aqui, a abrangência comum dos dois entes signatários da Norma pactuada. Carlos Moreira de Luca ainda relaciona as pessoas abrangidas no que tange ao campo de aplicação, já que em razão da natureza o Instrumento coletivo só alcança aqueles representados pelos sindicatos convenentes[227].

Por conseguinte, é indubitável que a Norma Coletiva firmada tem alcance e aplicação no âmbito do espaço territorial comum da representação dos sindicatos pactuantes, abrangendo trabalhadores e empregadores então representados pelos respectivos entes das categorias profissional e econômica. Carlos Henrique Bezerra Leite esclarece que, em razão do princípio da unicidade, o Instrumento Coletivo se limita, no campo de aplicação, "aos trabalhadores e às empresas das categorias econômica e profissional pertencentes à base territorial equivalente ao sindicato"[228].

O segundo aspecto aludido, relativo ao início e ao período de vigência, leva em conta uma das características da Norma Coletiva, inclusive definida em dispositivo legal — *vide* §§ 1º e 3º, do art. 614 da CLT[229]. Com efeito, o referido regramento estabelece o início de vigência três dias após a data da apresentação do Instrumento perante o órgão do Ministério do Trabalho e Emprego para fins de publicidade, e limita em dois anos o lapso temporal da Norma respectiva.

---

(224) MONTORO, André Franco. *Introdução à ciência do direito*. São Paulo: Revista dos Tribunais, 2000. p. 359. A propósito, o autor descreve o "direito social do trabalho" como uma fonte não estatal, que, ao lado das normas jurídicas elaboradas pelo Estado, também se efetiva como obrigatória e exigível no âmbito dos grupos representados pelos signatários da Norma.
(225) NASCIMENTO, Amauri Mascaro. *Curso de direito do trabalho*. São Paulo: Saraiva, 1996. p. 142.
(226) RUSSOMANO, Mozart Victor. *Princípios gerais de direito sindical*. Rio de Janeiro: Forense, 2002. p. 192.
(227) LUCA, Carlos Moreira de. *Convenção coletiva do trabalho* — um estudo comparativo. São Paulo: LTr, 1991. p. 139.
(228) LEITE, Carlos Henrique Bezerra. A negociação coletiva no direito do trabalho brasileiro. *Revista LTr*, São Paulo, v. 70, jul. 2006. p. 799.
(229) Art. 614. ...
§ 1º As Convenções e os Acordos entrarão em vigor 3 (três) dias após a data da entrega dos mesmos no órgão referido neste artigo.
§ 2º Não será permitido estipular duração de Convenção ou Acordo superior a 2 (dois) anos.

Entretanto, pode ocorrer de o período de incidência e aplicação de suas cláusulas ou condições considerar o lapso temporal correspondente à data-base[230] das categorias envolvidas. Nesse caso, a situação refere-se à eficácia do Instrumento Coletivo, ou seja, a sua aptidão de produzir efeitos jurídicos. A esse propósito, Valentin Carrion aduz que o prazo de eficácia das normas coletivas "é o prazo que nelas se tenha previsto"[231], ou, como esclarece José Augusto Rodrigues Pinto,

> a partir da Lei n. 6.708/79, a data escolhida passará a ser considerada data-base para as respectivas categorias, de modo que as Convenções que se seguirem, em substituições sucessivas, terão essa data como referencial obrigatório para o início das respectivas vigências[232].

Convém levar em conta, ainda, que, no âmbito do direito do trabalho positivado, "há um amplo universo de regras jurídicas de origem privada contrapondo-se a outro universo significativo de regras jurídicas estatais"[233], e por isso, além dos critérios atinentes à abrangência, aos efeitos, ao conteúdo e à duração da Norma Coletiva, a incidência (ou aplicação) das condições convencionadas também deve observar critérios que envolvem a hierarquia normativa.

Como regra adotada pela teoria geral do direito, podem ser enumerados os seguintes critérios: **a)** hierárquico, adotando-se a norma de hierarquia superior sobre a de enquadramento inferior, seguindo uma escala (CF, Lei Complementar, Lei Ordinária...); **b)** cronológico, situação em que se impõe a aplicação da norma sucessiva, ante a premissa de que a (norma) posterior revoga a anterior; **c)** especificidade, em que a norma específica prevalece sobre aquela de caráter geral. Esses critérios originam a denominada concepção hierárquica estática.

Como adverte Ronaldo Lima dos Santos, a "estrutura do ordenamento trabalhista brasileiro demonstra a presença de duas formas de hierarquia, a estática (formal) e a dinâmica (material)"[234], sem desconsiderar que "a produção normativa segue uma lógica, pois aquela de grau superior é quem autoriza a criação daquela de grau inferior e esta, por sua vez, regula a produção de outra e assim sucessivamente"[235].

---

(230) Entende-se por "data-base" o momento anual estabelecido pelos sindicatos das categorias econômica e profissional para a renovação da Norma Coletiva de Trabalho, inicialmente definido pela Lei n. 6.708/79 — art. 4º, §§ 1º e 2º, então tratando da Correção Automática dos Salários e Alteração da Política Salarial, e mantido nas Leis posteriores que igualmente disciplinaram o reajustamento e/ou zeramento (anual) de salários definidos pelo Estado ou por meio da livre negociação, tais como: Lei n. 8.419/92, Lei n. 8.542/92, Lei n. 8.700/03, Lei n. 8.880/94 e Lei n. 10.192/01.
(231) CARRION, Valentin. *Comentários à consolidação das leis do trabalho*. São Paulo: Saraiva, 2008. p. 474.
(232) PINTO, José Augusto Rodrigues. *Direito sindical e coletivo do trabalho*. São Paulo: LTr, 1998. p. 218.
(233) DELGADO, Mauricio Godinho. *Direito coletivo do trabalho*. São Paulo: LTr, 2001. p. 127.
(234) SANTOS, Ronaldo Lima dos. *Teoria das normas coletivas*. São Paulo: LTr, 2007. p. 253.
(235) CAIRO JÚNIOR, José. *Direito do trabalho*: relações coletivas de trabalho. Salvador: Podivm, 2006. v. 2, p. 186.

Todavia, Ronaldo Lima dos Santos pondera que, depois de verificada a ordem formal das normas trabalhistas e os seus respectivos campos de validade, deve se considerar, "já no campo da aplicação da norma, a hierarquia dinâmica, estruturada pelo princípio da norma mais favorável", concluindo ainda que seguindo essa premissa, "entre duas normas igualmente válidas, vigentes e eficazes com aplicabilidade a uma mesma situação fática, tem preferência a norma que confere maiores garantias ao trabalhador"[236].

Convém observar que esse entendimento doutrinário retrata não apenas um princípio intrínseco do direito do trabalho, mas decorrente da conjugação dos preceitos elencados no § 2º do art. 5º, e *caput* do art. 7º, da Constituição Federal, *in verbis*:

> Art. 5º
>
> § 2º Os direitos e garantias expressos nesta Constituição não excluem outros decorrentes do regime e dos princípios por ela adotados, ou dos tratados internacionais em que a República Federativa do Brasil seja parte.
>
> Art. 7º São direitos dos trabalhadores urbanos e rurais, além de outros que visem à melhoria de sua condição social.

Nesse contexto, mesmo que hierarquicamente em situação abaixo dos preceitos constitucionais, as cláusulas convencionais mais vantajosas em benefício do trabalhador se sobrepõem àquelas. Neste sentido, José Affonso Dallegrave Neto assinala que "não se pode perder de vista que o princípio da norma mais benéfica ao empregado encontra-se plasmado em diversos artigos da Constituição Federal, sobretudo no *caput* do art. 7º", e que por isso "todos os direitos dos trabalhadores serão sempre vistos como um *minus*; um patrimônio mínimo, 'além de outros que visem à melhoria de sua condição social'"[237].

De igual modo, para Carlos Henrique Bezerra Leite

> deve prevalecer sempre a cláusula mais benéfica, levando-se em conta o disposto nos arts. 5º, § 2º, e 7º, *caput*, da Constituição Federal, os quais recepcionaram o art. 620 da CLT, cabendo ao intérprete verificar, em cada caso, qual a norma coletiva mais favorável aos trabalhadores, ainda que isso implique um esforço hermenêutico mais complexo[238].

Apesar de tecer considerações semelhantes às ora esposadas, apontando o caráter essencialmente teleológico (finalístico) do qual se reveste o direito do trabalho para justificar que na esfera trabalhista não será aplicada, necessariamente, a Constituição Federal ou a Lei Estatal, mas a norma mais favorável ao trabalhador,

---

(236) SANTOS, Ronaldo Lima dos. *Teoria das normas coletivas*. São Paulo: LTr, 2007. p. 254-255.
(237) DALLEGRAVE NETO, José Affonso. *Inovações na legislação trabalhista*. São Paulo: LTr, 2002. p. 44.
(238) LEITE, Carlos Henrique Bezerra. A negociação coletiva no direito do trabalho brasileiro. *Revista LTr*, São Paulo, v. 70, jul. 2006. p. 804.

sem que se cogite em contradição entre as regras estatais e as regras autônomas privadas coletivas, mas uma espécie de incidência concorrente, pendendo em favor daquela que for mais benéfica ao obreiro. Mauricio Godinho Delgado faz ressalvas quanto aos "limites à aplicação desse critério hierárquico especial ao Direito do Trabalho" a partir das "normas proibitivas oriundas do Estado", hipótese em que "o critério justrabalhista especial não prevalecerá ante normas heterônomas estatais proibitivas, que sempre preservarão sua preponderância, dado revestirem-se do *imperium* específico à entidade estatal"[239].

Como a rigor por meio da negociação coletiva se almeja o estabelecimento de cláusulas de caráter normativo aplicável no âmbito da representação dos sindicatos envolvidos na discussão, prevendo condições de trabalho mais vantajosas ou benéficas em relação ao ordenamento jurídico estatal, é possível deduzir que apenas na hipótese de pactuação de cláusula que atente contra o império do Estado na regulação de temas relacionados à ordem pública, à proteção e à segurança do trabalhador é que as normas coletivas não prevalecerão.

---

(239) DELGADO, Mauricio Godinho. *Direito coletivo do trabalho*. São Paulo: LTr, 2001. p. 129-130.

CAPÍTULO 5

ARBITRAGEM

5.1. ANÁLISE E EVOLUÇÃO HISTÓRICA

A arbitragem remonta aos primórdios da civilização do homem, não se tratando de um instituto recente, figurando como uma terceira fase do sistema que compõe a evolução histórica do direito após a adoção da autotutela e, posteriormente, da autocomposição. Há quem faça referência à arbitragem para a solução dos litígios entre os babilônios cerca de 3000 anos antes de Cristo[240].

Márcio Yoshida cita a Primeira Epístola de Paulo aos Coríntios — cap. 6, versíc. 5, que narra a passagem na qual o apóstolo Paulo "exorta os primeiros cristãos a submeter suas disputas ao julgamento dos seus próprios pares em detrimento dos magistrados romanos", como adoção da arbitragem. Acrescenta que em tempos mais remotos

> Platão proclamava: "Que os primeiros juízes sejam aqueles que o demandante e o demandado tenham elegido, a quem o nome de árbitros convém mais que o de juízes; que o mais sagrado dos tribunais (*kyriotaton*) seja aquele que as partes mesmas tenham criado e eleito de comum acordo"[241].

No direito romano, desde a fundação da cidade de Roma (em 754 a.C.) com a prevalência da realeza (que vigorou até o ano de 510 a.C.), a arbitragem também era adotada, cuja sistemática variou conforme o período. No interregno compreendido até próximo do ano de 149 a.C., o processo era denominado *Legis Actiones* e se realizava em duas etapas. A primeira era chamada de *in iure* e consistia no conhecimento inicial por parte do pretor da causa em conflito, ouvindo as partes. Nesse caso, se o pretor considerasse que razão assistia à parte no direito de agir,

---
(240) CARMONA, Carlos Alberto. *A arbitragem no processo civil brasileiro*. São Paulo: Malheiros, 1993. p. 38.
(241) YOSHIDA, Márcio. *Arbitragem trabalhista*. São Paulo: LTr, 2006. p. 18.

fixava-lhe o objeto da questão litigiosa, que então seria apreciado, sequencialmente, pelo juiz privado, conhecido como *iudex* ou *arbiter*. Essa fase corresponde à segunda etapa, também denominada *in iudicio*, que consistia na deliberação decisória, após ouvir os argumentos das partes e exaurir a produção das provas. Esse *iudex* ou *arbiter* era escolhido pelas partes dentre aqueles que geralmente atuavam como senadores. Havia um compromisso de acatamento da decisão tomada pelo *arbiter*.

A partir de 149 a.C., apesar da mesma sistemática quanto à distinção das fases descritas no interregno anterior, o Estado passou a nomear o *iudex* ou *arbiter*, tornando a arbitragem medida obrigatória e não mais facultativa.

Ainda sob o enfoque do direito romano, a arbitragem foi regulada formalmente no *Digesto*[242] sob o título *De receptis*, estabelecendo-se a escolha de um terceiro compromissado para dirimir a controvérsia entre as partes litigantes. No início, a arbitragem tinha caráter facultativo privado, e somente depois os ordenamentos jurídicos de alguns Estados passaram a disciplinar a sua utilização, reconhecendo a capacidade desse instituto em solver a controvérsia com a imposição de uma deliberação. A arbitragem surgiu, assim, em um momento anterior ao monopólio jurisdicional do Estado.

Como o direito romano serviu de diretriz para os sistemas jurídicos espanhol e português nos séculos XI e XII, a arbitragem também passou a fazer parte do ordenamento desses países. Em Portugal, passou a integrar as Ordenações Afonsinas, em 1446, assim como as ordenações posteriores, com especial destaque às Ordenações Filipinas de 1603, sob a égide de Felipe II, cuja aplicação se estendeu ao período em que o Brasil era Colônia até depois da proclamação da independência, ou, mais precisamente, até a vigência do primeiro Código Civil brasileiro, em 1º de janeiro de 1916[243]. Sobre a aplicação das Ordenações Filipinas no tocante à arbitragem, Zoraide Amaral de Souza pontua que no Título XVI, sob a denominação "Dos Juízes Árbitros", "percebe-se que era possível haver recurso contra a decisão do árbitro, ainda que as partes tivessem incluído uma cláusula de compromisso intitulada 'sem recurso'"[244].

A primeira Constituição do Brasil, outorgada por Dom Pedro I em 25 de março de 1824, previa no art. 160 que as causas controvertidas cíveis e as penais civilmente intentadas poderiam ser solvidas por árbitros nomeados pelas partes, inclusive com

---

(242) O Digesto Romano foi redigido sob o império de Justiniano (527 a 565 d.C.). Após constituir uma comissão de juristas para organizar uma grande obra legislativa em que se colacionou as regras de direito em vigor na época e que originou no *Codex*, em 530 d.C. Justiniano determinou a seleção das obras dos jurisconsultos romanos, cujo trabalho, após três anos, resultou na composição de 50 obras jurídicas que se denominou Digesto ou Pandectas. Era organizado por títulos, capítulos, seções, princípios e parágrafos, semelhante aos Códigos atuais. O *Codex* e o Digesto, acrescidos a outras obras legislativas editadas à época (tais como as Institutas e as *Novellae*), formavam o *Corpus Juris Civilis*.
(243) YOSHIDA, Márcio. *Arbitragem trabalhista*. São Paulo: LTr, 2006. p. 22.
(244) SOUZA, Zoraide Amaral de. *Arbitragem, conciliação:* mediação nos conflitos trabalhistas. São Paulo: LTr, 2004. p. 173.

a irrecorribilidade da decisão arbitral, caso convencionado pelas partes litigantes. A Carta do Império dispunha, no art. 161, que para qualquer processo contencioso primeiramente deveria ser intentado o meio da reconciliação, o que, de acordo com Márcio Yoshida, demonstra o "espírito pacificador adotado pelo constituinte" e "revela a inusitada modernidade que moldou o tratamento da questão jurisdicional e arbitral naquela Constituição"[245].

A Lei n. 556, de 25 de junho de 1850, que então instituiu o Código Comercial, também previa a arbitragem obrigatória para alguns temas tratados na referida Norma. Octavio Bueno Magano assevera que unicamente o preceituado no art. 294 tratava da arbitragem propriamente dita, já que as demais questões deveriam ser solvidas por arbitradores, cuja referência contida na lei comercial corresponderia aos peritos arbitradores nomeados em juízo. O autor acrescenta expondo que o disposto no art. 189 do Regulamento n. 737, de 25 de novembro de 1850, previa que o arbitramento teria lugar nos casos expressados no Código ou quando o fato do qual dependia a decisão final necessitasse do juízo, informação ou avaliação dos homens da arte ou peritos[246]. No entanto, a dubiedade quanto à adoção da arbitragem ou do arbitramento ou do aparente deslize do legislador não retirou o caráter de se buscar a solução para os conflitos mercantis por meio da esfera extrajurisdicional. Zoraide Amaral de Souza alega que em 1831 foi instituído por lei o juízo arbitral obrigatório "para as causas relativas a seguro e locação e que foi estendida a todos os conflitos de natureza mercantil, com o Código Comercial de 1850"[247]. A propósito, o Regulamento n. 737 também passou a dispor sobre a arbitragem obrigatória e a voluntária no âmbito do direito comercial.

Em 1867, passou a viger o Decreto n. 3.900, de 14 de setembro de 1867, revogando o referido Regulamento, porque "aboliu a arbitragem obrigatória e permitiu o julgamento por equidade, desde que autorizado em compromisso firmado pelas partes", determinando, ainda, "que a cláusula arbitral sobre litígios futuros tinha valor meramente de promessa"[248].

O histórico da arbitragem no Brasil também abrange a seara laboral. Com efeito, o Decreto n. 1.637, de 5 de janeiro de 1907, primeiro regramento trabalhista que tratou do disciplinamento para a criação e reconhecimento dos sindicatos urbanos a partir da reunião de profissões similares ou conexas, inclusive liberais, previa expressamente a existência de conselhos permanentes de conciliação e arbitragem, criados pelos sindicatos representativos dos patrões e dos operários, destinados a dirimir as divergências existentes entre o capital e o trabalho — art. 8º.

---

(245) YOSHIDA, Márcio. *Arbitragem trabalhista*. São Paulo: LTr, 2006. p. 27.
(246) MAGANO, Octavio Bueno. *Manual de direito do trabalho*. São Paulo: LTr, 1990. v. III, p. 187.
(247) SOUZA, Zoraide Amaral de. *Arbitragem, conciliação:* mediação nos conflitos trabalhistas. São Paulo: LTr, 2004. p. 173.
(248) MORGADO, Isabele Jacob. *A arbitragem nos conflitos de trabalho*. São Paulo: LTr, 1998. p. 26.

O Poder Executivo editou o Decreto n. 16.027, de 30 de abril de 1923, criando o Conselho Nacional do Trabalho, órgão consultivo para os assuntos relativos à organização do trabalho e à previdência social, com participação paritária de trabalhadores e empregadores (dois de cada, escolhidos pelo Presidente da República), além de outras pessoas (sendo dois altos funcionários do Ministério da Agricultura, Indústria e Comércio e seis de reconhecida competência relativa aos temas afetos ao Conselho), previa, dentre as suas atribuições, a adoção de sistemas de conciliação e arbitragem para prevenir e solucionar os conflitos trabalhistas e relacionados à previdência das caixas de aposentadorias e pensões — *vide* arts. 1º, 2º e 3º.

Em 1932, sob a égide do governo provisório de Getúlio Vargas, foram instituídas, por intermédio do Decreto n. 21.396, de 12 de maio de 1932, as Comissões Mistas de Conciliação, criadas pelo Ministério do Trabalho, Indústria e Comércio, que detinham a incumbência de dirimir os dissídios entre empregadores e empregados. As Comissões teriam mandato de um ano e seriam compostas, paritariamente, em igual número (dois, quatro ou seis) por empregados e empregadores, sempre presididas por um membro da Ordem dos Advogados do Brasil, magistrado ou funcionário público — art. 2º. Além da escolha dos membros e do disciplinamento acerca do funcionamento das Comissões, previu-se que, na impossibilidade de conciliação, as partes poderiam submeter o litígio a juízo arbitral, mediante aceitação mútua e ajustamento prévio em termo de compromisso e irrecorribilidade de sua decisão — art. 14. Aspecto interessante é que a recusa por uma das partes ou por ambas as partes à submissão do litígio ao juízo arbitral transferia para o Ministro do Trabalho, Indústria e Comércio o encargo de nomear uma comissão especial para proferir laudo sobre o dissídio — art. 15.

Ainda em 1932, por meio do Decreto n. 22.132, de 25 de novembro de 1932, foram criadas as Juntas de Conciliação e Julgamento, vinculadas ao Poder Executivo, com a incumbência de receber e solver os dissídios trabalhistas entre empregados sindicalizados e empregadores. As Juntas de Conciliação eram presididas por um membro da Ordem dos Advogados do Brasil, magistrado ou funcionário público e em sua composição havia dois vogais indicados, respectivamente, por empregadores e empregados, depois de escolhidos pelo Departamento Nacional do Trabalho. O objetivo principal das Juntas era a conciliação, com a possibilidade de o presidente apresentar proposta que, se não fosse aceita, ensejava o julgamento pelos demais membros, votando também aquele. Para Márcio Yoshida, nessa época o "processo trabalhista consubstanciava, claramente, um procedimento arbitral compulsório"[249].

Não se deve perder de vista que, com a edição do Código Civil de 1916, e sequencialmente com o Código de Processo Civil de 1973, a arbitragem na esfera civil passou a ser regulada nos âmbitos material e processual por meio desses Diplomas Legais. Com isso, os regramentos legais anteriores restaram revogados,

---

(249) YOSHIDA, Márcio. *Arbitragem trabalhista*. São Paulo: LTr, 2006. p. 49.

exceto no tocante às Normas específicas, tal como a que regulava as relações comerciais, então tratada no Código Comercial. A arbitragem era abordada nos arts. 1.037 a 1.048 do Código Civil e nos arts. 101 e 1.102 a 1.072 do Código de Processo Civil, mas estes foram revogados com a edição da Lei n. 9.307, de 23 de setembro de 1996, que atualmente disciplina o assunto.

Não obstante, é importante destacar que, no decorrer da vigência dos dispositivos legais supracitados e insertos nos Códigos ora referidos, o ordenamento jurídico pátrio foi contemplado com algumas Normas Legais que também tratavam da possibilidade de adoção da arbitragem como forma de solução do conflito. A Lei n. 6.404, de 15 de dezembro de 1976, denominada Lei das Sociedades Anônimas, prevê no § 2º do art. 129 a possibilidade de o estatuto dispor sobre o procedimento de arbitragem no caso de empate envolvendo deliberação dos acionistas[250].

Novamente no âmbito do direito do trabalho, é digno de registro o fato de o Governo Federal ter instituído pelo Decreto n. 88.984, de 11 de outubro de 1983, os Conselhos Federais e Regionais de Relações de Trabalho e o Serviço Nacional de Mediação e Arbitragem, com a atribuição de mediar os conflitos relacionados à esfera laboral, auxiliando as partes na busca das soluções necessárias, e manter serviço de arbitragem com árbitros independentes e remunerados pelas partes, então interessadas na solução dos conflitos, conforme constar do compromisso arbitral — art. 4º. A respeito desse Decreto e da tentativa de seu encaminhamento para as alterações legislativas necessárias, Lídia Miranda de Lima Amaral aponta como motivos para o total desprestigiamento a "concepção do papel da Justiça do Trabalho", figurando "como árbitro final de todos os conflitos", situação que

> levou os atores sociais, bem como aqueles segmentos da sociedade que se beneficiavam com o sistema legalista criado com a CLT, a rejeitarem a implantação do instituto, fortalecendo o interesse de grupos que tiravam e ainda tiram vantagem dessa realidade anacrônica e superada[251].

De maior repercussão, eis que aplicável na esfera civil e para as questões judiciais consideradas de "pequenas causas", foram instituídos pela Lei n. 7.244, de 7 de novembro de 1984, os Juizados Especiais de Pequenas Causas, prevendo a possibilidade de adoção da arbitragem, cujo exercício se daria por escolha entre os advogados indicados pela Ordem dos Advogados do Brasil — art. 7º. A arbitragem poderia ser adotada mediante opção comum das partes envolvidas no litígio, cujo laudo arbitral proferido nos cinco dias subsequentes após a instrução do processo seria apresentado ao juiz para homologação, valendo a decisão como sentença irrecorrível — arts. 25 a 27. Essa lei foi revogada pela Lei n. 9.099, de 26 de setembro

---

(250) SOUZA, Zoraide Amaral de. *Arbitragem, conciliação*: mediação nos conflitos trabalhistas. São Paulo: LTr, 2004. p. 174.
(251) AMARAL, Lídia Miranda de Lima. *Mediação e arbitragem*. São Paulo: LTr, 1994. p. 44.

de 1995, que criou os Juizados Especiais Cíveis e Criminais, prevendo a arbitragem nos mesmos moldes do disciplinamento anterior — *vide* arts. 24 a 26.

A Lei n. 9.307/96, por sua vez, passou a disciplinar a arbitragem em questões envolvendo direito comercial, relações negociais afetas ao direito civil, assim como a negócios internacionais, desde que envolvendo direitos disponíveis e que a discussão não envolva assuntos relativos à ordem pública.

No âmbito do direito do trabalho, algumas normas preveem expressamente a utilização da arbitragem como forma de dirimir determinada controvérsia. A Lei n. 7.783, de 28 de junho de 1989, também conhecida como "Lei de Greve", aponta para a arbitragem em duas situações, quais sejam: **a)** ao dispor, no art. 3º, que a paralisação do labor somente se dará se frustrada a negociação ou se constatada a impossibilidade de adoção da via arbitral; **b)** no art. 7º, ao se referir ao laudo arbitral — ao lado de eventual acordo, convenção ou decisão da Justiça do Trabalho — como uma das hipóteses de disciplinamento das obrigações das partes litigantes.

A Lei n. 10.101, de 19 de dezembro de 2000, que trata da participação nos lucros ou resultados, também prevê a possibilidade de adoção da arbitragem de ofertas finais para a solução da divergência caso sobrevenha impasse na negociação respectiva — art. 4º.

Saliente-se, ainda, a regulamentação do trabalho portuário — Lei n. 8.630, de 25 de fevereiro de 1993, dispondo no art. 23 acerca da obrigatoriedade da arbitragem para a solução dos litígios decorrentes da aplicação das normas a que se referem os arts. 18, 19 e 21, caso inviabilizada uma resolução pela Comissão Paritária. O conflito, nesse caso, é de caráter individual.

Na esfera constitucional, com exceção das Cartas de 1891 e 1988, as demais pouca ou nenhuma relevância conferiram à arbitragem. A Constituição de 1891 já foi objeto de abordagem. E quanto à Carta Magna de 1988, como realçado por João de Lima Teixeira Filho, pela primeira vez na história das Constituições brasileiras previu-se a possibilidade de o conflito coletivo de trabalho ser solucionado pela via da arbitragem privada[252]. E apesar da relevância nesse âmbito, a referida Carta previu outras hipóteses em que a arbitragem é elencada como possível forma de solução do conflito, como assevera Mario Yoshida, ou seja, o princípio da solução pacífica dos conflitos internacionais — art. 4º, VIII, e para fins de demarcação territorial ou de fronteiras divisórias mediante acordo ou arbitramento para Estados e Municípios, no prazo de três anos, contados da data da promulgação da Constituição — art. 12, § 2º, dos Atos das Disposições Constitucionais Transitórias[253].

---

(252) TEIXEIRA FILHO, João de Lima. *Instituições de direito do trabalho*. São Paulo: LTr, 2002. v. 2, p. 1.199.
(253) YOSHIDA, Márcio. *Arbitragem trabalhista*. São Paulo: LTr, 2006. p. 37-38.

A de maior repercussão, contudo — e que efetivamente interessa, *in casu* —, diz respeito à redação (original) contida no § 1º do art. 114, que assim dispunha: "frustrada a negociação coletiva, as partes poderão eleger árbitros". Embora esse preceito evidencie uma faculdade e não uma imposição do legislador constituinte, a inovação não ensejou qualquer mudança na postura adotada pelos representantes das classes obreiras e patronais como forma de dirimir as controvérsias atinentes ao direito coletivo de trabalho.

A alteração do disposto no art. 114 da Constituição Federal de 1988 advinda com Emenda Constitucional n. 45, de 8 de dezembro de 2004, e que ampliou a competência da Justiça do Trabalho, apesar de manter incólume a redação contida no § 1º deu nova disposição ao § 2º[254], alterando substancialmente o que antes se previa, e com isso abriu uma nova discussão quanto ao alcance do Poder Normativo especialmente no que se refere à utilização do dissídio coletivo e aos efeitos jurídicos, inclusive aventado que o Judiciário Trabalhista já não mais exara sentença normativa quando instado por meio da ação coletiva, mas profere sentença arbitral; é o que será objeto de maior discussão, adiante.

5.2. Conceituação

Para João Alberto de Almeida, a "arbitragem é um meio de solução de conflitos intersubjetivos, eleito livremente pelas partes, que afasta a atuação da jurisdição, permitindo que a decisão seja tomada por juízes privados, pelas mesmas escolhidos"[255].

Carlos Alberto Carmona pontua que a arbitragem se trata "de mecanismo privado de solução de litígios, através do qual um terceiro, escolhido pelos litigantes, impõe sua decisão, que deverá ser cumprida pelas partes"[256].

Nas palavras de Márcio Yoshida, arbitragem "é o método privado de solução de litígios consensualmente estabelecido pelas partes, que delegam a um terceiro ou a um colegiado o poder de decidir a controvérsia", destacando como elementos característicos o fato de "tratar-se de um meio alternativo de solução da lide desvinculado da justiça estatal", possuir "natureza contratual" e "a submissão voluntária das partes a uma decisão terminativa do conflito"[257].

---

(254) Art. 114. ...
§ 1º Frustrada a negociação coletiva, as partes poderão eleger árbitros.
§ 2º Recusando-se qualquer das partes à negociação coletiva ou à arbitragem, é facultado às mesmas, de comum acordo, ajuizar dissídio coletivo de natureza econômica, podendo a Justiça do Trabalho decidir o conflito, respeitadas as disposições mínimas legais de proteção ao trabalho, bem como as convencionadas anteriormente.
(255) ALMEIDA, João Alberto de. Arbitragem. In: ALMEIDA, João Alberto de. *Fundamentos do direito do trabalho*: estudos em homenagem ao ministro Milton de Moura França. São Paulo: LTr, 2000. p. 719.
(256) CARMONA, Carlos Alberto. *Arbitragem e processo*. São Paulo: Atlas, 2006. p. 51.
(257) YOSHIDA, Márcio. *Arbitragem trabalhista*. São Paulo: LTr, 2006. p. 16.

Sob um enfoque mais voltado para a seara laboral, Alfredo J. Ruprecht assinala que a arbitragem "é um meio de solução dos conflitos coletivos de trabalho pelo qual as partes — voluntária ou obrigatoriamente — levam suas dificuldades ante um terceiro, obrigando-se a cumprir o laudo que o árbitro ditar"[258].

A arbitragem apresenta-se como uma das hipóteses de heterocomposição da solução dos conflitos coletivos de trabalho, na qual a figura de um terceiro se constitui como fator determinante. E justamente por meio da intervenção desse terceiro, denominado árbitro, extrai-se a resolução, visto que "tem o poder de dizer a solução para o conflito de interesses que lhe é levado à apreciação"[259], como afirma José Cláudio Monteiro de Brito Filho.

É salutar a assertiva de Zoraide Amaral de Souza de que

> a arbitragem aparece como um sistema alternativo de extrema importância, pois a ela o Estado confere algumas "faculdades jurisdicionais" como, por exemplo, outorgar às decisões arbitrais força de coisa julgada, sem a necessária homologação pelos Tribunais Estatais[260].

Das conceituações acima expendidas é possível extraírem-se algumas premissas embasadoras do instituto; veja-se: *a)* trata-se de um instrumento legal que depende, necessariamente, de previsão em norma jurídica que o tenha instituído e disciplinado a sua aplicação[261]; *b)* pressupõe a existência de uma relação jurídica controvertida, cujo objeto é disponível; *c)* possibilidade de solução conflituosa pelo meio arbitral, ou seja, por um órgão privado dotado de capacidade para solver o litígio, em geral eleito pelas partes; *d)* comumente adotado como uma medida facultativa, hipótese em que as partes envolvidas no litígio devem, de comum acordo, manifestarem tal propósito; *e)* observância de procedimento que assegure o contraditório às partes e a imparcialidade do árbitro; *f)* reconhecimento da decisão arbitral com efeito de coisa julgada; *g)* vinculação das partes à decisão exarada pelo órgão arbitral.

Por óbvio que os delineamentos em questão não são de caráter absoluto, mormente apenas para aparente contraposição, cogita-se que a nova ordem normativa estabelecida a partir da EC n. 45/04 e alteração do art. 114 da Carta Política, notadamente do contido no § 2º, ou seja, da menção do "comum acordo"

---

(258) RUPRECHT, Alfredo J. *Relações coletivas de trabalho*. São Paulo: LTr, 1995. p. 941
(259) BRITO FILHO, José Cláudio Monteiro de. *Direito sindical*. São Paulo: LTr, 2000. p. 276.
(260) SOUZA, Zoraide Amaral de. *Arbitragem, conciliação:* mediação nos conflitos trabalhistas. São Paulo: LTr, 2004. p. 173.
(261) Esse requisito, embora não expresso nas conceituações doutrinárias citadas, é elencado, com acerto, por Rodolfo Pamplona Filho, que, após citar posicionamento doutrinário, menciona a necessidade de complementação de que "haja previsão legal que autorize essa convocação de um terceiro", ante a "preponderância" "da atuação estatal na solução dos conflitos jurídicos". Cf. PAMPLONA FILHO, Rodolfo. Atualizando uma visão didática da arbitragem na área trabalhista. *Jus Navigandi*, Teresina. Disponível em: <http://jus2.uol.com.br/doutrina/texto.asp?id=6831> Acesso em: 26.12.2007.

para o ingresso da ação coletiva de dissídio coletivo, criou a figura jurídica da arbitragem judicial, como será objeto de abordagem oportuna.

De qualquer modo, é relevante realçar que a arbitragem não se confunde com o arbitramento, visto que este se constitui em forma de liquidação de sentença, enquanto aquela, como demonstrado, constitui-se como um meio de solução de conflitos.

5.3. NATUREZA JURÍDICA

Como em diversos institutos jurídicos, a discussão quanto à natureza jurídica da arbitragem acalenta correntes díspares, quais sejam: a contratualista ou privatista, a publicista ou jurisdicional e a mista, advinda da concepção de envolvimento à jurisdição estatal ou à vontade das partes, ou a ambas.

Para melhor compreensão, analisa-se, singelamente, cada uma delas. A primeira, que merece ênfase no presente livro, trata-se da corrente privatista ou contratualista, cujos defensores sugerem que a arbitragem decorre de uma convenção ou pactuação entre as partes, que então concedem poderes ao árbitro para atuar como um mandatário deles. Rozane da Rosa Cachapuz enquadra tal corrente como fruto do direito obrigacional e como

> expressão máxima da autonomia da vontade ao permitir que as próprias partes, assim como regulamentaram a formação do seu negócio jurídico, solucionem as suas pendências através da forma e procedimento que lhe melhor aprouver[262].

Nesse caso, o aspecto determinante é a ausência de intervenção estatal ou jurisdicional.

Todavia, sem desconsiderar a plena possibilidade de disposição legal acerca da arbitragem, Márcio Yoshida observa, porém, que mesmo para os adeptos da corrente em análise "a justiça estatal deverá ser chamada, incidentalmente ou na execução da sentença arbitral, quando os poderes jurisdicionais se fizerem necessários"[263], citando o preceituado no § 4º, art. 22, da Lei n. 9.307/96[264].

Para os partidários da corrente publicista ou jurisdicional, a arbitragem se firma nessa linha, conforme pondera Carlos Alberto Carmona, em razão do "aspecto processual do contrato de compromisso, cujo principal efeito seria a derrogação

---

(262) CACHAPUZ, Rozane da Rosa. *Arbitragem*. Leme: Editora de Direito, 2000. p. 50.
(263) YOSHIDA, Márcio. *Arbitragem trabalhista*. São Paulo: LTr, 2006. p. 69.
(264) Art. 22. ...
§ 4º Ressalvado o disposto no § 2º, havendo necessidade de medidas coercitivas ou cautelares, os árbitros poderão solicitá-las ao órgão do Poder Judiciário que seria, originariamente, competente para julgar a causa.

das regras de competência estatais, acentuando a identidade entre o laudo proferido pelo árbitro e a sentença emanada pelo juiz togado"[265].

Aqui, a solução do conflito pela via arbitral passa pelo reconhecimento do laudo ou sentença emitida pelo árbitro com equivalência a uma decisão judicial, inclusive com plena possibilidade de sua execução no âmbito do Judiciário. Ou seja, para os defensores dessa corrente, a atividade do árbitro deve ser reconhecida como exercício de jurisdição, sem a necessidade de homologação judicial.

Nesse âmbito, Rozane da Rosa Cachapuz argumenta que a "arbitragem é prorrogação convencional da competência para solução de determinados litígios por previsão legal", e que o "poder jurisdicional da Arbitragem decorre, portanto, da ordem jurídica estatal ao tipificar o instituto e estabelecer suas consequências no plano jurídico". E complementa

> a lei, ao facultar aos jurisdicionados a opção pela Arbitragem como forma de composição de seus litígios sem a intervenção do Estado, atribui-lhe o caráter jurisdicional que ordinariamente compete a este último. O exercício da Arbitragem, enquanto respeite os limites estabelecidos pela lei, realiza função jurisdicional, que ela própria preconiza,

sem deixar de destacar o fato de a sentença arbitral se revestir dos efeitos de coisa julgada a partir do momento em que o laudo recebe a equivalência da sentença judiciária[266]. Do mesmo modo, Isabele Jacob Morgado ressalta que a solução do conflito, com o mesmo efeito da solução jurisdicional, reflete de forma impositiva para as partes[267].

De fato, é possível se pender para o enquadramento jurisdicional da arbitragem, a par das diretrizes estabelecidas na Lei n. 9.307/96, em razão da desnecessidade de homologação do laudo ou da sentença arbitral. A esse propósito, José Augusto Rodrigues Pinto cita justamente o reconhecimento da "força imediata de sentença ao laudo arbitral, com a dispensa do crivo do juízo constituído, mediante homologação, para alcançar a obrigatoriedade imperativa aos sujeitos e a executoriedade de seu dispositivo", tornando a arbitragem próxima da "natureza jurídica da identificação jurisdicionalista", apesar de conservar algumas impurezas que lhe dão caráter privado na sua origem de ajuste entre os sujeitos para submeter-se a tal instituto[268].

Não obstante, como realçado por Márcio Yoshida, se por um lado não se pode negar que a arbitragem tenha uma base contratual, já que é da cláusula

---

(265) CARMONA, Carlos Alberto. *A arbitragem no processo civil brasileiro*. São Paulo: Malheiros, 1993. p. 32.
(266) CACHAPUZ, Rozane da Rosa. *Arbitragem*. Leme: Editora de Direito, 2000. p. 52.
(267) MORGADO, Isabele Jacob. *A arbitragem nos conflitos de trabalho*. São Paulo: LTr, 1998. p. 31.
(268) PINTO, José Augusto Rodrigues. *Direito sindical e coletivo do trabalho*. São Paulo: LTr, 1998. p. 272.

compromissória e do compromisso arbitral que exsurge a obrigação de cumprir a sentença proferida pelo árbitro, de outro, tal sentença tem força coercitiva e efeito de coisa julgada e se constitui em título executivo judicial. Tanto as razões como as faltas destas, de ambas as correntes, fizeram surgir uma terceira vertente que procurou conciliar as duas posições[269], ora denominada teoria mista ou híbrida. Idêntico retrato é delineado por Rozane da Rosa Cachapuz ao relatar que

> a doutrina mais moderna já procura conciliar as duas tendências (publicista e privatista) e de forma eclética, considerar o Instituto da Arbitragem como portador de uma natureza *sui generis*, porquanto nasce da vontade das partes (caráter obrigacional = privado) e concomitantemente regula determinada relação de direito processual (caráter público)[270].

Ainda que sem se alinhar explicitamente a essa corrente, mas citando-a dentre as demais, Lílian Fernandes da Silva explicita os elementos característicos da teoria híbrida ou mista da arbitragem, ou seja, provenientes da conjugação de aspectos advindos das correntes privatista e jurisdicional, já que nesse caso o instituto se enquadra como "processo privado para a solução de controvérsias" e como "forma privada de sentença com as vestes do poder de uma decisão judicial entre particulares em oposição às cortes judiciais", ou, sinteticamente, "é um acordo consensual no qual a solução da questão é dada por terceira pessoa; também é judicial porque põe fim à disputa, possibilitando seu cumprimento como um julgamento do mérito do judiciário"[271].

Defendendo tal corrente, Sergio Pinto Martins enfatiza a natureza jurídica da arbitragem como mista, porque envolve o "contrato e a jurisdição, em que as partes contratam com um terceiro para dizer quem deles tem o direito", cuja primeira fase é caráter contratual, "tendo por base a cláusula compromissória, que decorre de acordo de vontade", e a segunda, de correlação jurisdicional, "em que o árbitro irá dizer o direito aplicável à espécie"[272].

5.4. A LEI N. 9.307/96: ASPECTOS DETERMINANTES E PASSÍVEIS DE ADOÇÃO NO DIREITO COLETIVO DO TRABALHO

A arbitragem no Brasil é disciplinada pela Lei n. 9.307, de 23 de setembro de 1996, dispondo sobre todos os aspectos procedimentais de sua implementação e tramitação. A referida Norma trata, ainda, acerca da pessoa ou do órgão que atua

---

(269) YOSHIDA, Márcio. *Arbitragem trabalhista*. São Paulo: LTr, 2006. p. 72.
(270) CACHAPUZ, Rozane da Rosa. *Arbitragem*. Leme: Editora de Direito, 2000. p. 56.
(271) SILVA, Lílian Fernandes da. Arbitragem: a Lei n. 9.307/96. *Revista da Escola Paulista de Magistratura*, São Paulo, n. 4, ano 2, 1998. p. 165.
(272) MARTINS, Sergio Pinto. *Direito processual do trabalho*. São Paulo: Atlas, 2002. p. 87.

como árbitro e suas particularidades, bem como sobre os efeitos e as consequências da decisão arbitral.

Como já mencionado, no âmbito do direito coletivo do trabalho, há disposições legais que indicam a arbitragem como instrumento passível de adoção para a solução de conflitos que envolvem os segmentos econômico e profissional — *vide* § 1º, do art. 114 da Constituição Federal[273], sem, no entanto, tecer as diretrizes, exceto em relação ao critério que a decisão arbitral deve adotar, ou seja, por "oferta final" das partes — hipóteses das Leis ns. 8.630/93 e 10.101/01.

Por outro lado, embora a Lei n. 9.307/96 não faça referência expressa aos conflitos coletivos de trabalho como passíveis de solução pela via arbitral, eventual adoção do instituto da arbitragem deve observar as diretrizes fixadas nessa Norma Ordinária[274], mormente apontar os requisitos, as formalidades e demais quesitos atinentes ao tema. Algumas dessas particularidades previstas na Lei da Arbitragem e plenamente aplicáveis no âmbito do direito coletivo do trabalho são aqui abordadas:

5.4.1. Voluntariedade da utilização da arbitragem

O primeiro aspecto que merece realce é que a arbitragem se apresenta como meio voluntário de solução dos conflitos, pois tanto o preceituado no art. 114, § 1º da Constituição Federal[275] como o disposto no art. 1º da Lei n. 9.307/96[276] apenas facultam a sua adoção. João Alberto de Almeida reforça essa tese ao asseverar que "na instituição da arbitragem predomina, respeitados os limites da lei, a vontade das partes"[277].

Desta maneira, a utilização do instituto depende do interesse de ambas as partes envolvidas no litígio. Entretanto, a facultatividade é relativa somente à

---

(273) Art. 114. ...
§ 1º Frustrada a negociação coletiva, as partes poderão eleger árbitros.
(274) A esse respeito, João de Lima Teixeira Filho destaca que "mesmo não encerrando o substrato peculiar ao Direito do Trabalho, a Lei n. 9.307/96 a ele se aplica por força de genérica previsão constitucional (art. 114) e da subsidiariedade prescrita nos arts. 8º e 769, parágrafo único, da CLT", porém também observa que em razão da "inexistência de um regramento para a arbitragem trabalhista, hão que prevalecer sobre a lei geral as disposições específicas da Lei de Greve, da Lei de Reorganização dos Portos e das 'Medidas Provisórias' sobre a participação nos lucros ou resultados". Conforme TEIXEIRA FILHO, João de Lima. A arbitragem e a solução dos conflitos coletivos de trabalho. In: TEIXEIRA FILHO, João de Lima. *Curso de direito coletivo do trabalho:* estudos em homenagem ao ministro Orlando Teixeira da Costa. São Paulo: LTr, 1998. p. 335. Todavia, por óbvio que as disposições tratando da arbitragem podem ser consideradas, mas, como visto, apenas no tocante ao critério da decisão arbitral.
(275) Art. 114. ...
§ 1º Frustrada a negociação coletiva, as partes poderão eleger árbitros.
(276) Art. 1º As pessoas capazes de contratar poderão valer-se da arbitragem para dirimir litígios relativos a direitos patrimoniais disponíveis.
(277) ALMEIDA, João Alberto de. Arbitragem. In: ALMEIDA, João Alberto de. *Fundamentos do direito do trabalho:* estudos em homenagem ao ministro Milton de Moura França. São Paulo: LTr, 2000. p. 719.

submissão e não quanto ao resultado da decisão, a qual será obrigatória para as partes que optaram por esse meio de solução do litígio.

Ainda a respeito desse assunto, convém destacar o entendimento doutrinário no sentido de que a arbitragem compulsória, no sistema jurídico brasileiro, seria inconstitucional, porquanto atentaria contra o princípio da inafastabilidade do Poder Judiciário[278]. Aliás, é inequívoca a coexistência dos institutos da arbitragem e da solução judicial, diretamente emanada do Judiciário, dentro das diretrizes legais que a disciplinam.

5.4.2. DA CONVENÇÃO ARBITRAL E SEUS EFEITOS

Resolvida a intenção das partes conflitantes em solucionar a contenda pela via arbitral, esta deve ser manifestada por meio da convenção arbitral, que pode ocorrer de duas maneiras, ambas equivalentes para exteriorizar o objetivo daquelas: a cláusula compromissória e o compromisso arbitral — art. 3º da Lei n. 9.307/96[279].

Apesar de equivalentes, as figuras jurídicas supracitadas são distintas. A cláusula compromissória é a pactuação feita pelas partes em um contrato comprometendo-se a submeter à arbitragem a divergência ou o conflito que vier a surgir posteriormente, em geral dentro de um período estabelecido ou na vigência daquele, como disposto no *caput* do art. 4º da Norma retrocitada[280]. Segundo Georgenor de Sousa Franco Filho, "a cláusula compromissória, geralmente, é redigida de modo a considerar o caráter facultativo da arbitragem, isto é, não existe uma obrigatoriedade das partes recorrerem a esse mecanismo, que poderão buscar voluntariamente"[281].

Esse não é, no entanto, o aparente propósito externado pelo contido no art. 4º, ao constar o "comprometimento" de submissão ao juízo arbitral, após pactuação de cláusula compromissória pelas partes. Também é o que pode ser extraído do conteúdo do art. 7º, principalmente ao descrever que, em "existindo cláusula compromissória e havendo resistência quanto à instituição da arbitragem, poderá a parte interessada requerer a citação da outra parte para comparecer em juízo a fim de

---

(278) Nesse sentido: Cf. BELTRAN, Ari Possidonio. *A autotutela nas relações do trabalho*. São Paulo: LTr, 1996. p. 279; PAMPLONA FILHO, Rodolfo. Atualizando uma visão didática da arbitragem na área trabalhista. *Jus Navigandi*, Teresina. *Disponível em:* <http://jus2.uol.com.br/doutrina/texto.asp?id=6831> Acesso em: 26.12.2007.
(279) Art. 3º As partes interessadas podem submeter a solução de seus litígios ao juízo arbitral mediante convenção de arbitragem, assim entendida a cláusula compromissória e o compromisso arbitral.
(280) Art. 4º A cláusula compromissória é a convenção através da qual as partes em um contrato comprometem-se a submeter à arbitragem os litígios que possam vir a surgir, relativamente a tal contrato.
(281) FRANCO FILHO, Georgenor de Sousa. *A nova lei de arbitragem e as relações de trabalho*. São Paulo: LTr, 1997. p. 28.

lavrar-se o compromisso", sem deixar de levar em conta o preceituado no art. 8º da referida Lei[282].

Nesse sentido, João de Lima Teixeira Filho sublinha que a "facultatividade da cláusula compromissória reside na deliberação de celebrá-la, não em sua execução, uma vez pactuada", asseverando, ainda, que o "cumprimento forçoso pelas partes que a aviram está nítido no art. 7º da Lei, mediante interferência do Poder Judiciário, instado pela parte interessada em fazer valer o acordado"[283]. Do mesmo modo pondera João Alberto de Almeida, para quem "o simples estabelecer da cláusula compromissória, no corpo do contrato ou mesmo em separado", "basta para afastar a atividade jurisdicional do Estado"[284].

É certo, todavia, que, mesmo pactuando cláusula compromissória em desate pelas partes em conflito, a arbitragem deverá ser adotada como recurso sucessivo de outras medidas que possam solucionar a divergência, tais como a conciliação ou a mediação. Aliás, no início do procedimento arbitral deve ser tentada a conciliação das partes — vide § 4º do art. 21 da Lei n. 9.307/96[285].

O compromisso arbitral, por sua vez, é o ajuste celebrado pelas partes envolvidas no conflito, deliberando, de comum acordo, pela adoção da arbitragem para a solução litigiosa, como tratado no art. 9º da Lei de Arbitragem. O compromisso arbitral pode ser fixado judicial ou extrajudicialmente, nos termos dos §§ 1º e 2º do art. 9º, mas deve conter os requisitos obrigatórios e facultativos, como elencados nos incisos dos arts. 10 e 11, respectivamente[286]. Os referidos aspectos que devem

---

(282) Art. 8º A cláusula compromissória é autônoma em relação ao contrato em que estiver inserta, necessariamente, a nulidade da cláusula compromissória.
Parágrafo único. Caberá ao árbitro decidir de ofício, ou por provação das partes, as questões acerca da existência, validade e eficácia da convenção de arbitragem e do contrato que contenha a cláusula compromissória.
(283) TEIXEIRA FILHO, João de Lima. A arbitragem e a solução dos conflitos coletivos de trabalho. In: TEIXEIRA FILHO, João de Lima. *Curso de direito coletivo do trabalho:* estudos em homenagem ao ministro Orlando Teixeira da Costa. São Paulo: LTr, 1998. p. 338.
(284) ALMEIDA, João Alberto de. Arbitragem. In: ALMEIDA, João Alberto de. *Fundamentos do direito do trabalho:* estudos em homenagem ao ministro Milton de Moura França. São Paulo: LTr, 2000. p. 722.
(285) Art. 21. ...
§ 4º Competirá ao árbitro ou ao tribunal arbitral, no início do procedimento, tentar a conciliação das partes, aplicando-se, no que couber, o art. 28 desta lei.
(286) Art. 9º O compromisso arbitral é a convenção através da qual as partes submetem um litígio à arbitragem de uma ou mais pessoas, podendo ser judicial ou extrajudicial.
§ 1º O compromisso arbitral judicial celebrar-se-á por termo nos autos, perante o juízo ou tribunal, onde tem curso a demanda.
§ 2º O compromisso arbitral extrajudicial será celebrado por escrito particular, assinado por duas testemunhas, ou por instrumento público.
Art. 10. Constará, obrigatoriamente, do compromisso arbitral:
I — o nome, profissão, estado civil e domicílio das partes;
II — o nome, profissão e domicílio do árbitro ou dos árbitros, ou, se for o caso, a identificação da entidade à qual as partes delegaram a indicação de árbitros;
III — a matéria que será objeto da arbitragem; e,

constar no compromisso arbitral não obstam que as partes descrevam outros pontos que sejam observados na tramitação e na deliberação arbitral, inclusive quanto aos fundamentos e ao critério que devem ser considerados na decisão.

Uma das distinções entre as duas figuras refere-se ao momento em que são firmadas. A cláusula compromissória é sempre preexistente ao conflito, enquanto o compromisso arbitral é superveniente à controvérsia. Na primeira, além da cláusula compromissória, as partes podem estabelecer desde logo as condições do procedimento. Como observa Rozane da Rosa Cachapuz, o "compromisso arbitral pode ser estabelecido independentemente da existência de anterior cláusula compromissória, inclusive no curso do próprio processo judicial"[287].

O aspecto de relevo é que tanto a cláusula compromissória quanto o compromisso arbitral refletem o propósito de submissão à arbitragem, e sem um dos quais o processo de adoção do juízo arbitral não se estabelece.

5.4.3. Do árbitro

Na arbitragem, o árbitro atua em função similar ao juiz no processo judicial, porém assim age em uma atividade não estatizada[288].

O art. 13 da Lei n. 9.307/96[289] descreve quem pode atuar como árbitro para a solução de um conflito: ser capaz e ter a confiança das partes. E dos dispostos nos

---

IV — o lugar em que será proferida a sentença arbitral.
Art. 11. Poderá, ainda, o compromisso arbitral conter:
I — local ou locais, onde se desenvolverá a arbitragem;
II — a autorização para que o árbitro ou os árbitros julguem por equidade, se assim for convencionado pelas partes;
III — o prazo para apresentação da sentença arbitral;
IV — a indicação da lei nacional ou das regras corporativas aplicáveis à arbitragem, quando assim convencionarem as partes;
V — a declaração da responsabilidade pelo pagamento dos honorários e das despesas com a arbitragem; e,
VI — a fixação dos honorários do árbitro, ou dos árbitros.
Parágrafo único. Fixando as partes os honorários do árbitro, ou dos árbitros, no compromisso arbitral, este constituirá título executivo extrajudicial; não havendo tal estipulação, o árbitro requererá ao órgão do Poder Judiciário que seria competente para julgar, originariamente, a causa que os fixe por sentença.
(287) CACHAPUZ, Rozane da Rosa. *Arbitragem*. Leme: Editora de Direito, 2000. p. 89.
(288) ALMEIDA, João Alberto de. Arbitragem. In: ALMEIDA, João Alberto de. *Fundamentos do direito do trabalho*: estudos em homenagem ao ministro Milton de Moura França. São Paulo: LTr, 2000. p. 738.
(289) Art. 13. Pode ser árbitro qualquer pessoa capaz e que tenha a confiança das partes.
§ 1º As partes nomearão um ou mais árbitros, sempre em número ímpar, podendo nomear, também, os respectivos suplentes.
§ 2º Quando as partes nomearem árbitros em número par, estes estão autorizados, desde logo, a nomear mais um árbitro. Não havendo acordo, requererão as partes ao órgão do Poder Judiciário a que tocaria, originariamente, o julgamento da causa a nomeação do árbitro, aplicável, no que couber, o procedimento previsto no art. 7º desta Lei.

§§ 1º a 7º extraem-se os demais itens relativos à escolha e à nomeação do árbitro, de comum acordo das partes, as quais poderão nomear mais de um árbitro, sempre em número ímpar. Carlos Alberto Carmona destaca como ponto relevante a permissão legal contida no art. 10, inciso II, para "que as partes deleguem a uma entidade a função de indicar árbitro ou árbitros" e "a fim de respeitar ao máximo a vontade das partes, não se exige que a entidade delegada seja um órgão arbitral institucional"[290].

Esses regramentos estabelecem, também, procedimentos de escolha dos árbitros pelas partes, bem como as medidas a serem tomadas caso haja nomeação de árbitros em número par. E ainda como o(s) árbitro(s) deve(m) proceder na condução do procedimento arbitral, ou seja, com imparcialidade, independência, competência, diligência e discrição. Em síntese, deve(m) atuar em consonância com os postulados éticos.

A escolha do árbitro se revela importante; já a incapacidade deste pode resultar em nulidade do ato e da decisão arbitral — *vide* art. 32, inciso II, da Lei n. 6.907/96[291]. Além de ser capaz, o árbitro deve estar alheio à disputa e ter independência em relação às partes, e embora não precise possuir curso superior e tampouco qualificação profissional, é imprescindível que tenha aptidão para fundamentar (formalmente) o laudo, como exigem os preceitos dos arts. 24 e 26 da mesma Lei[292].

§ 3º As partes poderão, de comum acordo, estabelecer o processo de escolha dos árbitros, ou adotar as regras de um órgão arbitral institucional ou entidade especializada.
§ 4º Sendo nomeados vários árbitros, estes, por maioria, elegerão o presidente do tribunal arbitral. Não havendo consenso, será designado presidente o mais idoso.
§ 5º O árbitro ou o presidente do tribunal designará, se julgar conveniente, um secretário, que poderá ser um dos árbitros.
§ 6º No desempenho de sua função, o árbitro deverá proceder com imparcialidade, independência, competência, diligência e discrição.
§ 7º Poderá o árbitro ou o tribunal arbitral determinar às partes o adiantamento de verbas para despesas e diligências que julgar necessárias.
(290) CARMONA, Carlos Alberto. *Arbitragem e processo*. São Paulo: Atlas, 2006. p. 38.
(291) Art. 32. É nula a sentença arbitral se:
II — emanou de quem não podia ser árbitro;
(292) Art. 24. A decisão do árbitro ou dos árbitros será expressa em documento escrito.
§ 1º Quando forem vários os árbitros, a decisão será tomada por maioria. Se não houver acordo majoritário, prevalecerá o voto do presidente do tribunal arbitral.
§ 2º O árbitro que divergir da maioria poderá, querendo, declarar seu voto em separado.
Art. 26. São requisitos obrigatórios da sentença arbitral:
I — o relatório, que conterá os nomes das partes e um resumo do litígio;
II — os fundamentos da decisão, onde serão analisadas as questões de fato e de direito, mencionando-se, expressamente, se os árbitros julgaram por equidade;
III — o dispositivo, em que os árbitros resolverão as questões que lhes forem submetidas e estabelecerão o prazo para o cumprimento da decisão, se for o caso; e
IV — a data e o lugar em que foi proferida.
Parágrafo único. A sentença arbitral será assinada pelo árbitro ou por todos os árbitros. Caberá ao presidente do tribunal arbitral, na hipótese de um ou alguns dos árbitros não poder ou não querer assinar a sentença, certificar tal fato.

No decorrer da tramitação, o árbitro deve aplicar os princípios do contraditório e da igualdade das partes — art. 21, § 2º[293].

Sobreleva pontuar que, na esfera do direito coletivo do trabalho, os membros do Ministério Público do Trabalho podem exercer a atribuição de árbitros para dirimir os conflitos entre as categorias econômica e profissional, com as divergências advindas da negociação coletiva, a teor do disposto no art. 83, inciso XI, da Lei Complementar n. 75/93[294]. A possibilidade de atuação dos Procuradores do Trabalho como árbitros se revela de grande importância e vantajosa para as partes contendoras, como sugere Carlos Henrique Bezerra Leite, considerando a credibilidade do órgão e de seus membros quanto a sua atuação e formação jurídica, acrescidas a isenção e a imparcialidade absolutas em seu pronunciamento, e ausência de custo para as partes, salvo se houver a necessidade de produção de provas pericial ou de natureza que exijam o diligenciamento e o auxílio de terceiros[295].

Apesar desses itens, as partes podem optar por outro árbitro, totalmente desvinculado do Ministério Público do Trabalho ou do Ministério do Trabalho, mas que atenda aos requisitos exigidos pela Lei n. 9.307/96.

Dada a relevância do papel do árbitro, há similitude com o processo civil e trabalhista no tocante a situações de impedimento ou suspeição, sendo que o disposto no art. 14 da Lei n. 9.307/96[296] faz referência à previsão contida no Código de Processo Civil. Esse preceito também aborda a hipótese de recusa da nomeação do árbitro, e nos dispositivos seguintes — arts. 15 e 16[297] — discorre

---

(293) Art. 21. A arbitragem obedecerá ao procedimento estabelecido pelas partes na convenção de arbitragem, que poderá reportar-se às regras de um órgão arbitral institucional ou entidade especializada, facultando-se, ainda, às partes delegar ao próprio árbitro, ou ao tribunal arbitral, regular o procedimento.
§ 2º Serão, sempre, respeitados no procedimento arbitral os princípios do contraditório, da igualdade das partes, da imparcialidade do árbitro e de seu livre convencimento.
(294) Art. 83. Compete ao Ministério Público do Trabalho o exercício das seguintes atribuições junto aos órgãos da Justiça do Trabalho:
IX — promover ou participar da instrução e conciliação em dissídios decorrentes da paralisação de serviços de qualquer natureza, oficiando obrigatoriamente nos processos, manifestando sua concordância ou discordância, em eventuais acordos firmados antes da homologação, resguardado o direito de recorrer em caso de violação à lei e à Constituição Federal.
(295) LEITE, Carlos Henrique Bezerra. *Curso de direito processual do trabalho*. São Paulo: LTr, 2007. p. 170.
(296) Art. 14. Estão impedidas de funcionar como árbitros as pessoas que tenham, com as partes ou com o litígio que lhes for submetido, algumas das relações que caracterizam os casos de impedimento ou suspeição de juízes, aplicando-se-lhes, no que couber, os mesmos deveres e responsabilidades, conforme previsto no Código de Processo Civil.
(297) Art. 15. A parte interessada em arguir a recusa do árbitro apresentará, nos termos do art. 20, a respectiva exceção, diretamente ao árbitro ou ao presidente do tribunal arbitral, deduzindo suas razões e apresentando as provas pertinentes.
Parágrafo único. Acolhida a exceção, será afastado o árbitro suspeito ou impedido, que será substituído, na forma do art. 16 desta Lei.
Art. 16. Se o árbitro escusar-se antes da aceitação da nomeação, ou, após a aceitação, vier a falecer, tornar-se impossibilitado para o exercício da função, ou for recusado, assumirá seu lugar o substituto indicado no compromisso, se houver.

acerca dos procedimentos de arguição de recusa do árbitro (por impedimento ou suspeição), assim como a respeito da substituição deste, inclusive na ocorrência de falecimento ou se tornar impossibilitado para o exercício da função.

Por fim, a Lei de Arbitragem elenca nos arts. 17 e 18[298], respectivamente, que o árbitro, quando no exercício de suas funções ou em razão delas, se equipara a funcionário público, e em sua atuação age como juiz de fato e de direito.

5.4.4. Do procedimento arbitral

A Lei n. 9.307/96 também define, no art. 19[299], o início efetivo do procedimento arbitral, ou seja, especificamente quando a nomeação é aceita pelo árbitro se for o único nomeado, ou por todos os árbitros se forem vários.

A instituição da arbitragem sucede com a verificação por parte do árbitro ou do juízo arbitral — quando formado por mais de um árbitro — da necessidade ou não de alguma questão elencada na convenção de arbitragem seja devidamente explicitada ou esclarecida — parágrafo único do art. 19. Constatada tal necessidade, será elaborado um adendo com a participação das partes e firmado por todos (partes e árbitro ou árbitros) que integrará a convenção de arbitragem. Georgenor de Sousa Franco Filho assinala que o regramento legal "permite que sejam efetuadas correções ou retiradas dúvidas que o árbitro possua quanto às regras que observará", constituindo-se em "aspecto de alta relevância, na medida em que não devem existir quaisquer pontos que ensejem divergências de interpretação e do verdadeiro alcance da vontade das partes"[300].

Convém salientar que a Lei n. 9.307/96 assegura a possibilidade de as partes serem representadas por advogados no decorrer de todo o procedimento, praticando atos em nome daquelas. Não obstante, também reconhece a capacidade postulatória

---

§ 1º Não havendo substituto indicado para o árbitro, aplicar-se-ão as regras do órgão arbitral institucional ou entidade especializada, se as partes as tiverem invocado na convenção de arbitragem.
§ 2º Nada dispondo a convenção de arbitragem e não chegando as partes a um acordo sobre a nomeação do árbitro a ser substituído, procederá a parte interessada da forma prevista no art. 7º desta Lei, a menos que as partes tenham declarado, expressamente, na convenção de arbitragem, não aceitar substituto.
(298) Art. 17. Os árbitros, quando no exercício de suas funções ou em razão delas, ficam equiparados aos funcionários públicos, para os efeitos da legislação penal.
Art. 18. O árbitro é juiz de fato e de direito, e a sentença que proferir não fica sujeita a recurso ou a homologação pelo Poder Judiciário.
(299) Art. 19. Considera-se instituída a arbitragem quando aceita a nomeação pelo árbitro, se for único, ou por todos, se forem vários.
Parágrafo único. Instituída a arbitragem e entendendo o árbitro ou o tribunal arbitral que há necessidade de explicitar alguma questão disposta na convenção de arbitragem, será elaborado, juntamente com as partes, um adendo, firmado por todos, que passará a fazer parte integrante da convenção de arbitragem.
(300) FRANCO FILHO, Georgenor de Sousa. *A nova lei de arbitragem e as relações de trabalho*. São Paulo: LTr, 1997. p. 48.

das próprias partes, já que na regra inserta no § 3º do art. 21[301] a menção feita a advogado é concebida como uma faculdade e não como uma imposição.

Outro ponto relevante disciplinado na Lei de Arbitragem e relacionado ao procedimento arbitral refere-se à arguição da parte que pretender suscitar questões relativas à competência, à suspeição ou ao impedimento do árbitro ou dos árbitros, assim como à nulidade, à invalidade ou à ineficácia da convenção de arbitragem, a qual deverá ser feita na primeira oportunidade que tiver de se manifestar, após a instituição da arbitragem, sob pena de preclusão — art. 20, *caput*. Nos §§ 1º e 2º[302] desse dispositivo, preveem-se as consequências do acolhimento ou não da invocação de suspeição ou impedimento, com a possibilidade de substituição do árbitro questionado e também do reconhecimento ou não das demais hipóteses suscitadas como irregulares previstas no *caput*. O acolhimento da arguição pela invocação, nesse caso, resultará no encaminhamento das partes para o Judiciário competente para apreciar a causa, enquanto a sua rejeição ensejará no normal prosseguimento da arbitragem, sem prejuízo de vir a ser examinada a decisão emitida no procedimento arbitral pelo Poder Judiciário, em medida própria, prevista no art. 33 da Lei da Arbitragem[303].

Como pontua José Augusto Rodrigues Pinto, se

> inexistentes ou superadas as possíveis questões periféricas, a instrução será feita pelo procedimento convencionado (art. 21) ou, à falta disso, pelo que o juízo arbitral determinar (art. 21, § 1º), devido, sempre, respeito

---

(301) Art. 21. ...
§ 3º As partes poderão postular por intermédio de advogado, respeitada, sempre, a faculdade de designar quem as represente ou assista no procedimento arbitral.
(302) Art. 20. A parte que pretender arguir questões relativas à competência, suspeição ou impedimento do árbitro ou dos árbitros, bem como nulidade, invalidade ou ineficácia da convenção de arbitragem, deverá fazê-lo na primeira oportunidade que tiver de se manifestar, após a instituição da arbitragem.
§ 1º Acolhida a arguição de suspeição ou impedimento, será o árbitro substituído nos termos do art. 16 desta Lei, reconhecida a incompetência do árbitro ou do tribunal arbitral, bem como a nulidade, invalidade ou ineficácia da convenção de arbitragem, serão as partes remetidas ao órgão do Poder Judiciário competente para julgar a causa.
§ 2º Não sendo acolhida a arguição, terá normal prosseguimento a arbitragem, sem prejuízo de vir a ser examinada a decisão pelo órgão do Poder Judiciário competente, quando da eventual propositura da demanda de que trata o art. 33 desta Lei.
(303) Art. 33. A parte interessada poderá pleitear ao órgão do Poder Judiciário competente a decretação da nulidade da sentença arbitral, nos casos previstos nesta Lei.
§ 1º A demanda para a decretação de nulidade da sentença arbitral seguirá o procedimento comum, previsto no Código de Processo Civil, e deverá ser proposta no prazo de até noventa dias após o recebimento da notificação da sentença arbitral ou de seu aditamento.
§ 2º A sentença que julgar procedente o pedido:
I — decretará a nulidade da sentença arbitral, nos casos do art. 32, incisos I, II, VI, VII e VIII;
II — determinará que o árbitro ou o tribunal arbitral profira novo laudo, nas demais hipóteses.
§ 3º A decretação da nulidade da sentença arbitral também poderá ser arguida mediante ação de embargos do devedor, conforme o art. 741 e seguintes do Código de Processo Civil, se houver execução judicial.

aos princípios nucleares do Direito Processual — imparcialidade do árbitro, simetria de tratamento processual das partes e contraditório (§ 2º)[304].

Tais premissas são de imprescindível observância, inclusive sob pena ensejar a nulidade da decisão arbitral, como apontado no inciso VIII do art. 32, da mesma Norma Legal[305].

A tramitação da arbitragem também impõe que, no início do procedimento, o árbitro ou o juízo arbitral promova tentativa de conciliação entre as partes, sem que tal medida não possa ser viabilizada em outros momentos, ainda no curso do processo — *vide* art. 21, § 4º, e, art. 28[306]. Joel Dias Figueira Júnior adverte que

> antes mesmo que se instaure a primeira fase do procedimento arbitral, isto é, antes da apresentação dos requerimentos iniciais, e, portanto, da formação do contraditório e da relação jurídico-processual, o árbitro ou tribunal arbitral deverá, necessariamente, designar uma audiência preliminar de conciliação, [e que] as partes ou os árbitros não podem prescindir dessa audiência, que é fundamental para a aproximação dos litigantes entre si e os julgadores[307].

O art. 22 e seus parágrafos[308] tratam da instrução do processo de arbitragem, outorgando ao(s) árbitro(s) a possibilidade de tomar o depoimento das partes,

---

(304) PINTO, José Augusto Rodrigues. *Direito sindical e coletivo do trabalho*. São Paulo: LTr, 1998. p. 281.
(305) Art. 32. É nula a sentença arbitral se:
VIII — forem desrespeitados os princípios de que trata o art. 21, § 2º, desta Lei.
(306) Art. 21. ...
§ 4º Competirá ao árbitro ou ao tribunal arbitral, no início do procedimento, tentar a conciliação das partes, aplicando-se, no que couber, o art. 28 desta Lei.
Art. 28. Se, no decurso da arbitragem, as partes chegarem a acordo quanto ao litígio, o árbitro ou o tribunal arbitral poderá, a pedido das partes, declarar tal fato mediante sentença arbitral, que conterá os requisitos do art. 26 desta Lei.
(307) FIGUEIRA JÚNIOR, Joel Dias. *Arbitragem, jurisdição e execução*. São Paulo: Revista dos Tribunais, 1999. p. 209.
(308) Art. 22. Poderá o árbitro ou o tribunal arbitral tomar o depoimento das partes, ouvir testemunhas e determinar a realização de perícias ou outras provas que julgar necessárias, mediante requerimento das partes ou de ofício.
§ 1º O depoimento das partes e das testemunhas será tomado em local, dia e hora previamente comunicados, por escrito, e reduzido a termo, assinado pelo depoente, ou a seu rogo, e pelos árbitros.
§ 2º Em caso de desatendimento, sem justa causa, da convocação para prestar depoimento pessoal, o árbitro ou o tribunal arbitral levará em consideração o comportamento da parte faltosa, ao proferir sua sentença; se a ausência for de testemunha, nas mesmas circunstâncias, poderá o árbitro ou o presidente do tribunal arbitral requerer à autoridade judiciária que conduza a testemunha renitente, comprovando a existência da convenção de arbitragem.
§ 3º A revelia da parte não impedirá que seja proferida a sentença arbitral.
§ 4º Ressalvado o disposto no § 2º, havendo necessidade de medidas coercitivas ou cautelares, os árbitros poderão solicitá-las ao órgão do Poder Judiciário que seria, originariamente, competente para julgar a causa.

ouvir testemunhas e determinar a produção de provas técnicas (perícias, levantamentos...) que julgarem necessárias. Tais providências serão tomadas mediante requerimento das partes ou de ofício, mas a faculdade externada pela análise técnica da redação do preceito "deve ser usada com cautela e parcimônia para evitar nulidade do procedimento, por obstáculo ao exercício de direito processual das partes"[309].

Interessante observar, também, que as formalidades para a tomada dos depoimentos das partes e das testemunhas se assemelham com aquelas exigidas em um determinado processo judicial, com a designação prévia do local, dia e horário, reduzindo-se a termo os relatos respectivos.

A ausência à audiência para prestar depoimento de uma das partes será levada em consideração pelo(s) árbitro(s) na prolação da sentença arbitral, embora a revelia da parte não se constituirá em impedimento para o proferimento da decisão. A falta de uma testemunha à audiência para oitiva de seu depoimento poderá motivar o acionamento do Poder Judiciário para que promova a condução daquela. Fernando Galvão Moura e Nelma de Souza Melo aduzem que "o árbitro não pode conduzir forçosamente a testemunha, pois não detém a *coertitio*, do mesmo modo, não tem força para ordenar e fazer cumprir coercitivamente a sua determinação, como ocorre com o Poder Judiciário"[310].

Georgenor de Sousa Franco Filho faz duas observações pertinentes sobre a prova testemunhal. A primeira, que não há limite de número de testemunhas, e a segunda, que as testemunhas não prestam o compromisso legal previsto no art. 415 do CPC, inocorrendo eventual prática de crime falso testemunho[311].

Também é assegurado ao(s) árbitro(s) solicitar providências ou medidas coercitivas ou acautelatórias junto ao órgão competente do Poder Judiciário, havendo necessidade para tanto, no decorrer da instrução do processo arbitral.

Por fim, o regramento inserto no § 5º do art. 22[312] permite a reprodução das provas anteriormente colhidas, caso haja substituição de um árbitro no decorrer do procedimento arbitral, a critério do substituto.

---

§ 5º Se, durante o procedimento arbitral, um árbitro vier a ser substituído fica a critério do substituto repetir as provas já produzidas.
(309) PINTO, José Augusto Rodrigues. *Direito sindical e coletivo do trabalho*. São Paulo: LTr, 1998. p. 283.
(310) MOURA, Fernando Galvão; MELO, Nelma de Souza. Arbitragem no direito do trabalho. *Jus Navigandi*, Teresina. Disponível em: <http://jus2.uol.com.br/doutrina/texto.asp?id=2204> Acesso em: 26.12.2007.
(311) FRANCO FILHO, Georgenor de Sousa. A arbitragem no direito do trabalho. In: FRANCO FILHO, Georgenor de Sousa. *O direito do trabalho na sociedade contemporânea*. São Paulo: Jurídica Brasileira, 2001. p. 141.
(312) Art. 22. ...
§ 5º Se, durante o procedimento arbitral, um árbitro vier a ser substituído fica a critério do substituto repetir as provas já produzidas.

5.4.5. Da decisão arbitral

A decisão arbitral é o ato pelo qual o árbitro nomeado pelas partes profere a sentença com a solução da controvérsia, produzindo os mesmos efeitos daquela exarada pelo Poder Judiciário, notadamente de coisa julgada, e força de título executivo judicial. Aliás, a "Lei n. 9.307/96 equiparou a sentença arbitral com a sentença dada pelo Poder Judiciário"[313]. A prolação da sentença arbitral finaliza a arbitragem — art. 29[314].

A maior parte dos preceitos legais insertos na Lei n. 9.307/96 faz referência ao vocábulo "sentença arbitral" — arts. 23, 26, 27, 28, 29, 30, 31 e 32, embora também cite "laudo arbitral" termo sinônimo — art. 33, § 2º, inciso II, pois ambos querem retratar a decisão emitida.

Todos os aspectos relativos à decisão arbitral são disciplinados na Lei de Arbitragem, nos arts. 23 a 33, embora seja imperativo registrar o preceituado na parte final do art. 18, ao apregoar que a sentença proferida pelo(s) árbitro(s) não se sujeita a recurso e tampouco a homologação judicial. Esses dois aspectos são de grande relevância, haja vista contribuírem para assegurar maior celeridade e segurança na resolução do conflito.

Também contribui para a rapidez da decisão arbitral a necessidade de observância pelo(s) árbitro(s) quanto ao prazo estipulado pelas partes, limitado a seis meses, se nada for convencionado — art. 23[315]. A propósito, o respeito ao prazo também se mostra como requisito imprescindível, sob pena de resultar em nulidade da sentença exarada pelo(s) árbitro(s) — art. 32, inciso VII, respeitado o disposto no art. 12, III, da Lei de Arbitragem[316].

Além de estabelecer que a decisão arbitral deve ser expressa em documento escrito, como prescreve o *caput* do art. 24[317], também deve ter a conformação orgânica de uma sentença proferida pelo Judiciário e conter os mesmos elementos

---

(313) CACHAPUZ, Rozane da Rosa. *Arbitragem*. Leme: Editora de Direito, 2000. p. 187.
(314) Art. 29. Proferida a sentença arbitral, dá-se por finda a arbitragem, devendo o árbitro, ou o presidente do tribunal arbitral, enviar cópia da decisão às partes, por via postal ou por outro meio qualquer de comunicação, mediante comprovação de recebimento, ou, ainda, entregando-a diretamente às partes, mediante recibo.
(315) Art. 23. A sentença arbitral será proferida no prazo estipulado pelas partes. Nada tendo sido convencionado, o prazo para a apresentação da sentença é de seis meses, contado da instituição da arbitragem ou da substituição do árbitro.
Parágrafo único. As partes e os árbitros, de comum acordo, poderão prorrogar o prazo estipulado.
(316) Art. 32. É nula a sentença arbitral se:
VII — proferida fora do prazo, respeitado o disposto no art. 12, inciso III, desta Lei;
Art. 12. Extingue-se o compromisso arbitral:
III — tendo expirado o prazo a que se refere o art. 11, inciso III, desde que a parte interessada tenha notificado o árbitro, ou o presidente do tribunal arbitral, concedendo-lhe o prazo de dez dias para a prolação e apresentação da sentença arbitral.
(317) Art. 24. A decisão do árbitro ou dos árbitros será expressa em documento escrito.

essenciais dela, como consta nos incisos do art. 26[318], ou seja, o relatório, os fundamentos da decisão, a parte dispositiva, acrescidos da data e do lugar em que foi proferida, e ainda da assinatura do(s) árbitro(s), cabendo ao presidente do juízo arbitral mencionar a impossibilidade ou o desinteresse de algum membro ou árbitro em assinar a decisão — parágrafo único[319]. Georgenor de Sousa Franco Filho ressalta que, "faltando qualquer desses elementos, pode ser considerada nula a sentença arbitral", sendo "recomendável que as partes busquem suprir eventual ausência através do remédio do art. 30"[320].

A esse respeito, o preceituado no art. 30 assegura às partes oportunidade para apresentar junto ao árbitro ou ao juízo arbitral, no prazo de cinco dias da cientificação da sentença arbitral e mediante comunicação à parte oponente, solicitação para que seja corrigido qualquer erro material — inciso I, bem como para esclarecer alguma obscuridade, dúvida ou contradição constantes na decisão proferida, ou para que se pronuncie sobre questão omitida e que deveria se manifestar — inciso II.

Denota-se, por conseguinte, que, sem nominar as figuras jurídicas previstas no ordenamento jurídico para o processo judicial, a Lei da Arbitragem assegura a correção de erro material, assim como previsto no art. 463, inciso I do CPC[321], e no art. 833 da CLT[322], e a possibilidade de oposição de embargos de declaração, tal como assegurado no art. 535 do CPC[323] e também disciplinado no art. 897-A da

---

(318) PINTO, José Augusto Rodrigues. *Direito sindical e coletivo do trabalho*. São Paulo: LTr, 1998. p. 283.
(319) Art. 26. São requisitos obrigatórios da sentença arbitral:
I — o relatório, que conterá os nomes das partes e um resumo do litígio;
II — os fundamentos da decisão, onde serão analisadas as questões de fato e de direito, mencionando-se, expressamente, se os árbitros julgaram por equidade;
III — o dispositivo, em que os árbitros resolverão as questões que lhes forem submetidas e estabelecerão o prazo para o cumprimento da decisão, se for o caso; e
IV — a data e o lugar em que foi proferida.
Parágrafo único. A sentença arbitral será assinada pelo árbitro ou por todos os árbitros. Caberá ao presidente do tribunal arbitral, na hipótese de um ou alguns dos árbitros não poder ou não querer assinar a sentença, certificar tal fato.
(320) FRANCO FILHO, Georgenor de Sousa. *A nova lei de arbitragem e as relações de trabalho*. São Paulo: LTr, 1997. p. 57.
(321) Art. 463. Ao publicar a sentença de mérito, o juiz cumpre e acaba o ofício jurisdicional, só podendo alterá-la:
I — para lhe corrigir, de ofício ou a requerimento da parte, inexatidões materiais, ou lhe retificar erros de cálculo.
(322) Art. 833. Existindo na decisão evidentes erros ou enganos de escrita, de datilografia ou de cálculo, poderão os mesmos, antes da execução, ser corrigidos, *ex officio*, ou a requerimento dos interessados ou da Procuradoria da Justiça do Trabalho.
(323) Art. 535. Cabem embargos de declaração quando:
I — houver, na sentença ou no acórdão, obscuridade ou contradição;
II — for omitido ponto sobre o qual devia pronunciar-se o juiz ou tribunal.

CLT[324]. Quaisquer desses questionamentos deverão ser decididos pelo árbitro ou pelo juízo arbitral no prazo de 10 (dez) dias, com a consequente complementação da sentença arbitral, notificando as partes na forma do art. 29 da Lei n. 9.307/96[325], ou seja, do mesmo modo que deve ser feito para cientificá-las sobre o teor da decisão proferida, inclusive com fornecimento de cópia desta, contra recibo ou comprovante de comunicação.

A sentença arbitral deve deliberar sobre a responsabilidade das partes em relação às custas e despesas com o procedimento arbitral, e, se necessário, sobre verba decorrente de litigância de má-fé, observando-se as disposições constantes na convenção de arbitragem se dispor a respeito desse tema.

Ainda no que tange ao assunto em desate, deve ser realçado o fato de a sentença arbitral produzir os mesmos efeitos da sentença proferida pelos órgãos do Poder Judiciário, vinculando, igualmente, as partes e seus sucessores — art. 31[326]. Carlos Alberto Carmona expõe que ninguém nega que a arbitragem, "embora tenha origem contratual, desenvolve-se com a garantia do devido processo e termina com ato que tende a assumir a mesma função da sentença judicial"[327].

E tratando-se de sentença arbitral de caráter condenatório, em que a parte é condenada a alguma obrigação (de fazer, dar ou pagar), será possível a sua execução como título executivo judicial, a ser promovida pela parte interessada perante o Poder Judiciário.

A Lei de Arbitragem estabelece no art. 32 e incisos as hipóteses em que a sentença arbitral será nula, cujo dispositivo deve ser complementado com a análise do art. 33 da mesma Norma[328]. Destarte, as situações apontadas como motivadoras

---

(324) Art. 897-A. Caberão embargos de declaração da sentença ou acórdão, no prazo de cinco dias, devendo seu julgamento ocorrer na primeira audiência ou sessão subsequente a sua apresentação, registrado na certidão, admitido o efeito modificativo da decisão, nos casos de omissão e contradição no julgado e manifesto equívoco no exame dos pressupostos extrínsecos do recurso.
(325) Art. 29. Proferida a sentença arbitral, dá-se por finda a arbitragem, devendo o árbitro, ou o presidente do tribunal arbitral, enviar cópia da decisão às partes, por via postal ou por outro meio qualquer de comunicação, mediante comprovação de recebimento, ou, ainda, entregando-a diretamente às partes, mediante recibo.
(326) Art. 31. A sentença arbitral produz, entre as partes e seus sucessores, os mesmos efeitos da sentença proferida pelos órgãos do Poder Judiciário e, sendo condenatória, constitui título executivo.
(327) CARMONA, Carlos Alberto. *Arbitragem e processo*. São Paulo: Atlas, 2006. p. 46.
(328) Art. 32. É nula a sentença arbitral se:
I — for nulo o compromisso;
II — emanou de quem não podia ser árbitro;
III — não contiver os requisitos do art. 26 desta Lei;
IV — for proferida fora dos limites da convenção de arbitragem;
V — não decidir todo o litígio submetido à arbitragem;
VI — comprovado que foi proferida por prevaricação, concussão ou corrupção passiva;
VII — proferida fora do prazo, respeitado o disposto no art. 12, inciso III, desta Lei; e
VIII — forem desrespeitados os princípios de que trata o art. 21, § 2º, desta Lei.

da nulidade da sentença arbitral não exigem maiores abordagens, eis que tais, elencadas nos incisos I a VIII, são de cristalina compreensão.

O aspecto de relevo, nesse particular, pertine justamente às medidas que devem — ou podem — ser tomadas pela parte interessada visando à declaração de nulidade da sentença arbitral. Para tanto, segundo prescrevem o *caput* e § 3º do art. 33, pode pleitear perante o órgão do Poder Judiciário competente a decretação de nulidade, cuja demanda deve ser proposta no prazo preclusivo de 90 (noventa) dias a contar do recebimento da notificação da decisão e observar o procedimento comum previsto no CPC, ou mediante arguição em sede de embargos do devedor, se a sentença arbitral for de caráter condenatório e ensejar na sua execução judicial.

Como a Lei n. 9.307/96 foi elaborada e editada levando em conta as relações civis e comerciais — *vide* interpretação teleológica do art. 1º[329] — não obstante a inequívoca aplicação de suas disposições e diretrizes para as questões conflituosas do direito coletivo do trabalho, é imprescindível se analisar a incidência desses preceitos nesse âmbito respeitando o ordenamento trabalhista.

Nesse contexto, focando-se a abordagem tão somente no campo do direito coletivo do trabalho, eventual discussão, visando à decretação de nulidade da sentença arbitral, somente poderá ser promovida na forma prevista no *caput* e § 1º do art. 33, ante a impossibilidade jurídica de a decisão respectiva ensejar a obrigação de fazer, dar ou pagar, e, consequentemente, em sua execução judicial. Destarte, a sentença arbitral que soluciona um conflito coletivo de trabalho possui natureza constitutiva e dispositiva, visto que o teor da Lei de Arbitragem se equipara a uma sentença (normativa) exarada com o mesmo propósito pelo Poder Judiciário. Por esse prisma, não será possível invocar ou suscitar a decretação da nulidade da sentença arbitral em sede de embargos do devedor, porquanto inviável juridicamente a execução judicial dessa decisão, reitere-se, analisando o tema no âmbito do direito coletivo do trabalho.

Não se deve perder de vista que, assim como uma negociação coletiva que resulta não apenas na solução conflituosa, mas, também, na celebração de um Instrumento Normativo — Convenção ou Acordo Coletivo de Trabalho — ou se a

---

Art. 33. A parte interessada poderá pleitear ao órgão do Poder Judiciário competente a decretação da nulidade da sentença arbitral, nos casos previstos nesta Lei.
§ 1º A demanda para a decretação de nulidade da sentença arbitral seguirá o procedimento comum, previsto no Código de Processo Civil, e deverá ser proposta no prazo de até noventa dias após o recebimento da notificação da sentença arbitral ou de seu aditamento.
§ 2º A sentença que julgar procedente o pedido:
I — decretará a nulidade da sentença arbitral, nos casos do art. 32, incisos I, II, VI, VII e VIII;
II — determinará que o árbitro ou o tribunal arbitral profira novo laudo, nas demais hipóteses.
§ 3º A decretação da nulidade da sentença arbitral também poderá ser arguida mediante ação de embargos do devedor, conforme o art. 741 e seguintes do Código de Processo Civil, se houver execução judicial.
(329) Art. 1º As pessoas capazes de contratar poderão valer-se da arbitragem para dirimir litígios relativos a direitos patrimoniais disponíveis.

controvérsia negocial é resolvida com a intervenção do Judiciário Trabalhista após regular tramitação de ação coletiva (ou dissídio coletivo) e prolação de uma sentença normativa, de igual modo, a sentença arbitral, que decide o litígio coletivo de trabalho, estabelece normas legais que devem ser respeitadas e cumpridas pelas partes envolvidas, abrangendo os entes sindicais signatários da demanda arbitral e todos os seus respectivos representados, inclusive nas relações individuais de emprego[330].

Desse modo, embora não seja passível de execução judicial, a sentença arbitral proferida em um litígio coletivo de trabalho pode ser o instrumento legal embasador de uma ação de cumprimento, reclamação trabalhista ou ação de cobrança, em todos os casos, tendo-a como fundamento para as reivindicações, caso se verifique o descumprimento de uma ou várias disposições contidas na decisão. Seria então de se questionar a possibilidade jurídico-legal de se inquirir e suscitar a nulidade da sentença arbitral por ocasião da apresentação da defesa pela parte demandada na ação proposta. A resposta é afirmativa, mas terá efeito meramente incidental e restrito às partes envolvidas nesse novo litígio.

Retomando o enfoque do preceituado no *caput* e § 1º do art. 33[331], nessa hipótese a parte interessada deverá propor a demanda perante o Tribunal Regional do Trabalho ou Tribunal Superior do Trabalho, conforme a competência originária para apreciar o conflito coletivo — art. 678, inciso I, alínea *a* da CLT, e arts. 1º e 2º, inciso I, alíneas *a* e *c*, da Lei n. 7.701/88[332], respectivamente, dentro do prazo decadencial de noventa dias. Saliente-se, nesse ponto, que a competência para apreciar eventual questionamento e postulação de decretação da nulidade não é da Vara do Trabalho da jurisdição onde as partes em conflito objetivavam que a sentença arbitral produzisse os seus efeitos e sua eficácia, porquanto adstrita aos conflitos individuais, além daqueles explicitados nos arts. 652 e 653, também da CLT.

---

(330) RUPRECHT, Alfredo J. *Relações coletivas de trabalho*. São Paulo: LTr, 1995. p. 959, explicita que: "deve-se ter em conta que o laudo arbitral tem as características e alcances de uma convenção coletiva de trabalho e, portanto, sua execução deve reger-se pelas normas de cumprimento dos contratos".
(331) Art. 33. A parte interessada poderá pleitear ao órgão do Poder Judiciário competente a decretação da nulidade da sentença arbitral, nos casos previstos nesta Lei.
§ 1º A demanda para a decretação de nulidade da sentença arbitral seguirá o procedimento comum, previsto no Código de Processo Civil, e deverá ser proposta no prazo de até noventa dias após o recebimento da notificação da sentença arbitral ou de seu aditamento.
(332) Art. 678. Aos Tribunais Regionais, quando divididos em Turmas, compete:
I — ao Tribunal Pleno, especialmente:
Art. 1º O Tribunal Superior do Trabalho, nos processos de sua competência, será dividido em turmas e seções especializadas para a conciliação e julgamento de dissídios coletivos de natureza econômica ou jurídica e de dissídios individuais, respeitada a paridade da representação classista.
Art. 2º Compete à seção especializada em dissídios coletivos, ou seção normativa:
I — originariamente:
a) conciliar e julgar os dissídios coletivos que excedam a jurisdição dos Tribunais Regionais do Trabalho e estender ou rever suas próprias sentenças normativas, nos casos previstos em lei;
c) julgar as ações rescisórias propostas contra suas sentenças normativas;

Isabele Jacob Morgado discorre sobre o tema, asseverando, sem fazer referência expressa ao conflito coletivo de trabalho, que a ação que visa à decretação da nulidade da sentença arbitral proferida em matéria trabalhista deve ser proposta perante a Vara do Trabalho competente[333]. Esse entendimento, contudo, não se mostra correto para as questões deliberadas por meio da arbitragem e tratando diretamente de conflito coletivo de trabalho. Ora, como a sentença arbitral tem o propósito de solver um litígio de caráter coletivo, é inequívoco que a competência para apreciar a sua pretensa nulidade, na forma do art. 33 da Lei n. 9.307/96, é do TRT ou do TST. Em respaldo, Georgenor de Sousa Franco Filho afirma que em matéria coletiva a arguição de nulidade da decisão arbitral deve ser apresentada perante o Tribunal Regional correspondente, porquanto tal decisão se equipara à sentença judicial[334].

Quanto ao rito processual a ser observado, com razão Georgenor de Sousa Franco Filho, seguindo a menção contida no § 1º do art. 33, equivalente ao procedimento comum do processo civil, ou seja, pontua que será, igualmente

> o comum para as ações trabalhistas em geral, previsto na CLT, inclusive com os recursos pertinentes, bem como, no que couber, às regras relativas às nulidades (arts. 794 a 798 da CLT), aplicando-se as normas processuais comuns apenas de maneira subsidiária (art. 769 consolidado)[335].

Por fim, é importante destacar que a sentença judicial que acolher a postulação de nulidade da decisão proferida pelo árbitro ou pelo juízo arbitral pode resultar em duas situações — § 2º e incisos I e II do art. 33[336]. A primeira enseja a efetiva decretação de nulidade da sentença arbitral, quando verificada pelo menos uma das hipóteses descritas nos incisos I, II, VII e VIII do art. 32, ou mais precisamente se "for nulo o compromisso"; se "emanou de quem não podia ser árbitro"; se "proferida fora do prazo, respeitado o disposto no art. 12, inciso III", da Lei de Arbitragem; e/ou se "forem desrespeitados os princípios de que trata o art. 21, § 2º", da mesma Norma.

---

(333) MORGADO, Isabele Jacob. *A arbitragem nos conflitos de trabalho*. São Paulo: LTr, 1998. p. 63.
(334) FRANCO FILHO, Georgenor de Sousa. A arbitragem no direito do trabalho. In: FRANCO FILHO, Georgenor de Sousa. *O direito do trabalho na sociedade contemporânea*. São Paulo: Jurídica Brasileira, 2001. p. 146.
(335) FRANCO FILHO, Georgenor de Sousa. *A nova lei de arbitragem e as relações de trabalho*. São Paulo: LTr, 1997. p. 63.
(336) Art. 33. A parte interessada poderá pleitear ao órgão do Poder Judiciário competente a decretação da nulidade da sentença arbitral, nos casos previstos nesta Lei.
§ 1º A demanda para a decretação de nulidade da sentença arbitral seguirá o procedimento comum, previsto no Código de Processo Civil, e deverá ser proposta no prazo de até noventa dias após o recebimento da notificação da sentença arbitral ou de seu aditamento.
§ 2º A sentença que julgar procedente o pedido:
I — decretará a nulidade da sentença arbitral, nos casos do art. 32, incisos I, II, VI, VII e VIII;
II — determinará que o árbitro ou o tribunal arbitral profira novo laudo, nas demais hipóteses.
§ 3º A decretação da nulidade da sentença arbitral também poderá ser arguida mediante ação de embargos do devedor, conforme o art. 741 e seguintes do Código de Processo Civil, se houver execução judicial.

Nas demais situações descritas nos incisos III, IV, V, VI, isto é, quando "não contiver os requisitos do art. 26 da Lei de Arbitragem"; se "for proferida fora dos limites da convenção de arbitragem"; se "não decidir todo o litígio submetido à arbitragem"; e/ou se "comprovado que foi proferida por prevaricação, concussão ou corrupção passiva", a decisão judicial determinará que o árbitro ou o juízo arbitral emita nova sentença arbitral. Como se vê, o legislador previu que em determinadas situações, em que vícios atingem apenas a própria sentença, se aproveitam, por economia processual, todos os demais atos do processo, renovando apenas a decisão[337].

5.5. PERSPECTIVAS E APLICAÇÃO NO ÂMBITO DO DIREITO COLETIVO DO TRABALHO

Como já afirmado no presente livro, a arbitragem somente pode ser adotada para dirimir um determinado conflito se o objeto do litígio for disponível, ou, mais precisamente, se envolver direitos patrimoniais disponíveis. A restrição legal tem sua razão, uma vez que em relação aos direitos indisponíveis a discussão conflituosa apenas pode ser solvida com a tutela jurisdicional, cujos procedimentos exigem, em geral, a intervenção do Ministério Público. Asseguram-se o duplo grau de jurisdição e o respeito aos princípios da ampla defesa e do contraditório, embora tais premissas também sejam asseguradas no processo arbitral — *vide* art. 22 da Lei n. 9.307/96[338].

Nas questões pertinentes à esfera trabalhista, em especial aquelas de caráter eminentemente individual, a prevalência da impossibilidade jurídica de se adotar a arbitragem como meio de solução de um conflito entre empregado e empregador é manifesta, apesar de os posicionamentos doutrinários divergentes[339]. Uma exceção

---

(337) ALMEIDA, João Alberto de. Arbitragem. In: ALMEIDA, João Alberto de. *Fundamentos do direito do trabalho*: estudos em homenagem ao ministro Milton de Moura França. São Paulo: LTr, 2000. p. 776.

(338) Art. 22. Poderá o árbitro ou o tribunal arbitral tomar o depoimento das partes, ouvir testemunhas e determinar a realização de perícias ou outras provas que julgar necessárias, mediante requerimento das partes ou de ofício.

§ 1º O depoimento das partes e das testemunhas será tomado em local, dia e hora previamente comunicados, por escrito, e reduzido a termo, assinado pelo depoente, ou a seu rogo, e pelos árbitros.

§ 2º Em caso de desatendimento, sem justa causa, da convocação para prestar depoimento pessoal, o árbitro ou o tribunal arbitral levará em consideração o comportamento da parte faltosa, ao proferir sua sentença; se a ausência for de testemunha, nas mesmas circunstâncias, poderá o árbitro ou o presidente do tribunal arbitral requerer à autoridade judiciária que conduza a testemunha renitente, comprovando a existência da convenção de arbitragem.

§ 3º A revelia da parte não impedirá que seja proferida a sentença arbitral.

§ 4º Ressalvado o disposto no § 2º, havendo necessidade de medidas coercitivas ou cautelares, os árbitros poderão solicitá-las ao órgão do Poder Judiciário que seria, originariamente, competente para julgar a causa.

§ 5º Se, durante o procedimento arbitral, um árbitro vier a ser substituído fica a critério do substituto repetir as provas já produzidas.

(339) A esse respeito, convém citar, entendendo pela regular possibilidade de adoção da arbitragem para os conflitos de natureza individual, FIGUEIRÔA JÚNIOR, Narciso. *Arbitragem nos conflitos de trabalho*.

é a hipótese prevista no art. 23, *caput*, § 1º, da Lei n. 8.630/93[340], que regula o trabalho portuário, visto que estabelece a adoção obrigatória da arbitragem quando inviabilizada a solução pela Comissão Paritária[341].

Entretanto, se a adoção da arbitragem não é admitida para as questões que envolvem conflitos individuais de trabalho, embora o objeto litigioso possa ser considerado disponível, particularmente se a controvérsia se instala após a resilição contratual, no campo do direito coletivo do trabalho não há qualquer óbice à utilização do instituto ante a expressa disposição legal a respeito — art. 114, § 1º, da Constituição Federal[342]. E ainda que a Lei n. 9.307/96 tenha como finalidade a solução das controvérsias decorrentes das relações privadas internacionais e das questões comerciais, sem tratar dos conflitos existentes na esfera das relações coletivas de trabalho, plenamente admissível a sua aplicação também nesse âmbito, particularmente em relação aos procedimentos que devem ser observados.

Em todo caso, convém destacar que, no campo do direito coletivo do trabalho, há normas legais que apontam a arbitragem em algumas situações específicas,

---

2007. Disponível em: <http://www.fetcesp.com.br/ArtigoCompleto.asp?Codigo=18> Acesso em: 26.12.2007, asseverando que, embora consagrado o princípio da indisponibilidade dos direitos trabalhistas, nem todas as normas "são de ordem pública e imperativas, e, por consequência, indisponíveis os direitos", complementando que "boa parte das normas alusivas ao contrato individual de emprego são dispositivas, sendo certo que essa disponibilidade existe porque o direito é privado e patrimonial, sendo igualmente privado o interesse tutelado pela norma". De outra banda, entendendo pela inviabilidade jurídica da arbitragem como meio de solução de conflitos coletivos, convém citar MAIOR, Jorge Luiz Souto. Arbitragem e direito do trabalho. *Revista LTr*, São Paulo, v. 61, fev. 1997. p. 156, explanando que "o comprometimento de se submeter eventuais litígios de uma relação de emprego a um árbitro, importaria, por si só, renúncia ao direito de ação, que embora possa até ser renunciável, sob o ponto de vista das pessoas que estão no livre exercício de suas prerrogativas, sob o ângulo dos empregados é inaceitável, já que todo um aparato jurídico, de ordem material e processual, fora criado, exatamente, para proteção dos direitos do trabalho, e não seria mera manifestação de vontade, cujo vício já se demonstraria pelo simples fato de não ter o empregado cumprido o compromisso, que poderia derrogar e tornar letra morta esse ordenamento". Esse entendimento doutrinário pode ser complementado pela observação de SHIAVI, Mauro. Aspectos polêmicos e atuais da arbitragem como meio de solução dos conflitos trabalhistas. In: SHIAVI, Mauro. *Suplemento Trabalhista*, São Paulo: LTr, n. 125, 2007. p. 529, ou seja, que "diante da hipossuficiência do trabalhador brasileiro, das peculiaridades das relações de trabalho e de emprego, do caráter irrenunciável do crédito trabalhista, não há como se aplicar de forma irrestrita a arbitragem para resolução de qualquer conflito individual trabalhista".
(340) Art. 23. Deve ser constituída, no âmbito do órgão de gestão de mão de obra, Comissão Paritária para solucionar litígios decorrentes da aplicação das normas a que se referem os arts. 18, 19 e 21 desta lei.
§ 1º Em caso de impasse, as partes devem recorrer à arbitragem de ofertas finais.
(341) A propósito, tal previsão legal, impondo a solução via juízo arbitral, se vencida a esfera de atuação da Comissão Paritária, revela-se inconstitucional, porquanto afasta a possibilidade de acesso ao Judiciário, ferindo o princípio insculpido no inciso XXXV do art. 5º da Constituição Federal. Com efeito, na medida em que obriga a adoção da arbitragem, impõe-se às partes litigantes, a renúncia da jurisdição Estatal, a qual deveria decorrer como opção advinda do exercício facultativo de utilização desse instrumento, tornando inequívoca a violação da regra de inafastabilidade do Poder Judiciário.
(342) Art. 114.
§ 1º Frustrada a negociação coletiva, as partes poderão eleger árbitros.

como meio para solucionar o conflito. A principal refere-se quando o objetivo é a estipulação de Norma Coletiva a ser empregada no decorrer de um período de um a dois anos e com a fixação de cláusulas contendo condições de trabalho aplicáveis nas relações de emprego entre empregados e empregadores. Em tal caso, a arbitragem pode ser utilizada caso a negociação coletiva direta entre as partes, ou com a participação de um conciliador ou mediador, não seja capaz de resolver o conflito e resultar na celebração de uma Tratativa Coletiva, como preveem os arts. 611 e 612 da CLT[343]. O fundamento legal determinante é o disposto no § 1º do art. 114 da Constituição Federal[344].

Sobreleva ressaltar que, embora a nova redação do art. 114 da Constituição Federal, especificamente quanto ao contido no § 2º, "somente se reporta à arbitragem de dissídios coletivos de natureza econômica, notadamente contextualizada como condição da ação judicial ao lado da negociação coletiva"[345], existe possibilidade de utilização do juízo arbitral para questões pertinentes à interpretação de disposição convencionada. Assim, quando a controvérsia se instala a partir de divergência, envolvendo meramente a natureza jurídica da Norma ou cláusula, a arbitragem também não deve ser descartada. Nesse âmbito, Alfredo J. Ruprecht expõe que a arbitragem "é uma instituição jurídica cujo objetivo é a solução dos conflitos coletivos de trabalho, sejam de interesses ou de direito, pois é igualmente aplicável a ambos", acrescentando ser "comum que o laudo arbitral interprete (*jus dicendi*) e crie (*jus dandi*)"[346].

---

(343) Art. 611. Convenção Coletiva de Trabalho é o acordo de caráter normativo, pelo qual dois ou mais Sindicatos representativos de categorias econômicas e profissionais estipulam condições de trabalho aplicáveis, no âmbito das respectivas representações, às relações individuais de trabalho.
§ 1º É facultado aos Sindicatos representativos de categorias profissionais celebrar Acordos Coletivos com uma ou mais empresas da correspondente categoria econômica, que estipulem condições de trabalho, aplicáveis no âmbito da empresa ou das acordantes respectivas relações de trabalho
§ 2º As Federações e, na falta desta, as Confederações representativas de categorias econômicas ou profissionais poderão celebrar convenções coletivas de trabalho para reger as relações das categorias a elas vinculadas, inorganizadas em Sindicatos, no âmbito de suas representações.
Art. 612. Os Sindicatos só poderão celebrar Convenções ou Acordos Coletivos de Trabalho, por deliberação de Assembleia Geral especialmente convocada para esse fim, consoante o disposto nos respectivos Estatutos, dependendo a validade da mesma do comparecimento e votação, em primeira convocação, de 2/3 (dois terços) dos associados da entidade, se se tratar de Convenção, e dos interessados, no caso de Acordo, e, em segunda, de 1/3 (um terço) dos mesmos.
Parágrafo único. O *quorum* de comparecimento e votação será de 1/8 (um oitavo) dos associados em segunda convocação, nas entidades sindicais que tenham mais de 5.000 (cinco mil) associados.
(344) Art. 114. ...
§ 1º Frustrada a negociação coletiva, as partes poderão eleger árbitros.
§ 2º Recusando-se qualquer das partes à negociação coletiva ou à arbitragem, é facultado às mesmas, de comum acordo, ajuizar dissídio coletivo de natureza econômica, podendo a Justiça do Trabalho decidir o conflito, respeitadas as disposições mínimas legais de proteção ao trabalho, bem como as convencionadas anteriormente.
(345) YOSHIDA, Márcio. *Arbitragem trabalhista*. São Paulo: LTr, 2006. p. 104.
(346) RUPRECHT, Alfredo J. *Relações coletivas de trabalho*. São Paulo: LTr, 1995. p. 941.

Outra hipótese é encontrada na Lei n. 10.101/00, ou mais precisamente no art. 4º, *caput* e inciso II[347], ao estabelecer a arbitragem como meio de dirimir o litígio em que se discute a participação nos lucros ou resultados, notadamente caso a negociação direta ou via mediação não encerre o impasse.

E ainda, na discussão envolvendo o exercício da greve, a Lei n. 7.783/89[348], que disciplina a temática, refere-se à arbitragem no art. 3º igualmente como forma de solucionar o impasse negocial e conflituoso que pode resultar na cessação coletiva do trabalho, e no art. 7º, ao dispor que as relações e obrigações no período de greve podem ser regidas pelo conteúdo do laudo arbitral.

Malgrado inexistir menção nos demais preceitos legais, postulando a arbitragem, para dirimir outras questões trabalhistas de caráter coletivo, deve-se compreender pela regular possibilidade de utilização do instituto. Tal dedução se faz em razão da necessidade dos diversos assuntos relativos às categorias profissional e econômica envolvidas no litígio se submeterem ao crivo da negociação coletiva como decorrência do exercício da autonomia privada coletiva por parte dos entes sindicais representativos.

Os enfoques em questão apontam certa contradição; é que, mesmo inexistindo obstáculo de ordem legal para a regular adoção da arbitragem no âmbito do direito coletivo, uma vez que, reitere-se, até mesmo o ordenamento jurídico constitucional explicita o instituto como meio de solução do conflito, na prática este não é utilizado pelas partes envolvidas no litígio.

É possível, porém, que tal situação se altere paulatinamente, como mudança da mentalidade jurídico-cultural quanto aos efeitos e aos benefícios que a solução arbitral pode propiciar, ou como forma de equacionar o problema advindo com a alteração legislativa do art. 114 da Constituição Federal após a edição da EC n. 45/04, que passou a preconizar o "comum acordo" para o ajuizamento do dissídio coletivo, não obstante as divergências doutrinárias e jurisprudenciais que pendem sobre esse aspecto.

A propósito da mudança supracitada, possibilitando um novo paradigma a partir da adoção da arbitragem de modo mais constante, convém assinalar que este depende de alguns fatores bem como da quebra de determinadas resistências. Paulo de Tarso Santos adverte quanto à necessidade de se criar o hábito de se aceitar uma "nova cultura", ora representada pelo instituto da arbitragem, e com a

---

(347) Art. 4º Caso a negociação visando à participação nos lucros ou resultados da empresa resulte em impasse, as partes poderão utilizar-se dos seguintes mecanismos de solução do litígio:
II — arbitragem de ofertas finais.
(348) Art. 3º Frustrada a negociação ou verificada a impossibilidade de recursos via arbitral, é facultada a cessação coletiva do trabalho.
Art. 7º Observadas as condições previstas nesta Lei, a participação em greve suspende o contrato de trabalho, devendo as relações obrigacionais, durante o período, ser regidas pelo acordo, convenção, laudo arbitral ou decisão da Justiça do Trabalho.

qual nossa população não está habituada, ao contrário do juízo estatal, que tem a seu favor um hábito criado ao longo dos anos. O autor ressalta, todavia, que "no intuito de aplicar essa reflexão à alternativa, válida para certas situações, entre Poder Judiciário e juízo arbitral, é preciso reiterar que os sujeitos da prestação jurisdicional podem decidir por uma das duas opções", ou seja, "para ultrapassar, na prática, a opção única pela jurisdição estatal, exercida pelo Poder Judiciário, é preciso formar o hábito de considerar a alternativa arbitral"[349].

Descrevendo os obstáculos da adoção do instituto no Brasil, Cristiane Maria Henrichs de Souza Coutinho cita a "mentalidade injustificadamente conservadora de muitos, colocando em dúvida a conformidade da arbitragem frente ao aparente monopólio jurisdicional, previsto constitucionalmente", além de mencionar fatores socioeconômicos e socioculturais e a falta de sua divulgação[350].

Georgenor de Sousa Franco Filho igualmente argumenta que "o uso da arbitragem como mecanismo solucionador de conflitos de trabalho é de pouca incidência em nosso País", uma vez que a

> tradição cultural de nosso povo prefere a solução jurisdicional a optar por um instrumento relativamente novo, eis que somente com a Constituição republicada de 1988 foi consagrado como facultativo na busca de resolver pendências trabalhistas coletivas[351].

Márcio Yoshida discorre acerca de alguns possíveis motivos, sem, no entanto, definir qual deles seria determinante:

> Não se sabe se a falta de tradição do meio alternativo de solução de conflitos seria o empecilho maior, se a falta de conhecimento das partes interessadas sobre a arbitragem estaria motivando o seu desuso ou se enfim o Judiciário estaria se desincumbindo a contento de sua missão pacificadora a ponto dos empresários e trabalhadores renunciarem a outras modalidades de resolução de seus impasses.

E complementa:

> Poder-se-ia também agregar a tais questionamentos, se o procedimento arbitral não se adequa à necessidade das partes ou sequer inspira a confiança destas, por preferirem se submeter à autoridade judiciária, investida de poderes pelo Estado, e por gozarem da prerrogativa de recorrer das decisões desfavoráveis, sem falar nos custos do juízo privado,

---

(349) SANTOS, Paulo de Tarso. *Arbitragem e poder judiciário*. São Paulo: LTr, 2001. p. 77.
(350) COUTINHO, Cristiane Maria Henrichs de Souza. *Arbitragem e a Lei n. 9.307/96*. Rio de Janeiro: Forense, 1999. p. 39-40.
(351) FRANCO FILHO, Georgenor de Sousa. *A nova lei de arbitragem e as relações de trabalho*. São Paulo: LTr, 1997. p. 71.

incluindo a remuneração do árbitro a ser suportado diretamente pelos litigantes[352].

Não se deve desconsiderar que a edição da Lei n. 9.307/96 serviu como importante reforço na compreensão e na aceitação jurídica da arbitragem como meio alternativo de solução dos litígios e não concorrente do Poder Judiciário, porém não o suficiente para a plena adoção e expansão do instituto. Embora o disciplinamento advindo da Norma já tenha ultrapassado uma década — considerando o início de sua vigência em 23 de setembro de 1996 —, e na esfera do direito coletivo do trabalho a previsão legal de sua adoção esteja próxima de completar duas décadas — levando em conta a promulgação da Carta de 1988 —, a cultura e o hábito de se valer do juízo arbitral como forma de solução dos conflitos coletivos não se arraigaram, especialmente entre os entes sindicais signatários dos poderes negociais.

Pelos delineamentos acima arrolados, ou, como pondera Octavio Bueno Magano, dentre outras razões, "pelo espírito cartorário do povo brasileiro"[353], ou simplesmente porque a mentalidade brasileira está voltada apenas para a atuação jurisdicional, a arbitragem não tem emplacado na prática. José Cláudio Monteiro de Brito Filho aponta a "'cultura da beligerância', típica de parte do empresariado — e às vezes de parte das entidades sindicais profissionais —, que vislumbra vantagens que podem ser obtidas na verdade formal que se apura em juízo", e que dificulta a busca pelas partes de outros meios para resolverem o conflito[354].

Destarte, não se deve deixar de considerar outros fatores, um dos quais em razão da ausência de plena confiabilidade no juízo arbitral. Mesmo para quem defende o juízo arbitral para os conflitos trabalhistas de natureza individual, tal aspecto é tido como um obstáculo para a maior aceitabilidade da arbitragem. Narciso Figueirôa Júnior aponta a "imprensa" noticiando

> denúncias de irregularidades em algumas "Câmaras" e "Tribunais" de arbitragem trabalhista, como a homologação de rescisões contratuais mediante laudo arbitral, sendo exigida do empregado a quitação do extinto contrato de trabalho[355].

De fato, ainda que de modo inconstante, a imprensa escrita tem noticiado a ocorrência de atuação irregular ou de fraudes ocorridas em determinados "Tribunais de Arbitragem"[356].

---

(352) YOSHIDA, Márcio. *Arbitragem trabalhista*. São Paulo: LTr, 2006. p. 106.
(353) MAGANO, Octavio Bueno. *Manual de direito do trabalho*. São Paulo: LTr, 1990. v. III, p. 190.
(354) BRITO FILHO, José Cláudio Monteiro de. Mediação e arbitragem como meios de solução de conflitos coletivos de trabalho: atuação do ministério público do trabalho. *Revista LTr*, São Paulo, n. 62, mar. 1998. p. 348.
(355) FIGUEIRÔA JÚNIOR, Narciso. *Arbitragem nos conflitos de trabalho*, 2007. Disponível em: <http://www.fetcesp.com.br/ArtigoCompleto.asp?Codigo=18> Acesso em: 26.12.2007.
(356) Cita-se, por exemplo, a reportagem publicada no jornal *Folha de S. Paulo*, edição de 27.5.2002. p. B-1 e B-4, abordando o assunto sob os títulos "Justiça privada é cilada para trabalhadores" e "Trabalhadores

Outro fator que inibe a maior adoção da arbitragem como solução dos conflitos coletivos do trabalho, e, portanto, diretamente relacionado ao presente trabalho, está na ausência de juízos arbitrais especializados em questões pertinentes a direitos trabalhistas discutidos em processo de negociação coletiva.

Não se desconhece a possibilidade de as partes litigantes nesse âmbito se valerem de auditores fiscais do Ministério do Trabalho e Emprego[357], ou de Procuradores do Trabalho valendo-se da própria autorização legal — vide art. 83, inciso XI, da Lei Complementar n. 75/93[358] — que confere aos membros do Ministério Público do Trabalho o poder de desempenhar a função de árbitro se assim for solicitado pelas partes envolvidas no litígio. Carlos Henrique Bezerra Leite pontua que

> o Ministério Público do Trabalho, pelos seus Membros, vem atuando como árbitro e mediador na solução de conflitos trabalhistas de natureza coletiva, envolvendo trabalhadores e empresa ou sindicatos de trabalhadores e empresas (e/ou sindicato patronal), com vantagens adicionais para as partes interessadas[359].

No entanto, apesar da observação doutrinária considerada em sua integralidade, de maneira efetiva e prática a arbitragem ainda tem sido relegada pelas partes envolvidas no conflito coletivo[360].

Mesmo nas hipóteses em que não se discute o conteúdo de uma Norma Coletiva aplicável em um período de um a dois anos e com a estipulação de cláusulas contendo condições de trabalho aplicáveis nas relações de emprego, não se constata a adoção do juízo arbitral. Com efeito, ainda que em se tratando de negociação

---

se queixam de conciliações", bem como reportagem do jornal *O Diário do Norte do Paraná*, Maringá, edição de 24.11.2007, sob o título "Polícia investiga ações de três tribunais arbitrais".

(357) Assevere-se, nesse caso, a ausência de disciplinamento legal tratando especificamente do exercício da arbitragem por parte de membros do Ministério do Trabalho e Emprego, já que o ordenamento jurídico apenas trata da mediação dos conflitos — vide Lei n. 10.192/01 e Decreto n. 1.572/95, situação, porém, que não inibe eventual adoção desses agentes como árbitros, desde que ajustado entre as partes e aceito o encargo pelos mesmos.

(358) Art. 83. Compete ao Ministério Público do Trabalho o exercício das seguintes atribuições junto aos órgãos da Justiça do Trabalho:

XI — atuar como árbitro, se assim for solicitado pelas partes, nos dissídios de competência da Justiça do Trabalho.

(359) LEITE, Carlos Henrique Bezerra. *Curso de direito processual do trabalho*. São Paulo: LTr, 2007. p. 170.

(360) A esse respeito, YOSHIDA, Márcio. *Arbitragem trabalhista*. São Paulo: LTr, 2006. p. 105, após discorrer sobre as hipóteses em que o juízo arbitral pode ser adotado, observa: "...não tem a arbitragem sido utilizada por empresários e trabalhadores para resolver suas divergências no universo de suas relações coletivas de trabalho". Do mesmo modo, NASCIMENTO, Amauri Mascaro. *Curso de direito processual do trabalho*. São Paulo: Saraiva, 2007. p. 21-22, ao explanar que "a arbitragem não faz parte, ainda, dos costumes do sistema de relações de trabalho no Brasil, uma vez que a forma tradicional e preferida é a jurisdição, o que fica claro se comparar o número de processos submetidos à Justiça do Trabalho e o número de arbitragens, tão insignificante que nem há estatísticas".

exclusiva para o ajustamento de participação nos lucros ou resultados — Lei n. 10.101/01 —, ou atinente à discussão envolvendo o exercício da greve — Lei n. 7.783/89 — a opção de utilização da arbitragem se apresenta como medida totalmente desconsiderada pelas partes envolvidas no litígio.

A arbitragem deveria ser vislumbrada como mais uma alternativa de solução do conflito coletivo de trabalho, particularmente quando a negociação direta entre as partes, ou apoiada na conciliação ou mediação — isto é, com a presença de um terceiro que exerce o ofício de conciliador e/ou mediador — não resolve o impasse litigioso. Obviamente que a busca da tutela jurisdicional não deve ser descartada para se alcançar o mesmo objetivo, mormente alocada no ordenamento jurídico como meio de resolução do litígio coletivo. No entanto, esta deveria ser adotada apenas de forma supletiva e depois de esgotados todos os demais meios, inclusive os de persuasão e mobilização da classe, e ainda se a via do juízo arbitral não for possível por ausência de interesse de uma das partes.

5.6. A CRISE DO PODER JUDICIÁRIO E A RESISTÊNCIA À ADOÇÃO DA ARBITRAGEM COMO MEIO ALTERNATIVO DE SOLUÇÃO DOS CONFLITOS

É pertinente considerar a crise que Poder Judiciário atravessa, especificamente no que se refere à morosidade na tramitação e solução de um processo, e, por conseguinte, dos prejuízos que causa às partes litigantes, em especial para a que objetiva a tutela jurisdicional visando a uma deliberação que resolva a situação conflituosa.

Octavio Bueno Magano culpa justamente a morosidade na prestação jurisdicional como uma "forma disfarçada de denegação de justiça, estimulando renúncias e acordos ruinosos; gerando, ao mesmo tempo, descrença nas instituições e revolta contra a ordem social vigente"[361]. Paralelamente à demora da solução judicial, e também como causa motivadora, é possível indicar a ausência de estruturas física e humana do Judiciário para dar vazão ao crescente número de demandas judiciais. Se por um lado a quantidade cada vez mais elevada de processos em tramitação reflete positivamente na busca do Judiciário por parte do cidadão que se sentiu ou teve os seus direitos lesados, o simples acesso, *a priori*, nem sempre tem resultado na eficiente e rápida pacificação do conflito.

É possível acrescentar os desgastes emocional e financeiro a que as partes são submetidas na Justiça Pública em razão de sua morosidade. Como bem salienta Zoraide Amaral de Souza, "chegamos ao terceiro milênio e, infelizmente, ainda não atingimos o patamar de poder oferecer uma prestação jurisdicional que seja justa, célere e efetiva e que seja capaz de compor um conflito de interesses"[362].

---

(361) MAGANO, Octavio Bueno. *Manual de direito do trabalho.* São Paulo: LTr, 1990. v. III, p. 193.
(362) SOUZA, Zoraide Amaral de. *Arbitragem, conciliação:* mediação nos conflitos trabalhistas. São Paulo: LTr, 2004. p. 38.

No mesmo diapasão, José Carlos Arouca assevera que, embora não faça parte de nossa cultura, a arbitragem "nunca deixou de ser lembrada diante da incapacidade do Poder Judiciário de atender à crescente multiplicação de ações, da tramitação morosa e difícil, de seu elevado custo, em grande parte bancado pelo Estado"[363].

Na esfera trabalhista, e mais precisamente no campo do direito coletivo, a situação não é diferente. Embora de competência originária dos Tribunais Regionais do Trabalho, os processos de dissídios coletivos dificilmente se encerram com a decisão proferida pelos Egrégios Regionais, desembocando no Tribunal Superior do Trabalho ante a corriqueira interposição de recursos, em geral por ambas as partes litigantes, porquanto a análise de inúmeras cláusulas reivindicatórias não propicia o contentamento de seu conteúdo decisório.

Assim, mesmo que as partes se deparem com uma célere tramitação do processo de dissídio perante o Tribunal Regional, o reexame da matéria advindo da interposição de apelos recursais e o encaminhamento do processo para o Tribunal Superior do Trabalho comprometerão o resultado final em pelo menos dois anos, considerando que a apreciação de um recurso leva, em média, entre três a cinco anos. Ademais, não raro a decisão exarada pelo Tribunal Regional, em casos ora abordados, tem o seu efeito suspensivo concedido por mera decisão monocrática do Ministro Presidente do Tribunal Superior do Trabalho.

Não se pretende, aqui, tecer crítica a esse Tribunal de Superior Instância, como responsável pela demora na tramitação e solução de um processo no âmbito de sua esfera de atuação. Os operadores do direito que militam no âmbito da Justiça do Trabalho estão cientes da dimensão e dos reflexos desses dados, e, apesar do número de dissídios coletivos apreciados pelo Tribunal Superior do Trabalho se manter estável nos últimos quatro anos (ou seja, de 2004 a 2007)[364], a solução para o conflito coletivo, com a prolação de uma sentença normativa, chega às partes litigantes e aos atores da relação de emprego com atraso na sua aplicação, tendo em vista o término do período de vigência.

O problema vivenciado pelo Judiciário não é exclusivo do Brasil, mas ocorre na maioria dos países, todavia nestes últimos a situação ensejou a criação e a implementação de mecanismos judiciais e extrajudiciais que tornem a solução dos litígios e a pacificação social mais rápidas e eficientes, sem que isso signifique a privatização da atividade jurisdicional ou a denegação do acesso à Justiça[365].

Faz-se imperioso registrar que nenhum dos meios alternativos que visam a solver os conflitos de interesses, particularmente a arbitragem, tem a prerrogativa

---

(363) AROUCA, José Carlos. *O sindicato em um mundo globalizado*. São Paulo: LTr, 2003. p. 841.
(364) Segundo dados obtidos em consulta junto ao Tribunal Superior do Trabalho, Disponível em: <www.tst.gov.br> Acesso em: 28.3.2008, contam os seguintes números de processos de dissídio coletivo distribuídos e julgados, respectivamente: em 2004, ns. 571 e 371; em 2005, ns. 527 e 552; em 2006, ns. 431 e 598; e 2007, ns. 479 e 641.
(365) MORGADO, Isabele Jacob. *A arbitragem nos conflitos de trabalho*. São Paulo: LTr, 1998. p. 43.

de substituir as atribuições inerentes ao Poder Estatal no âmbito do Judiciário, mas objetiva, a partir da própria atuação estatal, criar condições legais e práticas de fomentar a adoção desses sistemas como alternativa viável de contribuir com o desafogamento do Poder Judiciário bem como servir de instrumento de pacificação dos conflitos entre as partes envolvidas no litígio e também da sociedade em geral. Cláudio Armando Couce de Menezes e Leonardo Dias Borges ressaltam que "a arbitragem está perfeitamente apta a coexistir com a Justiça do Trabalho", uma não excluindo a outra, e que o instituto da arbitragem tem a finalidade de servir como

> meio auxiliar para a melhor administração da Justiça Especializada, diminuindo a quantidade de causas e, com isso, permitindo uma prestação jurisdicional mais célere e eficaz, sem falar na maior qualidade do trabalho dos magistrados[366].

A par do que já se expôs, a arbitragem não está acima do Judiciário. Ao contrário, submetida às regras insertas no ordenamento jurídico, a arbitragem não afeta as atribuições básicas do Judiciário[367]. Aliás, tomando-se o conteúdo da Lei n. 9.307/96, a arbitragem fica sujeita à participação desse Poder Estatal em algumas hipóteses, tais como as que seguem:

- na hipótese de, após firmada cláusula compromissória, uma das partes resista à instauração da arbitragem para solucionar o conflito — art. 7º[368];

- quando constatada a necessidade de providências coercitivas ou acautelatórias para o regular processamento da instrução arbitral, inclusive com a condução de testemunhas renitentes à convocação do árbitro, como tratado nos arts. 22, §§ 2º e 4º[369];

- sendo exigido o cumprimento da sentença arbitral, pela via judicial, já que aquela se constitui em título executivo — art. 31[370];

---

(366) MENEZES, Cláudio Armando Couce de; BORGES, Leonardo Dias. *O moderno processo do trabalho:* tutela antecipada, arbitragem, execução, recursos. São Paulo: LTr, 1997. p. 111.
(367) SANTOS, Paulo de Tarso. *Arbitragem e poder judiciário*. São Paulo: LTr, 2001. p. 76.
(368) Art. 7º Existindo cláusula compromissória e havendo resistência quanto à instituição da arbitragem, poderá a parte interessada requerer a citação da outra parte para comparecer em juízo a fim de lavrar-se o compromisso, designando o juiz audiência especial para tal fim.
(369) Art. 22. Poderá o árbitro ou o tribunal arbitral tomar o depoimento das partes, ouvir testemunhas e determinar a realização de perícias ou outras provas que julgar necessárias, mediante requerimento das partes ou de ofício.
§ 2º Em caso de desatendimento, sem justa causa, da convocação para prestar depoimento pessoal, o árbitro ou o tribunal arbitral levará em consideração o comportamento da parte faltosa, ao proferir sua sentença; se a ausência for de testemunha, nas mesmas circunstâncias, poderá o árbitro ou o presidente do tribunal arbitral requerer à autoridade judiciária que conduza a testemunha renitente, comprovando a existência da convenção de arbitragem.
§ 4º Ressalvado o disposto no § 2º, havendo necessidade de medidas coercitivas ou cautelares, os árbitros poderão solicitá-las ao órgão do Poder Judiciário que seria, originariamente, competente para julgar a causa.
(370) Art. 31. A sentença arbitral produz, entre as partes e seus sucessores, os mesmos efeitos da sentença proferida pelos órgãos do Poder Judiciário e, sendo condenatória, constitui título executivo.

- se verificada a ocorrência de alguma situação que torne a sentença nula — arts. 32 e 33[371].

É certo, todavia, como afirma Rodolfo Pamplona Filho, que a arbitragem não é uma "panaceia", ou seja, não é o "remédio para todos os males"[372]. É imprescindível, contudo que a arbitragem seja considerada e adotada pelas partes envolvidas em conflitos de modo efetivo, como meio eficaz, rápido e confiável para dirimir tais litígios, especialmente nas hipóteses em que o ordenamento jurídico possibilita a utilização desse instrumento alternativo de solução de divergência de interesses.

Uma característica relevante e que merece abordagem, no atual contexto, situa-se na opção da arbitragem como instrumento a ser adotado para a solução dos conflitos coletivos de trabalho se vencidas as outras opções de negociação direta ou com a participação de um terceiro, sem a necessidade de se socorrer do Poder Judiciário. Tratando-se de um meio heterocompositivo, a sua adoção, porém, depende tão somente das partes envolvidas no litígio em aceitá-la, plenamente, como forma de resolver as pendências que envolvem e tornam a relação jurídica conflituosa.

Em relação às questões trabalhistas de caráter coletivo, não apenas a constatação de que os Tribunais Regionais do Trabalho e o Superior Tribunal do Trabalho não conseguem responder adequadamente ao montante de processos que têm para apreciar em situação de competência originária ou em grau de recurso, de maneira célere, eficaz e justa, apesar das alterações legislativas, dos aperfeiçoamentos tecnológicos e da disponibilidade de mais recursos físicos, humanos e financeiros, mas pela clara evidência da necessidade de serem adotados meios alternativos de solução dos conflitos, principalmente da arbitragem.

É inequívoco que tais mudanças devem emanar de uma nova mentalidade das partes envolvidas nas relações litigiosas, capaz de compreender o instituto da

---

(371) Art. 32. É nula a sentença arbitral se:
I — for nulo o compromisso;
II — emanou de quem não podia ser árbitro;
III — não contiver os requisitos do art. 26 desta Lei;
IV — for proferida fora dos limites da convenção de arbitragem;
V — não decidir todo o litígio submetido à arbitragem;
VI — comprovado que foi proferida por prevaricação, concussão ou corrupção passiva;
VII — proferida fora do prazo, respeitado o disposto no art. 12, inciso III, desta Lei; e
VIII — forem desrespeitados os princípios de que trata o art. 21, § 2º, desta Lei.
Art. 33. A parte interessada poderá pleitear ao órgão do Poder Judiciário competente a decretação da nulidade da sentença arbitral, nos casos previstos nesta Lei.
(372) PAMPLONA FILHO, Rodolfo. Atualizando uma visão didática da arbitragem na área trabalhista. *Jus Navigandi*, Teresina. Disponível em: <http://jus2.uol.com.br/doutrina/texto.asp?id=6831> Acesso em: 26.12.2007.

arbitragem como importante instrumento de pacificação. Entretanto, essas modificações dependem do aprimoramento das instituições que podem exercer o ofício do juízo arbitral.

5.7. VANTAGENS E DESVANTAGENS DA ARBITRAGEM

Para melhor compreensão dos enfoques expostos, torna-se necessário discorrer sobre as vantagens e desvantagens do juízo arbitral. Como qualquer instituto jurídico, a sua melhor aceitação ou não está relacionada aos benefícios que pode propiciar para aqueles que dele dependem ou se valem para a defesa de seus interesses.

A doutrina não diverge substancialmente quanto às vantagens e às desvantagens da adoção da arbitragem, demonstrando uniformidade no particular. Em todo caso, é possível citar:

A) CELERIDADE NO PROCESSAMENTO E DELIBERAÇÃO DO JUÍZO ARBITRAL

Uma das principais vantagens da arbitragem é a maior rapidez com que o resultado da deliberação objeto da controvérsia é externado, por dois motivos específicos, mas inter-relacionados: a ausência de formalidades e de impossibilidade de apelo recursal.

As formalidades e os procedimentos geralmente adotados no processo perante o Judiciário não se constituem como regras exigidas para a perfeita validade do ato jurídico, o que não pressupõe que o juízo arbitral possa agir conforme ritos que desrespeitem os princípios basilares que assegurem às partes envolvidas no litígio a oportunidade de explanarem seus argumentos, bem como lhes permitam demonstrar elementos fáticos e/ou documentais que respaldam suas alegações. Ademais, mesmo para o procedimento arbitral as garantias constitucionais esculpidas no inciso LV do art. 5º da Carta Magna[373] devem ser consideradas. Rozane da Rosa Cachapuz sugere que "o árbitro, no procedimento arbitral, para decidir, deve ouvir ambas as partes, ambas as pretensões, bem como dar as mesmas oportunidades de manifestação em relação às provas e documentos apresentados"[374].

Uma outra característica importante que retrata a celeridade da arbitragem se depreende da ausência de recurso questionando a decisão arbitral, embora, como ventila Rodolfo Pamplona Filho, de acordo com a atual Lei de Arbitragem,

---

(373) Art. 5º Todos são iguais perante a lei, sem distinção de qualquer natureza, garantindo-se aos brasileiros e aos estrangeiros residentes no País a inviolabilidade do direito à vida, à liberdade, à igualdade, à segurança e à propriedade, nos termos seguintes:
LV — aos litigantes, em processo judicial ou administrativo, e aos acusados em geral são assegurados o contraditório e ampla defesa, com os meios e recursos a ela inerentes;
(374) CACHAPUZ, Rozane da Rosa. *Arbitragem*. Leme: Editora de Direito, 2000. p. 73.

"são as próprias partes que escolhem o procedimento a ser adotado", o que não exclui a possibilidade de elas pactuarem "algumas espécie de recurso (tão rápido quanto o procedimento inicial) para eventual revisão da decisão"[375].

Isabele Jacob Morgado também assevera que a "desnecessidade de homologação judicial diminuiu demasiadamente o tempo gasto para a solução arbitral"[376].

B) ESPECIALIZAÇÃO TÉCNICO-JURÍDICA DOS ÁRBITROS

A possibilidade de utilização de árbitro ou de um juízo arbitral com conhecimento técnico e/ou especializado em relação aos pontos conflitantes é outro aspecto inequivocadamente vantajoso da arbitragem. José Maria Rossani Garcez pontua que a

> especialização dos árbitros, que se conjuga com a livre escolha dos mesmos pelas partes, sempre foi tema determinante para o interesse das partes na arbitragem, sobretudo nas arbitragens de natureza técnica, em comparação com outros métodos[377].

Na arbitragem, as partes podem escolher, de comum acordo, o árbitro ou a instituição arbitral que se encarregará de resolver a relação litigiosa, situação que pode propiciar maior segurança e confiabilidade, e consequente melhora na aceitação do resultado da decisão proferida.

Neste sentido, ao contrário do que acontece com a atuação do Poder Jurisdicional Estatal, em que o julgador encarregado de apreciar a contenda nem sempre recebe a devida confiança das partes envolvidas no conflito, a opção de escolha, ora em análise, acaba produzindo um efeito benéfico e favorável à adoção do instituto da arbitragem.

Acresça-se que a escolha do árbitro pelas partes serve para refletir um consenso negocial, além de possibilitar a indicação de um terceiro, com conhecimento técnico e jurídico necessário. Na esfera do direito coletivo do trabalho, ao optarem pela solução arbitral, as partes podem se valer de jurista(s) ou operador(es) do direito laboral para exercer(em) a função de árbitro(s), considerando o amplo conhecimento que possuem acerca dos temas controvertidos e que se constituem em objeto do litígio. Ou, também, podem fazer uso da atuação do Ministério Público do Trabalho, como já apontado, na forma do art. 83, inciso XI, da Lei Complementar n. 75/93[378].

---

(375) PAMPLONA FILHO, Rodolfo. Atualizando uma visão didática da arbitragem na área trabalhista. *Jus Navigandi*, Teresina. Disponível em: <http://jus2.uol.com.br/doutrina/texto.asp?id=6831> Acesso em: 26.12.2007.
(376) MORGADO, Isabele Jacob. *A arbitragem nos conflitos de trabalho*. São Paulo: LTr, 1998. p. 40.
(377) GARCEZ, José Maria Rossani. *Negociação*: ADRS: mediação: conciliação e arbitragem. Rio de Janeiro: Lumen Juris, 2004. p. 77.
(378) Art. 83. Compete ao Ministério Público do Trabalho o exercício das seguintes atribuições junto aos órgãos da Justiça do Trabalho:

c) Sigilo na apreciação e deliberação do conflito

Também se apresenta como ponto favorável à utilização da arbitragem o sigilo de seu processamento, restringindo os atos, os procedimentos e a tramitação às partes envolvidas no litígio e ao árbitro encarregado da apreciação e decisão, exceto se os contendores manifestarem a intenção de torná-lo público.

Nesse contexto, ao contrário da regra adotada para processos ajuizados diante do Poder Judiciário, ou seja, da publicidade dos atos procedimentais, salvo quando a defesa da intimidade ou o interesse social assim exigir — *vide* inciso LV, do art. 5º da Constituição Federal[379], na arbitragem prevalece o sigilo de todos os atos e das partes.

No entanto, essa característica tida como vantajosa, segundo Márcio Yoshida,

> pode se tornar um inconveniente, pois impede o acesso das partes a casos semelhantes já arbitrados, impossibilitando o estudo de precedentes e a melhor avaliação das possibilidades jurídicas da demanda pelos próprios litigantes, instrumento dos mais necessários para a deliberação dos caminhos que podem buscar para a solução de suas controvérsias[380].

De fato, a oportunidade para que terceiros, em idênticas condições daqueles envolvidos em um conflito coletivo de trabalho, tenham conhecimento das discussões e deliberações de um processo arbitral, contribuiria para melhorar não apenas o embate ou o maior vigor para que a situação litigiosa se resolvesse de forma mais pacífica, assim como para que as pretensões e contraposições das partes sejam elaboradas de modo razoável.

d) Onerosidade/custos

O custo da arbitragem se revela um dos obstáculos a sua adoção, visto que o encargo das despesas do juízo arbitral abrange não apenas os honorários do árbitro — que pode ser mais de dois, sempre em número ímpar —, mas também manutenção das estruturas física e humana do órgão arbitral, e, eventualmente, custos com peritos e levantamentos técnicos.

XI — atuar como árbitro, se assim for solicitado pelas partes, nos dissídios de competência da Justiça do Trabalho.

(379) Art. 5º Todos são iguais perante a lei, sem distinção de qualquer natureza, garantindo-se aos brasileiros e aos estrangeiros residentes no País a inviolabilidade do direito à vida, à liberdade, à igualdade, à segurança e à propriedade, nos termos seguintes:

LX — a lei só poderá restringir a publicidade dos atos processuais quando a defesa da intimidade ou o interesse social o exigirem.

(380) YOSHIDA, Márcio. *Arbitragem trabalhista*. São Paulo: LTr, 2006. p. 134-135.

Mesmo para as controvérsias coletivas de trabalho, em que geralmente os sindicatos representativos das categorias econômica e profissional configuram-se como partes — ainda que como "meros" representantes dessas classes —, o custo pode ser um empecilho, pois em comparação com a Justiça do Trabalho, como apregoa Isabele Jacob Morgado, "essa desvantagem seria mais evidente, em virtude de o procedimento ser bastante acessível para as partes no que se refere a custas processuais, o que dificultaria a implementação da arbitragem"[381]. De fato, no âmbito do Judiciário Laboral, como alerta Sergio Pinto Martins, as custas "são baixas e pagas ao final", geralmente suportadas pela parte vencida, não sendo necessária à parte demandante "pagá-las quando do ajuizamento da ação"[382].

Sobreleva pontuar, no entanto, que, se a escolha da utilização do juízo arbitral recair sobre algum membro do Ministério Público do Trabalho, na forma estabelecida no art. 83, inciso XI, da Lei Complementar n. 75/93[383], não deve haver cobrança de honorários e despesas, salvo se a questão controvertida exigir a intervenção de peritos ou técnicos para apurações necessárias ao seu deslinde e o *Parquet* não tiver condições de realizá-las. É que as atribuições sob o encargo do Ministério Público do Trabalho — como as previstas legalmente, dentre as quais a arbitragem — são prestadas gratuitamente para toda a coletividade.

É imprescindível ainda saber quem arca com o pagamento das despesas da arbitragem e em que momento este deve ser feito. Aparentemente, a primeira indagação pode ser respondida pelas próprias partes no ajustamento das diretrizes por ocasião da cláusula compromissória ou do compromisso arbitral, fixando as responsabilidades atinentes. A segunda, porém, depende daquele que assumir o encargo de árbitro ou do órgão arbitral responsável, observando-se a condição que estes exigirem e considerando as condições previamente definidas com as partes.

5.8. FORMAS DE SOLUÇÃO ARBITRAL

Análise importante envolve as formas pelas quais a solução arbitral pode ser exteriorizada. O enfoque da abordagem recai sobre dois aspectos, que consideram os delineamentos já traçados, quais sejam: *a)* em relação aos fundamentos da decisão; *b)* no tocante ao critério para a decisão arbitral.

Para melhor compreensão, discorre-se, em separado:

---

(381) MORGADO, Isabele Jacob. *A arbitragem nos conflitos de trabalho*. São Paulo: LTr, 1998. p. 41.
(382) MARTINS, Sergio Pinto. *Direito processual do trabalho*. São Paulo: Atlas, 2002. p. 89.
(383) Art. 83. Compete ao Ministério Público do Trabalho o exercício das seguintes atribuições junto aos órgãos da Justiça do Trabalho:
XI — atuar como árbitro, se assim for solicitado pelas partes, nos dissídios de competência da Justiça do Trabalho.

5.8.1. Em relação aos fundamentos da decisão

Os fundamentos da decisão, como afirma Rodolfo Pamplona Filho, consideram o preceituado no *caput* do art. 2º da Lei n. 9.307/96, o qual estabelece que a decisão do árbitro pode estar embasada tanto em preceitos jurídicos *stricto sensu*, também denominada "arbitragem de direito", quanto em seu livre convencimento do que seja a "justiça no caso concreto, conhecida como arbitragem de equidade"[384].

É imperioso assinalar que o disposto no art. 2º é complementado pelo conteúdo dos §§ 1º e 2º[385], por possibilitar às partes escolherem livremente — e sempre de comum acordo — as regras de direito a serem aplicadas na arbitragem, desde que não violem os bons costumes e a ordem pública — § 1º, e postularem que o julgamento leve em conta os princípios gerais de direito e os usos e costumes — § 2º, observando as particularidades para o direito coletivo do trabalho.

Denota-se, pois, que o árbitro ou o órgão arbitral, encarregado de emitir a decisão solucionando a relação litigiosa, pode se valer, alternativamente, de um dos dois critérios supracitados, conforme combinado entre as partes.

A arbitragem "de direito" impõe que o árbitro verifique e adote as regras jurídicas aplicáveis aos temas pertinentes ao objeto da discussão, fundamentando a decisão nos preceitos legais do ordenamento jurídico. Embora consideradas como terceira opção ou forma de fundamentar a decisão, deve-se compreender que as possibilidades de adoção dos princípios gerais de direito e dos usos e costumes também se enquadram como uma hipótese de arbitragem "de direito".

Os princípios gerais de direito, considerando suas funções informadora e interpretadora, são adotados em situações em que se depara com a incompletude do ordenamento jurídico, notadamente quando inexiste preceito específico para solver determinado litígio. Maria Helena Diniz argumenta que os princípios gerais de direito "são cânones que não foram ditados, explicitamente, pelo elaborador da norma, mas que estão contidos de forma imanente no ordenamento jurídico"[386], possibilitando concluir pela integração daqueles ao ordenamento jurídico.

A exemplo do que ocorre no âmbito da tutela jurisdicional estatal, os usos e costumes, como hipóteses de adoção pelo julgador na falta de disposições legais —

---

(384) PAMPLONA FILHO, Rodolfo. Atualizando uma visão didática da arbitragem na área trabalhista. *Jus Navigandi*, Teresina. Disponível em: <http://jus2.uol.com.br/doutrina/texto.asp?id=6831> Acesso em: 26.12.2007.
(385) Art. 2º A arbitragem poderá ser de direito ou de equidade, a critério das partes.
§ 1º Poderão as partes escolher, livremente, as regras de direito que serão aplicadas na arbitragem, desde que não haja violação aos bons costumes e à ordem pública.
§ 2º Poderão, também, as partes convencionar que a arbitragem se realize com base nos princípios gerais de direito, nos usos e costumes e nas regras internacionais de comércio.
(386) DINIZ, Maria Helena. *Compêndio de introdução à ciência do direito*. São Paulo: Saraiva, 2004. p. 461.

art. 8º da CLT[387], também podem ser utilizados na arbitragem. O costume figura como fonte de direito, possuindo

> em sua estrutura, um elemento substancial — o uso reiterado no tempo — e um elemento relacional — o processo de institucionalização que explica a formação da convicção da obrigatoriedade e que se explica em procedimentos, rituais ou silêncios presumidamente aprovadores[388].

No contexto da abordagem, tem-se que a arbitragem "de direito" abrange a escolha pelas partes das regras de direito que serão aplicadas, bem como a possibilidade de opção conjunta para que, igualmente, os princípios gerais de direito e os usos e costumes sejam levados em conta pelo árbitro ou pelo órgão arbitral na decisão.

A arbitragem "de equidade", por sua vez, ocorre quando as partes litigantes se manifestam — de comum acordo — para que a controvérsia seja resolvida pelo juízo arbitral, outorgando a este a possibilidade de relevar o direito positivado, adotando os parâmetros que julgar mais adequados ao caso em análise. A deliberação arbitral seguindo tal regra permite ao árbitro adaptar e/ou adequar a aplicação da norma jurídica geral e da abstrata às condições do caso concreto, já que equidade é a justiça ao caso particular[389].

Convém destacar que a faculdade conferida às partes envolvidas no conflito pelo ordenamento jurídico, de definirem qual(is) o(s) critério(s) que pode(m) — e/ou deve(m) — ser considerado(s) pelo árbitro ou pelo juízo arbitral como embasamento(s) para a decisão a ser proferida, acaba refletindo em mais uma vantagem na utilização desse meio de solução conflituosa. Neste sentido, além de apontar outras vantagens — já exteriorizadas —, Carlos Alberto Carmona cita a possibilidade de julgar por equidade ou de escolher livremente a lei a ser aplicada como benéfica às partes que adotam a arbitragem[390].

5.8.2. Quanto ao critério para a decisão arbitral

Nesse particular, o enfoque envolve o critério que o árbitro ou órgão instituído para a arbitragem deve considerar para a decisão a ser proferida, ou mais precisamente como a solução pela via arbitral pode ser delineada:

---

(387) Art. 8º As autoridades administrativas e a Justiça do Trabalho, na falta de disposições legais ou contratuais, decidirão, conforme o caso, pela jurisprudência, por analogia, por equidade e outros princípios e normas gerais de direito, principalmente do direito do trabalho, e, ainda, de acordo com os usos e costumes, o direito comparado, mas sempre de maneira que nenhum interesse de classe ou particular prevaleça sobre o interesse público.
Parágrafo único. O direito comum será fonte subsidiária do direito do trabalho, naquilo em que não for incompatível com os princípios fundamentais deste.
(388) FERRAZ JÚNIOR, Tercio Sampaio. *Introdução ao estudo do direito*. São Paulo: Atlas, 2001. p. 238.
(389) NADER, Paulo. *Introdução ao estudo do direito*. Rio de Janeiro: Forense, 1987. p. 137.
(390) CARMONA, Carlos Alberto. *A arbitragem no processo civil brasileiro*. São Paulo: Malheiros, 1993. p. 73.

a) de forma convencional: ocorre quando o árbitro tem ampla liberdade para deliberar e resolver as questões atinentes ao litígio, podendo, inclusive, extrair das propostas apresentadas pelas partes uma nova situação resolutiva do conflito; aqui, o árbitro não fica adstrito a escolher uma das ofertas;

b) por oferta final: nesse caso, o árbitro delibera optando por uma das propostas apresentadas pelas partes, não sendo possível se valer de uma solução intermediária; a atuação do árbitro é restrita e direta;

c) por "pacote": quando o árbitro encarregado de emitir a decisão adota o conjunto total das pretensões deduzidas por uma das partes em detrimento daquelas que compõem as reivindicações da outra. Augusto César Ramos lembra que "nessa modalidade de arbitragem não se permite o debate acerca de uma reivindicação/cláusula isolada, senão de todo o pacote de reivindicações/cláusulas"[391]. Em síntese, a decisão leva em conta o pacote global das deduções de uma das partes, distinguindo-se da modalidade anterior em razão de envolver várias questões controvertidas, enquanto naquela a discussão se restringe a um único tema;

d) "medianeira": arbitragem desenvolvida com a atuação mediadora do árbitro, passando a exercer o juízo arbitral propriamente dito apenas se superada a tentativa negocial entre as partes com a participação do árbitro.

A Lei de Arbitragem — Lei n. 9.307/96 — não estabelece um critério específico, embora outras Normas Legais prescrevam a arbitragem como um dos meios para a solução do conflito — quais sejam, as Leis ns. 8.630/93 e 10.101/00, que tratam, respectivamente, do trabalho portuário e da participação nos lucros e resultados, referindo-se expressamente ao critério de "ofertas finais" apresentado pelas partes.

Nesse prisma, doutrinariamente, tem-se entendido que a arbitragem no Brasil deve observar o critério de "ofertas finais" das partes, por se tratar de uma modalidade já incorporada em nosso direito positivo[392]. Não obstante os importantes precedentes legais, deve-se considerar a válida, legal e salutar possibilidade de o critério na deliberação decisória ser definido de comum acordo pelas partes quando da lavratura do compromisso arbitral.

---

(391) RAMOS, Augusto César. Mediação e arbitragem na justiça do trabalho. *Jus Navigandi*, Teresina, ano 6, n. 54, fev. 2002. Disponível em: <http://jus2.uol.com.br/doutrina/texto.asp?id=2620> Acesso em: 26.12.2007.

(392) Nesse sentido: Cf. PAMPLONA FILHO, Rodolfo. Atualizando uma visão didática da arbitragem na área trabalhista. *Jus Navigandi*, Teresina. Disponível em: <http://jus2.uol.com.br/doutrina/texto.asp?id=6831> Acesso em: 26.12.2007; TEIXEIRA FILHO, João de Lima. A arbitragem e a solução dos conflitos coletivos de trabalho. In: TEIXEIRA FILHO, João de Lima. *Curso de direito coletivo do trabalho:* estudos em homenagem ao ministro Orlando Teixeira da Costa. São Paulo: LTr, 1998. p. 346.

Embora os preceitos dos arts. 10 e 11 da Lei n. 9.307/96[393] não abranjam tal situação como requisito para a regular viabilidade de processamento da arbitragem, é inequívoca tal possibilidade. Por outro lado, se esses dispositivos são omissos no que tange ao tema em análise, constata-se que não há qualquer vedação para que o critério a ser adotado na decisão pelo árbitro ou órgão arbitral seja previamente definido, a exemplo de outros quesitos procedimentais. Aliás, se as partes podem definir o fundamento da arbitragem — *vide* art. 2º[394] — logicamente também estão autorizadas a estabelecerem, de comum acordo, o critério decisório.

A estipulação prévia do critério que o árbitro deve adotar auxilia as partes a externarem suas propostas ou ofertas reivindicatórias com cautela, equilíbrio e ponderação. Ora, qualquer dedução pretensiosa sem o devido respaldo fático-legal e sem razoável justificativa e embasamento estará fadada ao insucesso e à rejeição, particularmente se o critério for "por oferta final" ou "por pacote".

Em síntese, isso acaba fazendo com que as partes exponham seus argumentos e façam as suas reivindicações ou contrapropostas seguindo um critério — ainda que subjetivo — de razoabilidade, antevendo a viabilidade de acolhimento de sua(s) reivindicação(ões) e de rejeição daquelas apresentadas pelo oponentes.

5.9. Limites da deliberação arbitral

Questão relevante no que se refere à arbitragem no âmbito do direito coletivo de trabalho é relativa aos limites da deliberação arbitral ante as limitações e as

---

(393) Art. 10. Constará, obrigatoriamente, do compromisso arbitral:
I — o nome, profissão, estado civil e domicílio das partes;
II — o nome, profissão e domicílio do árbitro, ou dos árbitros, ou, se for o caso, a identificação da entidade à qual as partes delegaram a indicação de árbitros;
III — a matéria que será objeto da arbitragem; e
IV — o lugar em que será proferida a sentença arbitral.
Art. 11. Poderá, ainda, o compromisso arbitral conter:
I — local, ou locais, onde se desenvolverá a arbitragem;
II — a autorização para que o árbitro ou os árbitros julguem por equidade, se assim for convencionado pelas partes;
III — o prazo para apresentação da sentença arbitral;
IV — a indicação da lei nacional ou das regras corporativas aplicáveis à arbitragem, quando assim convencionarem as partes;
V — a declaração da responsabilidade pelo pagamento dos honorários e das despesas com a arbitragem; e
VI — a fixação dos honorários do árbitro, ou dos árbitros.
Parágrafo único. Fixando as partes os honorários do árbitro, ou dos árbitros, no compromisso arbitral, este constituirá título executivo extrajudicial; não havendo tal estipulação, o árbitro requererá ao órgão do Poder Judiciário que seria competente para julgar, originariamente, a causa que os fixe por sentença.
(394) Art. 2º A arbitragem poderá ser de direito ou de equidade, a critério das partes.
§ 1º Poderão as partes escolher, livremente, as regras de direito que serão aplicadas na arbitragem, desde que não haja violação aos bons costumes e à ordem pública.
§ 2º Poderão, também, as partes convencionar que a arbitragem se realize com base nos princípios gerais de direito, nos usos e costumes e nas regras internacionais de comércio.

restrições advindas de disposições legais que tornam determinadas condições indisponíveis, e também em razão dos princípios legais informadores do direito do trabalho, incluindo a discutida (im)possibilidade de estipulação coletiva *in pejus*.

Seguindo o que já se expôs na abordagem acerca dos "limites da negociação coletiva", convém reiterar que o ordenamento jurídico trabalhista é caracterizado por conter preceitos de ordem pública (ou normas cogentes), de conteúdo indisponível e regras dispositivas, ou seja, há restrições jurídico-legais que impedem o livre ajuste pelas partes negociantes sobre determinadas questões envolvendo a relação contratual de trabalho.

Não se pode perder de vista que a atuação arbitral na esfera coletiva trabalhista decorre, primeiramente, do exercício da autonomia privada coletiva dos sindicatos conflitantes, porquanto são estes que "nomeiam" o árbitro, "delegando" os mesmos poderes de disposição que originariamente cada qual detém. No âmbito da negociação coletiva direta entre as partes, o campo de discussão sobre os parâmetros ou a amplitude da limitação é mais abrangente; sem contrariar as condições mínimas de proteção ao trabalho os precedentes judiciais direcionam a possibilidade de transação negocial que pode resultar na pactuação de uma cláusula específica menos vantajosa para uma das categorias envolvidas no processo em contrapartida à obtenção de situação ou condição mais benéfica, em outra.

João de Lima Teixeira Filho entende que os poderes dos atores sociais exercidos por meio da autonomia privada coletiva também devem ser extensivos à solução arbitral, ressaltando que

> não teria substância jurídica a Constituição validar a arbitragem como mecanismo auxiliar apto a solucionar o conflito coletivo de trabalho, de um lado, e, de outro, despojá-la da carga decisória necessária à consecução do fim que a justifica, apequenando materialmente seu raio de atuação, [e] o que as partes não lograram diretamente, podem indiretamente alcançar[395].

No entanto, deve-se considerar que o próprio texto legal que disciplina a arbitragem restringe a adoção do instituto a questões que envolvem direitos patrimoniais disponíveis — art. 1º — limitando seu raio de atuação comparativamente ao processo de negociação direta entre as partes.

É bem verdade que cabe às partes definir, previamente, o critério ou a regra de direito a ser adotada pelo juízo arbitral, situação que, em certa medida, delimita o âmbito da decisão ou, como destaca José Carlos Arouca, "sendo um conflito de

---

(395) TEIXEIRA FILHO, João de Lima. A arbitragem e a solução dos conflitos coletivos de trabalho. In: TEIXEIRA FILHO, João de Lima. *Curso de direito coletivo do trabalho*: estudos em homenagem ao ministro Orlando Teixeira da Costa. São Paulo: LTr, 1998. p. 336-337.

natureza econômica ou social, os árbitros deverão seguir rigorosamente os parâmetros que forem traçados pelas partes, inclusive quanto a tomada de decisão por equidade"[396].

Esclareça-se que isso não pode significar extrapolamento dos limites mínimos legais estabelecidos pelo ordenamento jurídico no tocante às normas de proteção ao trabalhador dado o caráter indisponível relativo a alguns temas, como já apontado. Assim, embora o árbitro esteja legitimado a reordenar direitos disponíveis coletivamente, não é possível, por meio da arbitragem, atingir os direitos indisponíveis ou de ordem pública, sob pena de nulidade da decisão arbitral no ponto em que infringir tal parâmetro.

5.10. Efeitos e consequências

A opção exteriorizada pelas partes na adoção do juízo arbitral para solucionar o conflito coletivo resulta, ao final, na deliberação decisória acerca do objeto da controvérsia.

O referido objeto pode envolver um conjunto de reivindicações de uma das partes envolvidas no litígio — em geral, da categoria profissional —, com a devida contraposição da parte oponente, ou ainda ser constituído por uma única questão de caráter coletivo, abrangendo os segmentos econômico e obreiro. O conflito ocorre porque as partes não conseguem resolver a contenda, conferindo tal encargo ao(s) árbitro(s) escolhido(s), seguindo as diretrizes já explanadas.

O aspecto de relevo, *in casu*, é relativo justamente aos efeitos da atuação do árbitro e de sua decisão, sendo possível apontar dois: o primeiro, em que o conflito coletivo de caráter categorial é solvido, e o segundo, por decorrência, no qual a deliberação acerca de cada uma das reivindicações apresentadas — ou da única postulação — acolhendo-as de forma integral ou parcial ou rejeitando-as, seguindo os critérios para a decisão em geral fixadas pelas partes e de acordo com o seu convencimento.

Pois bem, a sentença arbitral emitida pelo(s) árbitro(s), como resultado de sua análise dos dados constantes nos autos do processo, "dá origem a regras jurídicas, isto é, dispositivos gerais, abstratos, impessoais e obrigatórios no âmbito das respectivas bases coletivas representadas"[397].

O resultado da decisão do juízo arbitral, portanto, cria normas jurídicas aplicáveis a todos os integrantes das categorias econômica e profissional, observando-se o âmbito da representação dos sindicatos envolvidos no conflito solucionado. Essas normas têm o mesmo efeito *erga omnes* das cláusulas ou condições estabelecidas pela via negocial direta entre as partes.

---

(396) AROUCA, José Carlos. *O sindicato em um mundo globalizado*. São Paulo: LTr, 2003. p. 842.
(397) DELGADO, Mauricio Godinho. *Direito coletivo do trabalho*. São Paulo: LTr, 2001. p. 191.

Capítulo 6

Meio de Solução Judicial: Dissídio Coletivo

6.1. Considerações iniciais

Apesar do prestígio conferido à negociação coletiva para a solução dos conflitos trabalhistas entre as categorias econômica e profissional, quer estabelecida diretamente entre as partes envolvidas no litígio, quer com a adoção da conciliação ou da mediação, as tentativas neste sentido podem malograr. As partes podem, igualmente, face ao caráter facultativo, descartarem a arbitragem como via (mais) adequada para a resolução de suas contendas de caráter coletivo.

Com isso, não apenas o conflito coletivo não se soluciona, como também não se viabiliza a celebração de um instrumento coletivo de trabalho — Convenção ou Acordo Coletivo de Trabalho, prevendo condições de trabalho aplicáveis aos atores da relação de emprego, nos termos do art. 611 *caput*, § 1º, da CLT[398].

Nesse caso, esgotadas as conversações negociais e restando a impossibilidade de solução consensual ou pela via arbitral, a legislação pátria prevê a hipótese de resolução judicial, ou seja, a interposição de uma medida judicial, impropriamente denominada "dissídio coletivo", a ser objeto de apreciação pela Justiça do Trabalho. Neste sentido, é o que estabelecem os dispostos na parte final do § 2º do art. 616 da CLT[399], e § 2º do art. 114 da Constituição Federal[400].

---

(398) Art. 611. Convenção Coletiva de Trabalho é o acordo de caráter normativo, pelo qual dois ou mais Sindicatos representativos de categorias econômicas e profissionais estipulam condições de trabalho aplicáveis, no âmbito das respectivas representações, às relações individuais de trabalho.
§ 1º É facultado aos Sindicatos representativos de categorias profissionais celebrar Acordos Coletivos com uma ou mais empresas da correspondente categoria econômica, que estipulem condições de trabalho, aplicáveis no âmbito da empresa ou das acordantes respectivas relações de trabalho.
(399) Art. 616. Os Sindicatos representativos de categorias econômicas ou profissionais e as empresas, inclusive as que não tenham representação sindical, quando provocados, não podem recusar-se à negociação coletiva.
§ 2º No caso de persistir a recusa à negociação coletiva, pelo desatendimento às convocações feitas pelo Departamento Nacional do Trabalho ou órgãos regionais do Ministério de Trabalho e Previdência Social, ou se malograr a negociação entabulada, é facultada aos Sindicatos ou empresas interessadas a instauração de dissídio coletivo.
(400) Art. 114. ...

Afirma-se que há impropriedade nessa denominação, considerando, como expõe Manoel Antonio Teixeira Filho, que o dissídio se trata do próprio conflito, cuja correção seria adotar a nomenclatura de ação coletiva, mormente ninguém ajuizar dissídio coletivo, mas sim ação coletiva, considerando que o dissídio, a rigor, antecede à ação[401].

No presente livro e a par do nosso ordenamento jurídico, que "tornou dissídio e ação sinônimos imperfeitos para o uso de sua lei"[402], a denominação "dissídio" tem correlação processual, isto é, a possibilidade do exercício de uma ação compondo a lide, *in casu*, de natureza coletiva, aduzindo pretensões de um grupo ou de uma categoria profissional e/ou econômica genericamente, sem distinguir os membros que os compõem. Aliás, até mesmo os dicionários definem "dissídio" na acepção jurídica como "denominação comum às controvérsias individuais ou coletivas submetidas à Justiça do Trabalho"[403].

Em síntese, conforme os delineamentos ora esposados, o dissídio coletivo se trata apenas de uma das formas de solução de conflito coletivo prevista em nossa legislação, e que ora merece destaque com a análise de todas as particularidades inerentes ao tema, em especial a partir da inovação advinda da edição da EC n. 45/04 que alterou substancialmente o instituto.

6.2. Conceituação

O dissídio coletivo abarca os conflitos inerentes a grupos ou a categorias com interesses abstratos, mas díspares no objetivo ou no propósito. O ordenamento jurídico não conceitua "dissídio coletivo", embora, além de prever a sua adoção como processo judicial e com os objetivos já elencados, também estabeleça os procedimentos e as formalidades a serem respeitados para sua utilização — *vide* arts. 856 a 875 da CLT, e Lei n. 4.725, de 13 de julho de 1965. Cabe então à doutrina a análise conceitual do instituto.

Wilson de Souza Campos Batalha e Sílvia Marina Labate Batalha concebem dissídio coletivo como

> o procedimento através do qual se procura: (a) obter pronunciamento genérico a respeito de normas envolvendo interesses de categorias

---

§ 2º Recusando-se qualquer das partes à negociação coletiva ou à arbitragem, é facultado às mesmas, de comum acordo, ajuizar dissídio coletivo de natureza econômica, podendo a Justiça do Trabalho decidir o conflito, respeitadas as disposições mínimas legais de proteção ao trabalho, bem como as convencionadas anteriormente.

(401) TEIXEIRA FILHO, Manoel Antonio. *Dissídio coletivo:* curso de processo do trabalho. São Paulo: LTr, 1998. v. 24, p. 6-7.
(402) PINTO, José Augusto Rodrigues. *Direito sindical e coletivo do trabalho.* São Paulo: LTr, 1998. p. 357.
(403) FERREIRA, Aurélio Buarque de Holanda. *Novo dicionário da língua portuguesa.* 3. ed. 1. imp. Curitiba: Positivo, 2004. p. 690.

profissionais ou econômicas (dissídios declaratórios, interpretativos, ou estritamente jurídicos); ou (b) obter normas e condições coletivas de trabalho, ante o fracasso da negociação coletiva (dissídios constitutivos, cláusulas econômicas ou sociais, cláusulas institucionais), ou, ainda; (c) obter a declaração da conotação jurídico-política da greve (greve legal, ilegal, abusiva, como fato criador de consequências jurídicas)[404].

Ives Gandra da Silva Martins Filho assevera que o dissídio coletivo

> constitui uma ação trabalhista da categoria (em geral profissional contra a econômica), visando o estabelecimento de novas e mais benéficas condições de trabalho, como meio de se resolver o conflito coletivo entre o capital e o trabalho, através do exercício do poder normativo da Justiça do Trabalho[405].

Em uma conceituação mais abrangente, Raimundo Simão de Melo define dissídio coletivo como o

> processo através do qual se discutem interesses abstratos e gerais, de pessoas indeterminadas (categorias profissional e econômica), com o fim de se criar ou modificar condições gerais de trabalho, de acordo com o princípio da discricionariedade, atendendo-se aos ditames da conve-niência e da oportunidade e respeitando-se os limites mínimo e máximo previstos em lei (Constituição Federal, art. 114, § 2º e CLT, art. 766)[406].

José Carlos Arouca, por sua vez, referindo-se ao sistema brasileiro, conceitua dissídio como sendo "mais que a arbitragem compulsória do conflito de interesses que não foi resolvido pelas partes", acrescentando tratar-se de "sua hetero-composição, através da atuação jurisdicional", cujo processo, "bem ou mal" se constitui na "denominação tradicional que tem a ação coletiva de interesses"[407].

Com uma visão mais focada na solução do conflito como objetivo primordial do dissídio, João Carlos de Araújo pondera que "pode-se definir a ação coletiva como o direito de requerer ao Estado a prestação de sua atividade jurisdicional em determinado conflito coletivo de trabalho", cuidando-se "da aplicação do direito de petição, assegurado na alínea *a*, inciso XXXIV, art. 5º da Carta Magna"[408].

Em suma, trata-se de uma forma de solução do conflito coletivo de trabalho, na qual, quando devidamente provocado — ou melhor, acionado —, o Tribunal do

---

(404) BATALHA, Wilson de Souza Campos; BATALHA, Sílvia Marina Labate. *Sindicato sindicalismo*. São Paulo: LTr, 1994. p. 177.
(405) MARTINS FILHO, Ives Gandra da Silva. *Processo coletivo do trabalho*. São Paulo: LTr, 1994. p. 51.
(406) MELO, Raimundo Simão de. *Dissídio coletivo de trabalho*. São Paulo: LTr, 2002. p. 56.
(407) AROUCA, José Carlos. *Repensando o sindicato*. São Paulo: LTr, 1998. p. 182.
(408) ARAÚJO, João Carlos de. *Ação coletiva do trabalho*. São Paulo: LTr, 1993. p. 7.

Trabalho profere uma decisão, denominada sentença normativa, estabelecendo normas e condições de trabalho aplicáveis nas relações individuais das partes envolvidas-abrangidas, respeitadas as disposições legais mínimas de proteção ao trabalho e aquelas ajustadas convencionalmente em momento anterior.

O dissídio possui correlação com o exercício do poder normativo pela Justiça Laboral, consistente na prerrogativa dos Tribunais de Trabalho — que detém tal competência — para criar normas e condições de trabalho, como será objeto de abordagem adiante.

6.3. Espécies de dissídio coletivo

As espécies de dissídio coletivo são tratadas pela doutrina e pelo ordenamento jurídico. No plano legal, quem melhor as define é o Regimento Interno do C. Tribunal Superior do Trabalho[409] ao prever no art. 220 que os dissídios coletivos podem ser:

- "de natureza econômica", cujo objetivo é a instituição de normas e condições de trabalho — inciso I;

- "de natureza jurídica", visando à interpretação de cláusulas insertas em Instrumentos Coletivos de Trabalho (ou seja, as sentenças normativas, as convenções e acordos coletivos de trabalho), bem como as disposições legais particulares de categoria profissional ou econômica e de atos normativos — inciso II;

- "originário", assim compreendido quando inexistentes ou em vigor normas e condições especiais de trabalho estabelecidas em sentença normativa — inciso III;

- "de revisão", quando se objetiva a reavaliação de normas e condições coletivas de trabalho preexistentes que tenham se tornado injustas ou ineficazes pela modificação das circunstâncias que as definiram — inciso IV; e

- "de declaração", versando sobre a paralisação do trabalho decorrente de greve dos trabalhadores — inciso V.

Conquanto a regra do Regimento Interno do C. TST preveja cinco espécies ou hipóteses em que a ação coletiva pode ser proposta, variando de acordo com o objeto (ou a pretensão) motivador de sua interposição, as situações mais comuns se referem ao dissídio coletivo "de natureza econômica", também conhecido como "de interesse", e "de natureza jurídica", nominado pela doutrina como "de interpretação" e dissídio "de greve".

---

(409) Aprovado pela Resolução Administrativa n. 1.295/08, publicado no DJU 9.5.2008. p. 20-30.

Isso em parte se justifica pelo fato de as outras espécies de dissídio coletivo (quais sejam: "originário" e "de revisão") se inserirem dentro do dissídio "de natureza econômica", segundo classificação de Raimundo Simão de Melo ao explanar como aquele "destinado à criação, manutenção, modificação ou extinção de normas e condições de trabalho"[410].

De qualquer modo, a ação coletiva "de interesse" ou "econômico" ocorre quando se busca paralelamente junto ao Judiciário Trabalhista a intervenção desse órgão para solucionar o conflito entre as categorias econômica e profissional e a deliberação por meio de sentença "normativa", com a fixação de cláusulas normativas e de condições de trabalho. José Carlos Arouca assinala que há impropriedade na denominação "dissídio coletivo econômico", complementando que esse nome "pegou" a ponto de ser adotado

> como regra em função da data-base, ainda que se não se restrinja a condições meramente econômicas, mas, também, outras voltadas para a complementação dos contratos individuais de trabalho, dispondo sobre benefícios sociais, matéria de saúde, higiene e segurança do trabalho, condições de natureza sindical[411].

No que tange ao dissídio coletivo de "natureza jurídica" ou "de interpretação", a questão motivadora se consubstancia na divergência entre as partes envolvidas no que se refere à aplicação e/ou à interpretação de norma preexistente. Aqui a pretensão visa à deliberação sentencial com a interpretação mais adequada da disposição legal em que as partes divergem, ou sobre a sua aplicação.

Apesar da diferenciação quanto ao objetivo almejado pelos dissídios coletivos "de natureza econômica" (ou "de interesse") e "de natureza jurídica" (ou "de interpretação"), para Mozart Victor Russomano, "os conflitos jurídicos são conflitos de interesses, no sentido de que resultam do choque entre interesses juridicamente protegidos", e

> os conflitos econômicos (ou de interesses), embora criem normas e condições de trabalho, nem por isso deixam de ser jurídicos, porque as normas resultantes da sentença são normas jurídicas e porque as condições modificadas ou criadas são cláusulas de ato jurídico, ou seja, do contrato individual de trabalho[412].

Todavia, apesar de os dissídios coletivos "de natureza econômica" e "de natureza jurídica" poderem se mesclar para classificar qualquer dissídio coletivo[413],

---

(410) MELO, Raimundo Simão de. *Dissídio coletivo de trabalho*. São Paulo: LTr, 2002. p. 57-58.
(411) AROUCA, José Carlos. *Repensando o sindicato*. São Paulo: LTr, 1998. p. 183.
(412) RUSSOMANO, Mozart Victor. *Princípios gerais de direito sindical*. Rio de Janeiro: Forense, 2002. p. 231.
(413) PINTO, José Augusto Rodrigues. *Direito sindical e coletivo do trabalho*. São Paulo: LTr, 1998. p. 356.

é pertinente observar que o propósito e/ou a pretensão principal do ajuizamento da ação coletiva é que justificam o seu enquadramento no âmbito legal, não obstante, reitere-se, a possibilidade de uma duplicidade de espécies, dependendo da causa motivadora e do objeto.

Abordando outra espécie, Indalécio Gomes Neto enfatiza a possibilidade de o dissídio coletivo vir a ter "natureza jurídica mista", ou seja, de caráter econômico e jurídico, citando como exemplo quando o Judiciário trabalhista é instado a se pronunciar sobre a legalidade ou ilegalidade de uma greve, e, além desse assunto, postula a definição de normas e condições de trabalho[414]. Esclareça-se, porém, que no "dissídio de greve" o propósito dessa medida judicial é solucionar o conflito coletivo instalado a partir da paralisação laboral dos trabalhadores nos termos da Lei n. 7.783/89, e de fato geralmente enseja a análise jurídica da legalidade ou não da greve e concomitantemente nas reivindicações de tal movimento paredista. Fica evidenciado, portanto, o caráter "econômico" ou "de interesse" do dissídio coletivo.

Relativamente ao dissídio coletivo "originário", tal ocorre na hipótese de inexistir norma coletiva anterior, tratando-se da primeira deliberação jurisdicional fixando normas e condições de trabalho e solucionando o conflito entre as categorias econômica e profissional que jamais firmaram instrumento coletivo de trabalho. Por esse prisma, como já aludido, é possível ser enquadrado na espécie de dissídio coletivo "de natureza econômica", apesar da classificação legal diversa.

Por fim, em relação ao dissídio coletivo "de revisão", verifica-se a sua adoção quando se almeja o reexame das normas e condições de trabalho, cujas circunstâncias que motivaram a sua pactuação ou definição em sentença normativa se alteraram de modo a tornar inviável o seu cumprimento. A CLT trata do tema nos arts. 873 a 875[415], porém condiciona que a medida revisional seja proposta após um ano da vigência do Instrumento Coletivo que se pretende submeter à revisão.

---

(414) GOMES NETO, Indalécio. *Pequeno curso de direito coletivo do trabalho*. Curitiba: JM, 2000. p. 80. O mesmo autor ainda argumenta tratar-se de equívoco em alguns julgados, a apreciação da greve como matéria preliminar, mormente ter pertinência ao "mérito do dissídio coletivo de natureza jurídica". Descreve também constituir, em outro equívoco, o entendimento que "se a greve é reputada como abusiva, não pode o tribunal deferir cláusulas de natureza econômica, pois, se o dissídio é de natureza mista, o pronunciamento sobre a conformidade da greve com a lei não prejudica o exame das cláusulas que buscam o estabelecimento de normas e condições de trabalho".

(415) Art. 873. Decorrido mais de 1 (um) ano de sua vigência, caberá revisão das decisões que fixarem condições de trabalho, quando se tiverem modificado as circunstâncias que as ditaram, de modo que tais condições se hajam tornado injustas ou inaplicáveis.
Art. 874. A revisão poderá ser promovida por iniciativa do Tribunal prolator, da Procuradoria da Justiça do Trabalho, das associações sindicais ou de empregador ou empregadores interessados no cumprimento da decisão.
Parágrafo único. Quando a revisão for promovida por iniciativa do Tribunal prolator ou da Procuradoria, as associações sindicais e o empregador ou empregadores interessados serão ouvidos no prazo de 30 (trinta) dias. Quando promovida por uma das partes interessadas, serão as outras ouvidas também por igual prazo.
Art. 875. A revisão será julgada pelo Tribunal que tiver proferido a decisão, depois de ouvida a Procuradoria da Justiça do Trabalho.

Assinalam-se dois aspectos pela sua relevância: o primeiro por sua importância, visto que é a partir da espécie de dissídio coletivo que se apura qual a natureza jurídica da ação proposta, até porque, reitere-se, esta tem correlação com a tutela jurisdicional pretendida. O segundo, que independentemente das espécies de dissídio coletivo, além do objetivo específico, a intervenção do Judiciário Trabalhista que decorre do poder normativo também tem o fito de solucionar o conflito entre as categorias econômica e profissional.

6.4. Natureza jurídica da ação coletiva

Prosseguindo na análise, convém abordar a natureza jurídica do dissídio coletivo, a qual, como já observado superficialmente, deve levar em conta o objetivo ou a pretensão almejada pela ação coletiva respectiva. É certo que, a rigor, objetiva-se a resolução da contenda, uma vez vencida a possibilidade de negociação coletiva direta entre as partes em conflito. No entanto, a causa motivadora e o provimento jurisdicional pretendido são os quesitos definidores da natureza jurídica da ação de dissídio coletivo.

Nesse contexto, o dissídio coletivo "de natureza jurídica", cujo principal propósito é obter do Judiciário Trabalhista a exata interpretação ou a aplicação de determinada cláusula ou norma coletiva, resulta em decisão judicial de natureza declaratória e com efeito normativo. O mesmo se pode afirmar no que se refere ao dissídio coletivo "de greve", uma vez que nesse caso se busca a declaração da legalidade, ilegalidade ou abusividade da paralisação dos trabalhadores, embora em caráter excepcional também possa ensejar na condenação da declaração emitida, como relativamente aos dias de paralisação e das eventuais multas pelo descumprimento da decisão[416].

No que concerne ao dissídio coletivo "de natureza econômica" (ou "de interesse"), o processo se sobressai por almejar uma sentença normativa que estipule normas específicas e condições de trabalho de abrangência aos integrantes das categorias profissional e econômica, aplicáveis a todas as relações de emprego, finalizando o conflito de interesses. Nessa situação também se incluem os dissídios coletivos "originários" e os "de revisão", haja vista que respeitadas as respectivas motivações o propósito de ambos também envolve a fixação de normas e condições de trabalho, ainda que em sede originária ou revisional.

Por conta disso, como adverte Ives Gandra da Silva Martins Filho, seguindo a teoria clássica, a ação coletiva "de natureza econômica" ou "de interesse" seria de caráter constitutivo, porém "a ação coletiva não cria relação jurídica; ela cria normas que modificam a relação jurídica existente entre a categoria profissional e a econômica de um determinado setor produtivo". O autor complementa a abordagem

---

(416) MELO, Raimundo Simão de. *Dissídio coletivo de trabalho*. São Paulo: LTr, 2002. p. 58.

explanando que, além da natureza constitutiva, a mesma espécie de dissídio coletivo em desate também tem natureza dispositiva, "porque dispõe sobre uma determinada relação jurídica (de emprego), estabelecendo novas obrigações e direitos", "para solucionar um determinado conflito de interesse trabalhista"[417].

Nessa mesma linha de pensamento, Raimundo Simão de Melo entende que a ação coletiva tem especial natureza dúplice: constitutiva e dispositiva, porquanto "a sentença correspondente é constitutiva e dispositiva ao mesmo tempo"[418].

Assevere-se, por fim, como bem focalizado por José Augusto Rodrigues Pinto, que está excluída qualquer possibilidade de existência de natureza condenatória nessa mesma espécie de ação de "dissídio coletivo", mormente a pretensão de criar ou modificar norma abstrata e genérica tornar incompatível "com a ideia de imposição obrigacional"[419], o que de fato procede, visto que o objetivo condenatório somente será possível por meio da medida cabível, quer pela ação individual, inclusive pelo sindicato profissional, quer por meio da ação de cumprimento — art. 872 e parágrafo único da CLT[420].

6.5. Disciplinamento legal: da instituição do dissídio coletivo à Emenda Constitucional n. 45/04

A instituição do dissídio coletivo como instrumento de solução dos conflitos coletivos é precedida pela tentativa implementada pelo Decreto n. 21.396, de 12 de maio de 1932, que criou as Comissões Mistas de Conciliação e cuja incumbência era de dirimir os dissídios de natureza coletiva, primeiramente pela conciliação, e, na sequência, em caráter facultativo, pela via arbitral. Como essas Comissões eram praticamente inoperantes, tal situação "gerou movimentos no sentido de se atribuir a solução destes conflitos à jurisdição Estatal"[421].

Registra-se que posteriormente surgiram as Juntas de Conciliação e Julgamento do Trabalho, então instituídas pelo Decreto n. 22.132, de 25 de novembro de 1933, as quais eram vinculadas inicialmente ao Ministério do Trabalho, possuindo, assim,

---

(417) MARTINS FILHO, Ives Gandra da Silva. *Processo coletivo do trabalho*. São Paulo: LTr, 1994. p. 53-54.
(418) MELO, Raimundo Simão de. *Dissídio coletivo de trabalho*. São Paulo: LTr, 2002. p. 58-59.
(419) PINTO, José Augusto Rodrigues. *Direito sindical e coletivo do trabalho*. São Paulo: LTr, 1998. p. 358.
(420) Art. 872. Celebrado o acordo, ou transitada em julgado a decisão, seguir-se-á o seu cumprimento, sob as penas estabelecidas neste Título.
Parágrafo único. Quando os empregadores deixarem de satisfazer o pagamento de salários, na conformidade da decisão proferida, poderão os empregados ou seus sindicatos, independentes de outorga de poderes de seus associados, juntando certidão de tal decisão, apresentar reclamação à Junta ou Juízo competente, observado o processo previsto no Capítulo II deste Título, sendo vedado, porém, questionar sobre a matéria de fato e de direito já apreciada na decisão.
(421) HINZ, Henrique Macedo. *O poder normativo da justiça do trabalho*. São Paulo: LTr, 2000. p. 51.

caráter meramente administrativo. A Constituição de 1934 previu no art. 122 a criação da "Justiça do Trabalho", de caráter administrativo e vinculada ao Poder Executivo. A Constituição de 1937, em seu art. 139, manteve idêntica disposição na Carta de 1934 no tocante à Justiça do Trabalho como órgão não judicial.

Acerca do dissídio coletivo, a Constituição de 1934 não disciplinou expressamente tal questão, porém, no decorrer de sua vigência, "o anteprojeto de organização da Justiça do Trabalho, encaminhado pelo Executivo, conferia-lhe competência normativa"[422]. A discussão em torno da competência normativa da Justiça do Trabalho é tida pela doutrina como um dos motivos que levaram Getúlio Vargas a promover o golpe que implantou o "Estado Novo", em 1937[423].

Sob essa égide, em 1939, foram criados por meio do Decreto-lei n. 1.237, de 2 de maio de 1939, os Conselhos Regionais do Trabalho e o Conselho Nacional do Trabalho, que já existiam em 1923, mas com menores atribuições, sendo então dotados de força normativa e extensiva em suas decisões para abranger toda a categoria profissional[424]. Após fazer referências ao "Estado Novo" e à Carta de 1937 quanto à efetiva criação da Justiça do Trabalho por meio do referido Decreto-lei, José Martins Catharino enfatiza a pertinência dos preceitos legais, "pois, então, conferiu-se aos sindicatos, embora sem exclusividade, a possibilidade de instaurar dissídios coletivos perante os Conselhos Regionais do Trabalho"[425]. Em arremate, José Augusto Rodrigues Pinto relata que, com "a franquia da Lei Maior, o poder normativo incorporou-se aos órgãos da Justiça do Trabalho pela via legal ordinária e em conformidade com a inteligência dominante no terreno doutrinário"[426].

---

(422) AROUCA, José Carlos. *Repensando o sindicato*. São Paulo: LTr, 1998. p. 179. Registre-se ainda, segundo o autor, que o então Ministro do Trabalho, Agamenon Magalhães, defendeu o anteprojeto, justificando na Exposição de Motivos a "indispensabilidade da arbitragem obrigatória como meio eficaz para impedir greves e *lockout*".
(423) MARTINS FILHO, Ives Gandra da Silva. Breve história da Justiça do Trabalho. In: MARTINS FILHO, Ives Gandra da Silva. *História do trabalho, do direito do trabalho e da justiça do trabalho*. São Paulo: LTr, 1998. p. 184-187. Discorre, citando Arnaldo Süssekind e Luiz Roberto de Rezende Puech, que, em razão da necessidade de previsão na legislação infraconstitucional tratando da estrutura da Justiça do Trabalho, o Presidente Getúlio Vargas encaminhou anteprojeto de lei a respeito, em dezembro de 1935. As discussões divergentes entre o relator da Comissão de Constituição e Justiça, deputado Waldemar Ferreira, e Oliveira Viana, então assessor do Ministério do Trabalho, a época, ocorreram em relação à instituição do poder normativo da Justiça do Trabalho, o que permitiria a solução dos conflitos coletivos pela via judicial. Tal situação causou o retardamento na tramitação do projeto do Executivo, já que somente em 8 de junho de 1937 tal foi aprovado pela Comissão de Constituição de Justiça com várias emendas que tornavam inviável o modelo pretendido pelo Governo, mas, ainda assim, foi encaminhado à Comissão de Legislação Social. Em 10 de novembro de 1937, num golpe, Getúlio Vargas implantou o "Estado Novo", com uma nova Constituição. Ives Gandra cita que em sua mensagem à Nação, para justificar o fechamento do Congresso e a adoção das medidas de exceção, Vargas argumentava, dentre outros aspectos, o da resistência do Poder Legislativo à aprovação do projeto de lei referente à Justiça do Trabalho.
(424) NASCIMENTO, Amauri Mascaro. *Curso de direito processual do trabalho*. São Paulo: Saraiva, 2007. p. 771.
(425) CATHARINO, José Martins. *Tratado elementar de direito sindical*. São Paulo: LTr, 1982. p. 51.
(426) PINTO, José Augusto Rodrigues. *Direito sindical e coletivo do trabalho*. São Paulo: LTr, 1998. p. 352.

Ives Gandra da Silva Martins Filho faz interessante observação quanto ao ajuizamento de dissídio coletivo no período em que o Brasil participou da Segunda Guerra Mundial, especialmente em decorrência da edição do Decreto-Lei n. 5.821, de 16 de setembro de 1943, em que o governo instituiu a obrigatoriedade de os sindicatos profissionais ou econômicos solicitarem prévia autorização do Ministério do Trabalho para ingressarem com a demanda respectiva, já que qualquer conflito coletivo poderia afetar uma economia debilitada pelo estado de guerra. Com a verificação pelo órgão administrativo, tal poderia resultar na concessão da autorização, encaminhando-se diretamente o dissídio para o tribunal competente, ou no caso de se considerar inoportuna a apresentação do dissídio, o pedido era encaminhado ao tribunal, mas para arquivamento[427].

Com a redemocratização e consequente promulgação da Constituição de 1946, previu-se expressamente no art. 123 a competência da Justiça do Trabalho para conciliar e julgar os dissídios coletivos, mencionando-se no § 2º que "a lei especificará os casos em que as decisões nos dissídios coletivos poderão estabelecer normas e condições de trabalho". Importante a observação de José Carlos Arouca de que a "Justiça do Trabalho nasceu com duplo papel: jurisdicional propriamente dita e normativa"[428].

A Consolidação das Leis do Trabalho também trouxe, em seu bojo, disposições acerca dessa questão, tratando expressamente da possibilidade de "instauração de dissídio coletivo" havendo recusa à negociação coletiva ou caso esta "malogre" — § 2º do art. 616. E ainda, no Capítulo IV do Título X do mesmo Diploma, prevê-se desde os procedimentos da instauração, a legitimidade material-processual para a interposição, as formalidades a serem observadas tanto previamente quanto no processo, como os requisitos para o *quorum* de deliberação e aprovação das assembleias sindicais — arts. 856 a 859[429]. Dispõe, também,

---

(427) MARTINS FILHO, Ives Gandra da Silva. Breve história da justiça do trabalho. In: MARTINS FILHO, Ives Gandra da Silva. *História do trabalho, do direito do trabalho e da justiça do trabalho*. São Paulo: LTr, 1998. p. 196.
(428) AROUCA, José Carlos. *Repensando o sindicato*. São Paulo: LTr, 1998. p. 179.
(429) Art. 856. A instância será instaurada mediante representação escrita ao Presidente do Tribunal. Poderá ser também instaurada por iniciativa do presidente, ou, ainda, a requerimento da Procuradoria da Justiça do Trabalho, sempre que ocorrer suspensão do trabalho.
Art. 857. A representação para instaurar a instância em dissídio coletivo constitui prerrogativa das associações sindicais, excluídas as hipóteses aludidas no art. 856, quando ocorrer a suspensão do trabalho.
Parágrafo único. Quando não houver sindicato representativo da categoria econômica ou profissional, poderá a representação ser instaurada pelas federações correspondentes e, na falta destas, pelas confederações respectivas, no âmbito de sua representação.
Art. 858. A representação será apresentada em tantas vias quantos forem os reclamados e deverá conter:
a) designação e qualificação dos reclamantes e dos reclamados e a natureza do estabelecimento ou do serviço;
b) os motivos do dissídio e as bases da conciliação.
Art. 859. A representação dos sindicatos para instauração da instância fica subordinada à aprovação de assembleia, da qual participem os associados interessados na solução do dissídio coletivo, em primeira convocação, por maioria de 2/3 (dois terços) dos mesmos, ou, em segunda convocação, por 2/3 (dois terços) dos presentes.

sobre os procedimentos adotados pelo Tribunal do Trabalho, desde a audiência de conciliação e julgamento até a vigência da sentença (normativa) proferida — arts. 860 a 867[430], assim como o alcance e a abrangência da decisão, de seu cumprimento inclusive judicial — arts. 868 a 872[431], e de sua revisão —

---

(430) Art. 860. Recebida e protocolada a representação, e estando na devida forma, o Presidente do Tribunal designará a audiência de conciliação, dentro do prazo de 10 (dez) dias, determinando a notificação dos dissidentes, com observância do disposto no art. 841.
Parágrafo único. Quando a instância for instaurada *ex officio*, a audiência deverá ser realizada dentro do prazo mais breve possível, após o reconhecimento do dissídio.
Art. 861. É facultado ao empregador fazer-se representar na audiência pelo gerente, ou por qualquer outro preposto que tenha conhecimento do dissídio, e por cujas declarações será sempre responsável.
Art. 862. Na audiência designada, comparecendo ambas as partes ou seus representantes, o Presidente do Tribunal as convidará para se pronunciarem sobre as bases da conciliação. Caso não sejam aceitas as bases propostas, o Presidente submeterá aos interessados a solução que lhe pareça capaz de resolver o dissídio.
Art. 863. Havendo acordo, o Presidente o submeterá à homologação do Tribunal na primeira sessão.
Art. 864. Não havendo acordo, ou não comparecendo ambas as partes ou uma delas, o presidente submeterá o processo a julgamento, depois de realizadas as diligências que entender necessárias e ouvida a Procuradoria.
Art. 865. Sempre que, no decorrer do dissídio, houver ameaça de perturbação da ordem, o presidente requisitará à autoridade competente as providências que se tornarem necessárias.
Art. 866. Quando o dissídio ocorrer fora da sede do Tribunal, poderá o presidente, se julgar conveniente, delegar à autoridade local as atribuições de que tratam os arts. 860 e 862. Nesse caso, não havendo conciliação, a autoridade delegada encaminhará o processo ao Tribunal, fazendo exposição circunstanciada dos fatos e indicando a solução que lhe parecer conveniente.
Art. 867. Da decisão do Tribunal serão notificadas as partes, ou seus representantes, em registrado postal, com franquia, fazendo-se, outrossim, a sua publicação no jornal oficial, para ciência dos demais interessados.
Parágrafo único. A sentença normativa vigorará:
a) a partir da data de sua publicação, quando ajuizado o dissídio após o prazo do art. 616, § 3º, ou, quando não existir acordo, convenção ou sentença normativa em vigor, da data do ajuizamento;
b) a partir do dia imediato ao termo final de vigência do acordo, convenção ou sentença normativa, quando ajuizado o dissídio no prazo do art. 616, § 3º.
(431) Art. 868. Em caso de dissídio coletivo que tenha por motivo novas condições de trabalho e no qual figure como parte apenas uma fração de empregados de uma empresa, poderá o Tribunal competente, na própria decisão, estender tais condições de trabalho, se julgar justo e conveniente, aos demais empregados da empresa que forem da mesma profissão dos dissidentes.
Parágrafo único. O Tribunal fixará a data em que a decisão deve entrar em execução, bem como o prazo de sua vigência, o qual não poderá ser superior a 4 (quatro) anos.
Art. 869. A decisão sobre novas condições de trabalho poderá também ser estendida a todos os empregados da mesma categoria profissional compreendida na jurisdição do Tribunal:
a) por solicitação de 1 (um) ou mais empregadores, ou de qualquer sindicato destes;
b) por solicitação de 1 (um) ou mais sindicatos de empregados;
c) *ex officio*, pelo Tribunal que houver proferido a decisão;
d) por solicitação da Procuradoria da Justiça do Trabalho.
Art. 870. Para que a decisão possa ser estendida, na forma do artigo anterior, torna-se preciso que 3/4 (três quartos) dos empregadores e 3/4 (três quartos) dos empregados, ou os respectivos sindicatos, concordem com a extensão da decisão.
§ 1º O Tribunal competente marcará prazo, não inferior a 30 (trinta) nem superior a 60 (sessenta) dias, a fim de que se manifestem os interessados.

arts. 873 a 875[432]. E trata especificamente do processo de dissídio coletivo e das reivindicações de cunho de recomposição salarial, na Lei n. 4.725, de 13 de julho de 1965.

O texto da Carta de 1946 não sofreu alteração substancial com a promulgação da Constituição de 1967 — art. 134, § 1º, e de sua Emenda de 1969 — art. 142, § 2º.

A Constituição Federal de 1988 disciplinou a competência da Justiça do Trabalho — art. 114, *caput*, e em seu § 2º também lhe outorgou competência para "estabelecer normas e condições" (de trabalho, obviamente), "respeitadas as disposições convencionais e legais mínimas de proteção ao trabalho", quando do ajuizamento de dissídio coletivo pelo sindicato interessado (denominado processualmente de "suscitante"), em havendo recusa da parte contrária à negociação ou à arbitragem, ou se o processo negocial malograr. Com isso, restaram devidamente assegurados no âmbito constitucional a faculdade de interposição de dissídio coletivo e o poder normativo da Justiça do Trabalho.

Sobreleva registrar o disciplinamento estabelecido pelo Tribunal Superior do Trabalho quanto aos requisitos e às formalidades a serem observadas para o regular conhecimento e apreciação da ação coletiva, quais sejam, da Instrução Normativa n. 4/93, publicada no *Diário da Justiça da União*, de 14.6.1993. p. 11.807. Dentre as formalidades e os requisitos necessários para a instauração do dissídio, era indispensável a comprovação efetiva como pressuposto para o ajuizamento daquele, do exaurimento da via negocial, sob pena de extinção do processo sem julgamento

---

§ 2º Ouvidos os interessados e a Procuradoria da Justiça do Trabalho, será o processo submetido ao julgamento do Tribunal.
Art. 871. Sempre que o Tribunal estender a decisão, marcará a data em que a extensão deva entrar em vigor.
Art. 872. Celebrado o acordo, ou transitada em julgado a decisão, seguir-se-á o seu cumprimento, sob as penas estabelecidas neste Título.
Parágrafo único. Quando os empregadores deixarem de satisfazer o pagamento de salários, na conformidade da decisão proferida, poderão os empregados ou seus sindicatos, independentes de outorga de poderes de seus associados, juntando certidão de tal decisão, apresentar reclamação à Junta ou Juízo competente, observado o processo previsto no Capítulo II deste Título, sendo vedado, porém, questionar sobre a matéria de fato e de direito já apreciada na decisão.
(432) Art. 873. Decorrido mais de 1 (um) ano de sua vigência, caberá revisão das decisões que fixarem condições de trabalho, quando se tiverem modificado as circunstâncias que as ditaram, de modo que tais condições se hajam tornado injustas ou inaplicáveis.
Art. 874. A revisão poderá ser promovida por iniciativa do Tribunal prolator, da Procuradoria da Justiça do Trabalho, das associações sindicais ou de empregador ou empregadores interessados no cumprimento da decisão.
Parágrafo único. Quando a revisão for promovida por iniciativa do Tribunal prolator ou da Procuradoria, as associações sindicais e o empregador ou empregadores interessados serão ouvidos no prazo de 30 (trinta) dias. Quando promovida por uma das partes interessadas, serão as outras ouvidas também por igual prazo.
Art. 875. A revisão será julgada pelo Tribunal que tiver proferido a decisão, depois de ouvida a Procuradoria da Justiça do Trabalho.

de mérito. A referida Instrução Normativa foi cancelada[433], mas nem por isso era possível deixar de considerar as exigências anteriores, particularmente com o esgotamento das tentativas visando à solução dos conflitos de forma direta ou com a participação de um terceiro (conciliação e/ou mediação).

A recente reforma do Poder Judiciário advinda com a Emenda Constitucional n. 45/04, publicada no DOU 31.12.2004, alterou substancialmente a questão relativa à solução judicial das contendas coletivas de trabalho, ou seja, a admissibilidade do processo de ação coletiva (ou dissídio coletivo) "de natureza econômica" (ou "de interesse"). De forma específica, juntamente com a ampliação da competência conferida à Justiça do Trabalho — vide (nova) redação do art. 114 e incisos I a IX — a referida Emenda modificou o conteúdo do § 2º e acrescentou uma nova disposição também pertinente ao dissídio coletivo no § 3º, da Constituição Federal, nos seguintes termos:

Art. 114. ....

§ 2º Recusando-se qualquer das partes à negociação coletiva ou à arbitragem, é facultado às mesmas, de comum acordo, ajuizar dissídio coletivo de natureza econômica, podendo a Justiça do Trabalho decidir o conflito, respeitadas as disposições mínimas legais de proteção ao trabalho, bem como as convencionadas anteriormente.

§ 3º Em caso de greve em atividade essencial, com possibilidade de lesão do interesse público, o Ministério Público do Trabalho poderá ajuizar dissídio coletivo, competindo à Justiça do Trabalho decidir o conflito.

Analisando-se comparativamente a redação originária do art. 114 da Carta Política com o conteúdo decorrente da EC n. 45/04 denotam-se as seguintes alterações e/ou inovações:

- Em relação ao § 2º, é possível deduzir as seguintes ilações:

- a primeira, com a inclusão inovadora especificando acerca do ajuizamento do dissídio coletivo "de natureza econômica", cuja referência inexistia anteriormente;

- a outra assevera que com a interposição da ação coletiva (ou dissídio coletivo) é possibilitada a Justiça do Trabalho "decidir o conflito", ao passo que antes se conferia ao órgão jurisdicional a possibilidade de "estabelecer normas e condições", embora também solucionando a contenda;

- prevê-se, agora, que a decisão do conflito deve observar o respeito às "disposições mínimas legais de proteção ao trabalho, bem como as convencionadas

---

(433) O cancelamento da Instrução Normativa n. 4/93, pelo C. Tribunal Superior do Trabalho, ocorreu em reunião do Pleno realizada no dia 20 de março de 2003, por meio de proposta de seu presidente, Ministro Francisco Fausto Paula de Medeiros, o qual salientou que a revogação da norma significa "a retomada do ritmo normal de julgamentos em dissídios coletivos, desprezando essa ideia absurda de rigor excessivo no que diz respeito a procedimentos que não se compatibilizam com a realidade brasileira", conforme publicado em *Notícias do Tribunal Superior do Trabalho* no dia 20.3.2003, às 16h09. Disponível em: <http://www.tst.gov.br> Acesso em: 26.12.2007.

anteriormente", em contraposição à redação anterior que mencionava "respeitadas as disposições convencionais e legais mínimas de proteção ao trabalho";

• a principal modificação que tem gerado enorme celeuma doutrinária e jurisprudencial diz respeito à inclusão, também inovadora, do "comum acordo" como requisito para a propositura da ação coletiva.

No tocante ao § 3º, depreende-se:

• de início, a inovação legislativa, já que antes não havia qualquer disposição expressa tratando da situação descrita na atual redação;

• o legislador constituinte derivado disciplinou a possibilidade de o Ministério Público do Trabalho ajuizar a ação coletiva na ocorrência de greve em atividade essencial e quando ensejar na lesão do interesse público;

• nesse caso, deixa-se transparecer que a atuação do Ministério Público do Trabalho passa a ser restrita à hipótese aventada.

Analisando-se *a priori* apenas os contornos do disposto no § 2º do art. 114, é inequívoco que a ação coletiva, especialmente "de natureza econômica", permanece figurando no ordenamento jurídico como um instrumento ou meio de se buscar e alcançar a solução dos conflitos coletivos de trabalho. É certo, porém, que devido à nova redação o ajuizamento daquela medida deve observar as novas diretrizes e condicionamentos estabelecidos no regramento.

6.6. Poder normativo

6.6.1. Considerações relevantes para compreensão do instituto

Normatizar, segundo Aurélio Buarque de Holanda Ferreira, significa "estabelecer normas para..."[434]. Tal atribuição, em regra, em um sistema democrático de representação parlamentar, é conferida ao poder legislativo, cujos membros, eleitos pelo povo, deliberam sobre as normas a serem instituídas, objetivando regular a convivência social, impondo limites e assegurando direitos, sempre externando como manifestação da vontade da maioria.

Nessa mesma linha, é oportuno destacar que a atuação estatal perante a coletividade abrange não apenas a função legislativa, mas é complementada e interage com as funções executiva e judiciária — ora enumeradas, sem a preocupação de estabelecer o grau de importância —, cada qual com as suas atribuições e finalidades específicas, exercidas, respectivamente, pelos Poderes Legislativo, Executivo e Judiciário. Ao Poder Judiciário incumbe o exercício da função jurisdicional, em que o Estado "se substitui aos titulares dos interesses em conflito, para, imparcialmente,

---

(434) FERREIRA, Aurélio Buarque de Holanda. *Novo dicionário da língua portuguesa*. 3. ed. 1. imp. Curitiba: Positivo, 2004. p. 1.409.

solucioná-lo, atuando a vontade do direito objetivo"[435]. Assim, cabe ao Judiciário aplicar as normas aos casos concretos quando instado a fazê-lo, resolvendo o litígio de interesses entre as partes que compõem a lide.

Não obstante, em várias situações e ainda que em caráter excepcional, o Poder Executivo exerce ações legislativas, exarando normas que não se limitam aos decretos, portarias, instruções, mas como autênticas Normas Legais. É o que ocorre, exemplificativamente, com a edição de Medidas Provisórias e de Decretos, os quais, mesmo que vinculados à ratificação do Poder Legislativo ou como instrumento de regulamentação das normas decorrentes da atuação direta do Congresso Nacional, não deixam de caracterizar a atuação legislativa por parte do Executivo.

O Legislativo, por sua vez, como pontua José Augusto Rodrigues Pinto, tem assegurado a função de julgar processo de *impeachment* do Presidente da República e a cassação de mandatos dos representantes do povo nas casas legislativas[436]. Não se deve olvidar, ainda, as Comissões Parlamentares de Inquérito que exercem, dentro do Poder Legislativo, funções de investigação que deveriam ser realizadas apenas pelos órgãos incumbidos de tal atribuição. Outrossim, não é pequeno o número de atos administrativos praticados na área do legislativo[437].

Como enfoque propedêutico para o desenvolvimento que se pretende apresentar, também o Poder Judiciário não deixa de emitir Normas Legais, tais como os Regimentos Internos dos Tribunais Regionais do Trabalho ou do Tribunal Superior do Trabalho, disciplinando não apenas as atribuições, o funcionamento, os procedimentos internos ou os mecanismos de tramitação processual dentro da esfera desses órgãos, mas também regras de aplicação a todos os envolvidos nos processos em andamento nessas Cortes. Aliás, os referidos regimentos tratam, inclusive, da previsão de recurso (como o agravo regimental), além de disciplinar as formalidades, os requisitos e o processamento das demandas em curso no âmbito dos Tribunais Trabalhistas. Outro exemplo é a edição de Instruções Normativas, em geral estabelecendo regras de procedimentos processuais que deveriam ser objeto de processo legislativo. Em ambas as situações, constata-se manifesta atuação legislativa por parte do Judiciário[438].

---

(435) CINTRA, Antonio Carlos de Araújo; GRINOVER, Ada Pellegrini; DINAMARCO, Cândido Rangel. *Teoria geral do processo*. São Paulo: Revista dos Tribunais, 2005. p. 83.
(436) PINTO, José Augusto Rodrigues. *Direito sindical e coletivo do trabalho*. São Paulo: LTr, 1998. p. 349.
(437) FREITAS, Manoel Mendes de. Poder normativo da justiça do trabalho: poder regulamentar do chefe do poder executivo — análise comparativa. In: FREITAS, Manoel Mendes de. *Curso de direito do trabalho:* estudos em memória de Célio Goyatá. São Paulo: LTr, 1994. v. 2, p. 658.
(438) Nesse aspecto, PINTO, José Augusto Rodrigues. *Direito sindical e coletivo do trabalho*. São Paulo: LTr, 1998. p. 349, ressalta que "não se pode considerar exclusivo dos órgãos jurisdicionais trabalhistas o exercício do poder normativo presente em alguns tipos de dissídio coletivo do trabalho", aduzindo que "o Poder Judiciário dispõe dele em outras situações, inclusive suplementando sua atividade própria, quando se tratar de disciplinar-la, o que é feito pelas leis de eficácia interna corporis", tais como "os regimentos internos dos tribunais".

É certo que as funções exercidas pelos Poderes Legislativo, Executivo e Judiciário que refogem de suas atribuições ordinárias (ou seja, Legislativo: legislar; Executivo: administrar; Judiciário: julgar), seguindo os critérios definidos na "separação de Poderes" ocorrem apenas em situações extraordinárias e devidamente respaldadas pelo ordenamento jurídico. Analisando essa temática após discorrer sobre a concepção de Montesquieu da teoria da separação dos poderes, Celso Ribeiro Bastos avalia a sua aplicação atual de forma coordenada, flexível e harmônica, permitindo a um determinado poder o exercício de funções que em princípio deveriam caber a outro, constatando, em síntese, "que os órgãos estatais não exercem simplesmente as funções próprias, mas desempenham também funções denominadas atípicas, quer dizer, próprias de outros órgãos"[439].

Sem desmerecer as linhas anteriores, convém registrar, por oportuno, a coerente lição de Maria Helena Diniz e que não deve ser desprezada, *in casu*. Com base em Hans Kelsen, e depois de afirmar que, ao proferir uma sentença, o magistrado cria uma norma jurídica individual incidente sobre um dado caso concreto, demonstrando que toda decisão judicial possui uma normatividade, ainda que restrita às partes litigantes, a autora também salienta que "um tribunal pode receber competência para criar não só uma norma individual, apenas vinculante para o caso *sub judice*, mas também normas gerais, ao estabelecer o precedente judicial ou as súmulas que, firmando jurisprudência, são aplicáveis na decisão de casos semelhantes ou idênticos", e por esse prisma admite "a tese de que a atividade jurisdicional é sempre e necessariamente criadora de normas"[440].

Dessa maneira, apesar da discussão e da crítica ao exercício do poder normativo por parte dos Tribunais do Trabalho, a atuação atípica ou em caráter extraordinário desse órgão, solucionando o conflito coletivo e fixando normas e condições de trabalho, não desnatura as suas atribuições jurisdicionais. Como apregoa Evaristo de Moraes Filho, inexiste delegação de função de um poder a outro, ou mais explicitamente "do Poder Legislativo ao Judiciário, não há poder delegante nem poder delegado, de vez que ambos se encontram, quanto à regulação e competência, no mesmo texto constitucional", de modo que "é a própria Constituição que confere a ambos as respectivas competências"[441].

Ademais, mesmo que a atuação da Justiça do Trabalho se assemelhe à atividade legislativa, é importante ressaltar que tal ocorre mediante processo judicial de uma relação jurídica conflituosa e litigiosa na qual devem ser observados as condições da ação e os pressupostos processuais — inclusive de caráter específico — para o

---

(439) BASTOS, Celso Ribeiro. *Curso de direito constitucional*. São Paulo: Saraiva, 1995. p. 301.
(440) DINIZ, Maria Helena. *Compêndio de introdução à ciência do direito*. São Paulo: Saraiva, 2004. p. 301-303.
(441) MORAES FILHO, Evaristo de. A sentença normativa. In: MORAES FILHO, Evaristo de. *Processo do trabalho*: estudos em memória de Carlos Coqueijo Torreão da Costa. São Paulo: LTr, 1989. p. 192.

ajuizamento e a tramitação da ação coletiva, além da necessidade de observância do devido processo legal — inciso LV, art. 5º da Constituição Federal[442].

Acresça-se que, ao contrário do se possa cogitar, na ação coletiva submetida à análise e solução pelo Judiciário Trabalhista há lide, pois a parte suscitante postula o acolhimento de suas reivindicações, retratadas no reconhecimento jurídico de cláusulas devidamente fundamentadas, e, em contrapartida, a parte suscitada resiste com a apresentação de defesa e refutando cada um dos pleitos, invocando argumentos que justifiquem a rejeição daquelas. Ainda que a sentença proferida possa vir a exteriorizar normas jurídicas de aplicação *erga omnes* a todos os integrantes das categorias econômica e profissional envolvidas no litígio, não deixa de exprimir uma deliberação judicial solucionando o conflito.

Assim, se é certo que há deliberação sentencial com a estipulação de normas jurídicas e de condições de trabalho aplicáveis no âmbito das representações dos entes signatários que figuram como partes — mas como efetivos representantes categoriais —, também o é que a mesma decisão soluciona o conflito de interesses coletivos. E se é possível concluir que na primeira parte do relatado denota-se o exercício atípico de uma atividade legislativa, na segunda parte, considerando os caracteres indeléveis de um processo judicial, depreende-se inequívoca atuação jurisdicional do Judiciário Trabalhista na ação coletiva. Otavio Brito Lopes alude que o reconhecimento da atribuição normativa da Justiça do Trabalho pelo STF a partir da Constituição de 1988 veio acompanhado de restrição, já que a mais Alta Corte "deixou claro que não se tratava de um poder com a latitude do poder legislativo exercido pelos órgãos do Congresso Nacional, mas limitado pela própria lei"[443].

Apesar da referência ao período anterior à EC n. 45/04 e de não haver qualquer interferência por parte do constituinte derivado com a edição dessa Emenda, Davi Furtado Meirelles pondera que muitos dissídios coletivos econômicos, excetuado aquele que contém pleito de reajustamento salarial, "são suscitados com a finalidade de ver mantidos os benefícios sociais já criados anteriormente, presentes em cláusulas sociais preexistentes, qualquer que seja o instrumento normativo anterior" e que nesses casos, "quando o julgamento apenas mantém as mesmas condições, a rigor, não se vislumbra a presença do poder normativo, na sua forma clássica"[444].

---

(442) Art. 5º Todos são iguais perante a lei, sem distinção de qualquer natureza, garantindo-se aos brasileiros e aos estrangeiros residentes no País a inviolabilidade do direito à vida, à liberdade, à igualdade, à segurança e à propriedade, nos termos seguintes:
LV — aos litigantes, em processo judicial ou administrativo, e aos acusados em geral são assegurados o contraditório e ampla defesa, com os meios e recursos a ela inerentes;
(443) LOPES, Otavio Brito. O poder normativo da justiça após a Emenda Constitucional n. 45. *Revista LTr*, São Paulo, n. 69, fev. 2005. p. 167.
(444) MEIRELLES, Davi Furtado. Poder normativo: momento de transição. In: MEIRELLES, Davi Furtado. *Direito coletivo do trabalho depois da EC n. 45/04*. Curitiba: Gênesis, 2005. p. 118.

De qualquer modo, há quem entenda que o poder normativo não se enquadra dentro da atividade legislativa, pois não é da natureza do Poder Judiciário o desempenho de atribuição inerente. Sergio Pinto Martins preconiza que a decisão judicial do processo de dissídio coletivo, denominada sentença normativa, se enquadra "como ato jurisdicional, porque objetiva solucionar o conflito coletivo que lhe foi posto a exame, mesmo ao serem criados preceitos jurídicos anteriormente inexistentes"[445]. Tal voz não é uníssona, uma vez que também comunga desse entendimento Ivan Simões Garcia, para quem a sentença normativa, que encerra o poder normativo, é ato de jurisdição, como função típica do órgão jurisdicional[446].

De outra banda, Pedro Carlos Sampaio Garcia entende que o "poder normativo escapa à atuação de um órgão do Poder Judiciário, não pela natureza coletiva da ação, mas por consubstanciar atividade de natureza legislativa"[447], no que é acompanhado por Edilton Meireles ao deduzir que no exercício do poder normativo "a Justiça do Trabalho não está no uso de qualquer função judicial", mas está, "em verdade, exercendo função legislativa"[448].

Marcelo Pimentel melhor sintetiza a questão, pontuando que "são dois os poderes da Justiça do Trabalho: o jurisdicional, propriamente dito, e o normativo", sendo que "no primeiro, há aplicação de norma jurídica; no segundo, a sua criação", evidenciando "que a singular pretensão normativa erigiu-se em forma de composição de conflitos reais e não apenas de sua prevenção"[449]. Por conseguinte, pode-se afirmar que para questões coletivas conflituosas o Judiciário Trabalhista desenvolve atuação mista ou plúrima: decidir o conflito de interesses categoriais — ênfase dada pela nova redação do § 2º do art. 114 da Constituição Federal — e, por decorrência, fixar normas aplicáveis ao âmbito das representações das partes envolvidas no litígio, nesse caso levando em conta a diretriz ou o parâmetro daquelas convencionadas anteriormente e respeitadas as disposições mínimas legais de proteção ao trabalho.

Impende salientar que o fato de o preceito legal supracitado fazer menção restrita à "decisão do conflito" como incumbência da Justiça do Trabalho, sem se referir ao estabelecimento de normas e condições de trabalho como antes constava no texto constitucional, não significa a mera atuação jurisdicional para solucionar o litígio. Este não é o pensamento de Walter William Ripper[450] e

---

(445) MARTINS, Sergio Pinto. *Direito processual do trabalho*. São Paulo: Atlas, 2002. p. 549.
(446) GARCIA, Ivan Simões. Poder normativo: implicações constitucionais pós-EC n. 45/04. *Revista LTr*, São Paulo, n. 71, maio 2007. p. 580.
(447) GARCIA, Pedro Carlos Sampaio. *O sindicato e o processo*. São Paulo: Saraiva, 2002. p. 125.
(448) MEIRELES, Edilton. *Competência e procedimento na justiça do trabalho:* primeiras linhas da reforma do judiciário. São Paulo: LTr, 2005. p. 84.
(449) PIMENTEL, Marcelo. Composição de conflitos: algumas ideias para a revitalização da justiça do trabalho. In: PIMENTEL, Marcelo. *Relações coletivas de trabalho*: estudos em homenagem ao ministro Arnaldo Süssekind. São Paulo: LTr, 1989. p. 583.
(450) RIPPER, Walter William. *O poder normativo da justiça do trabalho após a EC n. 45/04*. São Paulo: LTr, 2007. p. 75.

Wilson Ramos Filho[451], os quais referem que a alteração constitucional derivada passou a limitar a atuação do Judiciário Trabalhista restritamente para "decidir o conflito".

A posição idealizada pelos juristas referenciados no parágrafo anterior encontra contraposição de Claudia de Abreu Lima Pisco, para quem, mesmo diante da alteração do texto constitucional pela Emenda Constitucional n. 45, "não houve variação na forma de atuação do Judiciário Trabalhista ao julgar um dissídio coletivo, já que o estabelecimento de normas e condições abstratas de trabalho faz-se necessário para que se possa pacificar um conflito coletivo de interesse jurídico/econômico"[452].

É inequívoco que a efetiva solução do conflito "de natureza econômica" perpassa pela criação de normas coletivas que devem ser respeitadas pelos representados dos entes sindicais litigantes, porquanto a ausência de consenso negocial na estipulação das cláusulas convencionais é que motiva a continuidade do conflito então transferido ao Judiciário Trabalhista para solucionar. Ora, o exercício do poder normativo envolve justamente a fixação de normas coletivas, com as quais se resolve o conflito. O texto legal apenas acentua esse aspecto, e consequentemente também reforça a natureza jurisdicional da sentença normativa. Todavia não retira o caráter de estipulação de normas e condições de trabalho, reitere-se, considerando como parâmetro mínimo as disposições legais de proteção ao trabalho e as convencionadas anteriormente.

Neste sentido, Mônica Brandão Ferreira expõe que o próprio texto legal "se refere a dissídio de natureza econômica e este significa criar novas condições de trabalho"[453]. De modo mais contundente, Amauri Mascaro Nascimento questiona:

> como será possível um Tribunal do Trabalho julgar dissídio coletivo econômico sem solucionar o pleito que o motivou? E ao julgar o pleito, como será possível ao Tribunal fazê-lo sem decidir sobre as normas e condições de trabalho em torno das quais as partes controvertem e não chegaram a um acordo na negociação coletiva?[454]

Em arremate, José Luciano de Castilho exemplifica situação que reflete o entendimento esposado ao relatar que a fixação de novo salário não previsto em lei tampouco em norma coletiva preexistente não pode ser proibida pelo Tribunal do

---

(451) RAMOS FILHO, Wilson. Direito coletivo e sindical na reforma do judiciário. In: RAMOS FILHO, Wilson. *Direito coletivo do trabalho depois da EC n. 45/04*. Curitiba: Gênesis, 2005. p. 99.
(452) PISCO, Claudia de Abreu Lima. Dissídios coletivos e mútuo consentimento — análise da constitucionalidade da exigência. *Revista LTr*, São Paulo, n. 72, jan. 2009. p. 79.
(453) FERREIRA, Mônica Brandão. O dissídio coletivo na justiça do trabalho: da necessidade do comum acordo para o seu ajuizamento. *Revista LTr*, São Paulo, n. 71, jan. 2007. p. 29.
(454) NASCIMENTO, Amauri Mascaro. A questão do dissídio coletivo "de comum acordo". *Revista LTr*, São Paulo, n. 70, jun. 2006, p. 655-656.

Trabalho, porque do contrário não será possível decidir o conflito, e consequentemente não será cumprido o comando constitucional[455].

De fato, impossível supor que o conflito coletivo seja solvido sem a apreciação das pretensões externadas pelas categorias envolvidas — especialmente da classe obreira —, e cuja análise impõe a deliberação judicial acerca das postulações, com a consequente estipulação de normas e condições de trabalho.

6.6.2. Conceituação

Os preceitos legais que tratam da possibilidade, do ajuizamento e do processamento judicial do dissídio coletivo e consequentemente reconhecem o exercício do poder normativo por parte do Judiciário Trabalhista não definem esse instituto, embora deixem evidente o seu propósito — vide art. 616, §§ 2º e 4º, e arts. 856 a 875 da CLT, e § 2º do art. 114 da Constituição Federal. A tarefa, então, é desempenhada pela doutrina.

José Augusto Rodrigues Pinto assevera

> que o poder normativo é a competência determinada a órgão do poder judiciário para, em processo no qual se discutem interesses gerais e abstratos, criar norma jurídica destinada a submeter à sua autoridade as relações jurídicas de interesse individual concreto na área de matéria legislada[456].

Ives Gandra da Silva Martins Filho define o poder normativo da Justiça do Trabalho

> como o poder constitucionalmente conferido aos Tribunais Trabalhistas de dirimirem os conflitos coletivos de trabalho mediante o estabelecimento de novas e mais benéficas condições de trabalho, respeitadas as garantias mínimas já previstas em lei[457].

Para Pedro Paulo Teixeira Manus, trata-se

> o poder normativo de atribuição constitucional aos Tribunais do Trabalho de, no mister de solucionar processos de natureza coletiva, fixar normas gerais para a categoria ou parcela da categoria representada pelas partes envolvidas no conflito, normas estas que irão integrar os contratos

---

[455] CASTILHO, José Luciano de. A reforma do poder judiciário, o dissídio coletivo e o direito de greve. *Revista do Tribunal Superior do Trabalho*, Brasília, v. 71, n. 1, jan./abr. 2005. Disponível em: <http://www.tst.gov.br> Acesso em: 2.2.2008. p. 34.
[456] PINTO, José Augusto Rodrigues. *Direito sindical e coletivo do trabalho*. São Paulo: LTr, 1998. p. 348.
[457] MARTINS FILHO, Ives Gandra da Silva. *Processo coletivo do trabalho*. São Paulo: LTr, 1994. p. 13.

individuais de trabalho daquelas mesmas partes, pelo prazo de vigência da norma coletiva[458].

Convém pontuar que, embora todas as conceituações doutrinárias arroladas tenham sido emitidas pelos respectivos juristas antes da alteração do art. 114 da Constituição Federal, e sem se ater à nova redação do § 2º advindo da EC n. 45/04, que então faz menção apenas à decisão do conflito, isto não significa a impossibilidade de a Justiça do Trabalho estabelecer normas e condições de trabalho, como já enfocado.

A propósito, mesmo após a alteração supraretratada, Amauri Mascaro Nascimento conserva a linha conceitual ao se referir ao poder normativo como a

> competência constitucional dos tribunais do trabalho para proferir decisões nos processos de dissídios coletivos econômicos, criando condições e normas de trabalho com força obrigatória[459].

Em suma, ainda que sujeito a novos condicionamentos, diretrizes e parâmetros, o poder normativo da Justiça do Trabalho persiste como forma heterônoma de solução dos conflitos coletivos e tem por escopo dois propósitos que se complementam — até porque estão inter-relacionados —, quais sejam: a solução do conflito coletivo e a deliberação quanto à fixação normativa das reivindicações discutidas na ação coletiva, respeitando as disposições mínimas legais de proteção ao trabalho bem como as convencionadas anteriormente.

6.6.3. PODER NORMATIVO NO BRASIL E VISÃO CRÍTICA ACERCA DO INSTITUTO

O poder normativo outorgado à Justiça do Trabalho foi instituído no Brasil em um momento histórico — idos dos anos de 1930 —, ocasião em que a desigualdade entre o capital e o trabalho e as próprias condições dos trabalhadores eram "ditadas imperiosamente pelos detentores da riqueza social"[460] e principalmente pelo intervencionismo estatal tanto na organização dos trabalhadores e da estrutura sindical como nos conflitos entre operários e patrões.

---

(458) MANUS, Pedro Paulo Teixeira. *Direito individual e coletivo do trabalho*. São Paulo: Atlas, 2001. p. 226-227.
(459) NASCIMENTO, Amauri Mascaro. *Curso de direito processual do trabalho*. São Paulo: Saraiva, 2007. p. 771.
(460) GOMES, Orlando. *A convenção coletiva de trabalho*. São Paulo: LTr, 1995. p. 18. O autor aborda a questão relativa à negociação coletiva de trabalho nos anos 1930, expondo as dificuldades enfrentadas pelo trabalhador, segundo ele, vivendo "em um verdadeiro estado de 'minoridade social', e que a convenção coletiva viria remediar a "situação de flagrante disparidade", restaurando, assim, "o necessário equilíbrio de forças". Não obstante, os argumentos expostos atestam as dificuldades pelas quais o trabalhador passava, o que inegavelmente vem a justificar a instituição do poder normativo das Comissões Mistas de Conciliação.

O movimento sindical profissional brasileiro estava iniciando os primeiros passos, já que mesmo com o reconhecimento jurídico-legal de criação dos sindicatos dos trabalhadores rurais (1903) e dos trabalhadores no comércio (1907)[461], a primeira lei geral sobre os sindicatos é de março de 1931 — Decreto-lei n. 19.770, que então condicionava o reconhecimento da entidade sindical à expedição de carta sindical pelo Ministério do Trabalho. Além disso, o exercício das atividades sindicais se constituía em funções delegadas pelo poder público.

Nesse contexto, é inegável que a intervenção estatal, não com a competência legislativa, mas judiciária, com poder de normatizar as relações de emprego se constituiu e representou fator determinante para o desenvolvimento de defesa e de obtenção de melhores condições de trabalho e maiores vantagens aos trabalhadores.

Atualmente, muito se discute acerca da necessidade de manutenção do poder normativo da Justiça do Trabalho como forma de solução de conflitos entre o capital e o trabalho, embora de âmbito coletivo, mas envolvendo diretamente particulares — empregador e trabalhador.

É inconteste que a melhor solução para os conflitos coletivos de trabalho é aquela decorrente do consenso e da manifestação da vontade das partes signatárias envolvidas na questão, ou seja, que nasce da negociação e da celebração de uma tratativa coletiva, considerando, pois, que ninguém melhor do que as partes — empregado e empregador, ambos representados pelo seu ente sindical, ou pelo menos o primeiro grupo — para ajustarem as condições que disciplinarão as relações de emprego.

Nesse ponto, é oportuna a lição de Indalécio Gomes Neto ao observar que a

> negociação coletiva é o sistema mais democrático que a lei põe à disposição de empregados e empregadores para a solução de suas controvérsias, não só porque enseja diálogo com o empresariado, e isso contribui para um relacionamento mais harmonioso entre o capital e o trabalho, com reflexos benéficos à própria paz social, pois o ideal é que as partes envolvidas em determinado relacionamento estabeleçam as suas próprias cláusulas normativas e condições de trabalho, no âmbito da representação dos sindicatos, para regular as relações individuais de trabalho[462].

---

(461) O Decreto n. 979/03 e o Decreto n. 1.637/07 disciplinaram, respectivamente, a criação dos sindicatos rurais e urbanos, e, dada as peculiaridades pertinentes à liberdade e à ausência de formalismos para a formação e o reconhecimento legal como entes sindicais, segundo MAGANO, Octavio Bueno. *Manual de direito do trabalho*. São Paulo: LTr, v. III, p. 43, referidas normas correspondiam "à verdadeira moldura de uma lei sindical", pois refletiria, hoje, disciplinamento compatível com as principais normas da Convenção da OIT sobre liberdade sindical (Convenção n. 87, de 1948).
(462) GOMES NETO, Indalécio. *Pequeno curso de direito coletivo do trabalho*. Curitiba: JM, 2000. p. 86.

A discussão mais acertada, contudo, deve ser feita despida de qualquer ranço ideológico, o que é deveras difícil.

A crítica mais contundente volta-se contra a existência (e manutenção) do poder normativo. Nessa linha encontra-se o saudoso Valentin Carrion, o qual apregoa, de início, que o "poder normativo judicial nos dissídios coletivos de natureza econômica é uma antiguidade do fascismo, já abolida nos países democráticos, inclusive na Itália", acrescentando tratar-se de uma "intromissão do Estado no livre jogo da negociação", bem como que o "recurso ao Poder Judiciário contraia a doutrina e a experiência internacional". Prossegue afirmando que o "Poder Normativo, como hoje existe, é uma dura provocação que as Constituições têm imposto à Justiça do Trabalho"[463].

Ives Gandra da Silva Martins Filho, por seu turno, enumera as consequências da intervenção estatal na solução dos conflitos coletivos, que "colocam em xeque a própria eficácia e oportunidade do sistema", dentre as quais, assim nominadas: "enfraquecimento da liberdade negocial"; "desconhecimento real das condições do setor"; "demora nas decisões"; "generalização das condições de trabalho"; "incompatibilidade com a democracia pluralista e representativa"; e "maior índice de descumprimento da norma coletiva"[464].

De forma mais ponderada, Raimundo Simão de Melo destaca que não basta "simplesmente acabar com o poder normativo da Justiça do Trabalho, sem uma ampla, necessária e urgente reforma sindical e das relações de trabalho", porquanto resultaria em

> maiores prejuízos aos trabalhadores, principalmente nas regiões onde não há qualquer organização dos setores profissionais ou estas são absolutamente inexpressivas, como ocorre na maior parte do país, dividido por realidades totalmente destoantes[465].

No mesmo sentido, como adverte Pedro Paulo Teixeira Manus, "a discussão sobre a eliminação do poder normativo como se fosse um fato isolado, que eliminado traria melhorias ou solução, trata-se de perigoso ardil", mormente

> a questão da forma de solução dos conflitos coletivos do trabalho está intrinsecamente vinculada à estrutura sindical brasileira, e a mudança na forma de solução dos conflitos não é possível sem que a estrutura sindical seja democratizada, obtendo os sindicatos autonomia e liberdade, nos termos da Convenção n. 87 da OIT[466].

---

(463) CARRION, Valentin. *Comentários à consolidação das leis do trabalho*. São Paulo: Saraiva, 2008. p. 668.
(464) MARTINS FILHO, Ives Gandra da Silva. *Processo coletivo do trabalho*. São Paulo: LTr, 1994. p. 35-36.
(465) MELO, Raimundo Simão de. *Dissídio coletivo de trabalho*. São Paulo: LTr, 2002. p. 161.
(466) MANUS, Pedro Paulo Teixeira. *Negociação coletiva e contrato individual de trabalho*. São Paulo: Atlas, 2001. p. 66-67.

De fato, tanto o poder normativo como a estrutura sindical brasileira remontam do intervencionismo estatal, ocasião em que as primeiras leis trabalhistas e sindicais foram implantadas, mas que representaram "o ápice das ideias e da prática do corporativismo nas relações trabalhistas, como peça fundamental da integração Estado/empresa, envolvendo o trabalho, fator essencial ao desenvolvimento desta última"[467].

De outro lado, há os que defendem a manutenção do poder normativo. Nesse contexto, Tarso Fernando Genro expõe que,

> com a extinção do Poder Normativo, teremos no Brasil um movimento de categorialização das regras e, ainda, de acantonamento da produção da regra no âmbito da empresa e o que deveria ser conquista, global dos trabalhadores será conquista de um pequeno grupo de trabalhadores dos pólos mais modernos da atividade econômica[468].

Para Ricardo Carvalho Fraga, ao contrário da extinção, faz-se necessário o aperfeiçoamento do poder normativo, sendo relevante ainda tratar da discussão do efeito suspensivo dado aos recursos contra as decisões dos Tribunais Regionais, não devendo se negar "a manifestação estatal, através da Justiça do Trabalho, quando não houver outra solução"[469] para o conflito, citando o preceito constitucional inserto no inciso XXXV do art. 5º da Carta Magna, o qual postula que a "lei não excluirá da apreciação do Poder Judiciário lesão ou ameaça a direito". Aliás, esse mesmo dispositivo é tido por Arnaldo Lopes Süssekind como "fundamento jurídico da instauração do processo de dissídio coletivo na Justiça do Trabalho, visando a que o conflito seja resolvido por meio de sentença normativa"[470].

Assinalando que a Justiça do Trabalho "não pode deixar de lado seu papel natural para assumir foros de justiça burguesa, instrumental e técnica", precisando-se admitir que se trata de "uma justiça protecionista, voltada para a classe trabalhadora", José Carlos Arouca complementa ser de pouca importância que o poder normativo tenha se originado de um regime fascista ou do intervencionismo estatal da era Vargas, mas ressalta que tal modelo "sobreviveu a duas Constituições democráticas, que assumiu um modelo próprio, mantendo-se num sistema de autonomia sindical que reconhece o direito de greve"[471].

---

(467) PINTO, José Augusto Rodrigues. *Direito sindical e coletivo do trabalho*. São Paulo: LTr, 1998. p. 351.
(468) GENRO, Tarso Fernando. Em defesa do poder normativo e da reforma do estado. In: GENRO, Tarso Fernando. *Perspectivas do direito do trabalho*. Porto Alegre: Livraria do Advogado, 1993. p. 119.
(469) FRAGA, Ricardo Carvalho. Em defesa do poder normativo: atualidade, flexibilidade, neoliberalismo e perspectivas. In: FRAGA, Ricardo Carvalho. *Perspectivas do direito do trabalho*. Porto Alegre: Livraria do Advogado, 1993. p. 130.
(470) SÜSSEKIND, Arnaldo Lopes. Poder normativo dos tribunais do trabalho. In: SÜSSEKIND, Arnaldo Lopes. *Direito do trabalho* — estudos. São Paulo: LTr, 1997. p. 506.
(471) AROUCA, José Carlos. *Repensando o sindicato*. São Paulo: LTr, 1998. p. 211-215.

É certo, todavia, que o exercício do poder normativo pelos Tribunais do Trabalho deve ser discutido, inclusive quanto a sua manutenção, ainda que considerando a restrição ou o condicionamento para adoção a partir da inovação externada com a EC n. 45/04. Destarte, as modificações relativas a esse tema dependem, necessariamente, da discussão quanto ao modelo sindical que se pretende adotar, assim como deve vir acompanhada de uma reforma na legislação trabalhista. Não se deve olvidar que embora existam alguns sindicatos representativos e com considerável poder de negociação, a maioria não detém tal condição, necessitando do amparo do judiciário trabalhista para obter uma sentença normativa que estipule condições de trabalho aplicáveis a sua categoria.

Nesse sentido, advoga Edson Braz da Silva, argumentando ser "mais razoável condicionar a extinção do poder normativo à efetiva reforma sindical, evitando-se hiato normativo gerador de perplexidade jurídica"[472], como ocorre na atualidade diante da alteração legislativa já comentada.

6.6.4. Poder normativo após a EC n. 45/04

A par dos enfoques já delineados, indiscutivelmente que a Emenda Constitucional n. 45/04, em especial no ponto que alterou o disposto no § 2º do art. 114 da Constituição Federal, interferiu sobremaneira no instituto do poder normativo dos Tribunais do Trabalho, notadamente em relação ao dissídio coletivo de natureza econômica ou de interesse.

As discussões doutrinárias não têm se limitado às inovações e/ou alterações advindas da referida Emenda, mas abrangido, também, a própria e efetiva existência do poder normativo. É possível, por conseguinte, citar duas correntes antagônicas; uma entende que o poder normativo da Justiça do Trabalho foi extinto com a modificação da EC n. 45/04 e a outra se posiciona de modo a expressar que o poder normativo sofreu mudanças, mas não a ponto de extingui-lo.

Sobre a primeira corrente citada, Andréa Presas Rocha aponta que "a mais extraordinária das alterações implementadas pela Emenda n. 45/04 foi no sentido de acabar com a competência normativa da Justiça do Trabalho"[473]. Nesse mesmo sentido, encontra-se Walter William Ripper ao externar que o poder normativo foi extinto por meio da Emenda Constitucional n. 45, de 8 de dezembro de 2004, e que a reforma sindical que está por vir apenas promoverá a sepultura do instituto[474]. Wilson Ramos Filho expõe que o constituinte derivado-reformador retirou esse poder

---

(472) SILVA, Edson Braz da. Aspectos processuais e materiais do dissídio coletivo frente à Emenda Constitucional n. 45/04. *Revista LTr*, São Paulo, n. 69, set. 2005. p. 1.040.
(473) ROCHA, Andréa Presas. Dissídios coletivos: modificações introduzidas pela Emenda Constitucional n. 45/04. In: ROCHA, Andréa Presas. *Suplemento Trabalhista*, São Paulo: LTr, n. 28/06, 2006. p. 132.
(474) RIPPER, Walter William. *O poder normativo da Justiça do Trabalho após a EC n. 45/04*. São Paulo: LTr, 2007. p. 117.

da Justiça do Trabalho, reencaminhando-o aos interessados de modo que "apenas as próprias partes, doravante, serão detentoras do Poder Normativo"[475].

Convém ressaltar que todos esses juristas entendem que atualmente a atuação dos Tribunais Trabalhistas para a solução dos conflitos coletivos passou a exercer juízo arbitral. Ou seja, que o dissídio coletivo "de natureza econômica" agora é solvido por meio de arbitragem pública. É bem verdade que esses juristas também verificam que a alteração legislativa promovida pela EC n. 45/04, no tocante ao tema em análise, restringiu a atuação do Judiciário Trabalhista à solução do conflito. Tal entendimento, nos dois aspectos, não se mostra o mais adequado, *data venia*, conforme discorrido a respeito da dupla atribuição: jurisdicional e normativa e de acordo com o que será objeto específico de análise sobre a alegada arbitragem pública para ensejar no fim do poder normativo.

A segunda corrente, por sua vez, malgrado a EC n. 45/04 tenha promovido significativa mudança no poder normativo a partir do condicionamento para a adoção ou propositura da ação coletiva e no que tange ao processamento e deliberação judicial, comparativamente à redação legal originária do art. 114, § 2º, da Constituição Federal, o instituto permanece como uma das formas de solução dos conflitos coletivos, se esgotarem as vias negociais direta entre as partes ou por meio da conciliação e/ou mediação, e ainda se os contendores não optarem pela arbitragem.

A *evidente* restrição do poder normativo aponta uma tendência de seu fim no plano fático ou prático[476], mas não no plano legal, cujo instituto, aliás, também está elencado na proposta de alteração do modelo sindical e das relações coletivas de trabalho, no mesmo patamar do descrito acima[477]. No atual estágio é o que se depreende da própria leitura do preceito legal supracitado, já que mesmo com essas alterações esse preceito conserva a Justiça do Trabalho como órgão competente para dirimir o conflito oriundo do ajuizamento do dissídio coletivo de natureza

---

(475) RAMOS FILHO, Wilson. Direito coletivo e sindical na reforma do judiciário. In: RAMOS FILHO, Wilson. *Direito coletivo do trabalho depois da EC n. 45/04*. Curitiba: Gênesis, 2005. p. 99.
(476) A esse respeito, PINTO JÚNIOR, Dirceu. O poder normativo da Justiça do Trabalho e a EC n. 45/04. In: PINTO JÚNIOR, Dirceu. *Direito coletivo do trabalho depois da EC n. 45/04*. Curitiba: Gênesis, 2005. p. 136-138, entende que a modificação do texto legal "poderá implicar o desaparecimento da utilização do poder normativo, na prática", "pela impossibilidade de sua adoção".
(477) A respeito, a PEC n. 369/05, que dá nova redação aos arts. 8º, 11, 37 e 114 da Constituição Federal, sendo que especialmente a alteração desse preceito (art. 114), cujo § 2º assim dispõe: "Recusando-se qualquer das partes à arbitragem voluntária, faculta-se a elas, de comum acordo, na forma da lei, ajuizar ação normativa, podendo a Justiça do Trabalho decidir o conflito, respeitadas as disposições mínimas legais de proteção ao trabalho, bem como as convencionadas anteriormente". Do mesmo modo, veja-se o Anteprojeto de Lei de Relações Sindicais, que prevê no art. 188 o seguinte: "No fracasso da negociação coletiva destinada à celebração ou à renovação de norma coletiva, os atores coletivos em conflito poderão, de comum acordo, provocar a atuação do tribunal do trabalho, de árbitro ou de órgão arbitral para o fim de criar, modificar ou extinguir condições de trabalho". Nota-se que em ambas as situações legislativas que se pretende implementar, a Justiça do Trabalho é apontada como um dos órgãos competentes para a resolução do conflito coletivo de trabalho, e com propósito de fixar normas e condições de trabalho aplicáveis no âmbito da representação das partes litigantes.

econômica. Assim pensa Gilberto Stürmer ao pontuar que "se a Justiça do Trabalho decide o conflito coletivo de natureza econômica, por cento está exercendo o Poder Normativo, ainda que mitigado pelo ajuizamento de 'comum acordo'"[478].

Destarte, pelo que se demonstrou — e a par do dispositivo legal supracitado —, dentre outras atribuições atinentes a sua competência, incumbe ao Judiciário Trabalhista conhecer e decidir os dissídios coletivos, ora entendidos como uma ação coletiva que impõe a observância de preceitos legais e de formalidades e requisitos específicos, cujo propósito também abarca o estabelecimento de cláusulas normativas e condições de trabalho, ainda que observadas as restrições descritas no próprio texto legal e no entendimento jurisprudencial do E. STF[479].

De outro modo, se o propósito do legislador fosse de extirpar o poder normativo, deveria simplesmente não fazer qualquer referência à possibilidade de atuação da competência dos Tribunais Trabalhistas nos termos contidos no § 2º do art. 114 da Constituição, ou seja, suprimir esse dispositivo. Amauri Mascaro Nascimento deduz que não é "sustentável a tese de que o poder normativo da Justiça do Trabalho foi extinto" ante a impossibilidade de defender o fim do instituto "quando a EC n. 45 manteve o dissídio coletivo econômico que só pode ser solucionado com decisão de mérito com pronunciamento sobre as condições de trabalho pleiteadas"[480]. Portanto, o poder normativo permanece vivo no nosso sistema jurídico, não obstante a inequívoca restrição de sua adoção face aos condicionamentos previstos.

Igualmente entendendo não ter havido a extinção do poder normativo, Monica Brandão Ferreira alude que a "nova redação do art. 114, § 2º da CF se limitou a restringir o poder normativo"[481], ou, como propõe Davi Furtado Meirelles, o instituto "sofreu grande limitação, no caso do dissídio coletivo econômico para a criação de novas cláusulas, para alteração ou extinção de cláusulas sociais já presentes, além de, óbvio, para a aplicação de novas condições salariais"[482].

Otavio Brito Lopes também cita a limitação do poder normativo com a edição da EC n. 45/04[483], enquanto Kátia Regina Cezar aduz que, "apesar de ter sido

---

(478) STUMER, Gilberto. Negociação coletiva de trabalho como fundamento da liberdade sindical x poder normativo da Justiça do Trabalho. *Revista LTr*, São Paulo, n. 71, nov. 2007. p. 1.350.
(479) Nesse sentido, veja-se a decisão proferida no RE n. 197.911/PE, da 1ª Turma, publicada no DJU 7.11.1997, tendo como Relator o Ministro Octávio Gallotti, em que figuraram como recorrentes o Sindicato da Indústria do Açúcar e do Álcool no Estado de Pernambuco e Sindicato dos Cultivadores de Cana-de--Açúcar no Estado de Pernambuco.
(480) NASCIMENTO, Amauri Mascaro. A questão do dissídio coletivo "de comum acordo". *Revista LTr*, São Paulo, n. 70, jun. 2006. p. 655.
(481) FERREIRA, Mônica Brandão. O dissídio coletivo na justiça do trabalho: da necessidade do comum acordo para o seu ajuizamento. *Revista LTr*, São Paulo, n. 71, jan. 2007. p. 33.
(482) MEIRELLES, Davi Furtado. Poder normativo: momento de transição. In: MEIRELLES, Davi Furtado. *Direito coletivo do trabalho depois da EC n. 45/04*. Curitiba: Gênesis, 2005. p. 119.
(483) LOPES, Otávio Brito. O poder normativo da Justiça após a Emenda Constitucional n. 45. *Revista LTr*, São Paulo, n. 69, fev. 2005. p. 167.

bastante reduzido", o "poder normativo dos Tribunais Laborais não foi extinto no Brasil"[484]. Carolina de Oliveira Lemes Santos pondera, de igual forma, que as exposições apresentadas por ocasião da votação do dispositivo legal que constou na Emenda externam que "a intenção do legislador era de dificultar o mecanismo de acesso ao judiciário para decisão dos conflitos trabalhistas", mas "o legislador não aboliu definitivamente esta forma de solução de conflito", tanto que "o dissídio coletivo ainda é previsto em nosso ordenamento", reconhecendo-se, pois, o "exercício do poder normativo pelos Tribunais, ainda que com limitações"[485].

É relevante destacar que a limitação ou a redução citada na doutrina como inerente ao poder normativo pós-Emenda n. 45/04 está relacionada à adoção do instituto pelas partes envolvidas no conflito coletivo de trabalho ou ao seu exercício, e não diretamente ao conteúdo ou à abrangência do seu exercício. Assim, a utilização do dissídio coletivo como instrumento de solução da relação conflituosa importa na sujeição pelas partes aos novos ditames que restringiram a sua adoção, porém, sem deixar de refletir no exercício do poder normativo pelo Judiciário Trabalhista.

6.6.5. Limites do poder normativo

A atuação dos Tribunais do Trabalho no exercício do poder normativo encontra limitação de duas ordens. Uma, delimitada como critério mínimo, e outra, acerca da amplitude máxima. O enfoque, aqui, não diz respeito à limitação de acesso ou de adoção do instituto por conta do condicionamento imposto pelo preceito legal, mas à abrangência mínima e máxima que o poder normativo pode alcançar.

Com efeito, a partir do preceituado no § 2º do art. 114 da Carta Magna, que estabelece a necessidade de se respeitar "as condições mínimas legais de proteção ao trabalho, bem como as convencionadas anteriormente", não há dificuldade em compreender que o limite mínimo é expressamente definido, ou seja, encontra delimitação no próprio ordenamento jurídico. O regramento constitucional não faz referência quanto à limitação máxima, ensejando em discussões controversas a respeito.

Pois bem, alguns enfoques são necessários para melhor desenvolvimento do presente trabalho. Em relação ao limite mínimo, embora o próprio texto legal tenha se encarregado de fixar o delineamento necessário, denota-se que tal não se trata de inovação advinda da EC n. 45/04. Destarte, a redação anterior já previa a necessidade de se respeitarem "as disposições convencionais e legais mínimas de proteção ao trabalho", e*vid*enciando que as condições estabelecidas em Norma

---

(484) CEZAR, Kátia Regina. Poder normativo e dissídios coletivos. In: CEZAR, Kátia Regina et al. *Temas controvertidos do direito coletivo do trabalho no cenário nacional e internacional*. São Paulo: LTr, 2006. p. 296.
(485) SANTOS, Carolina de Oliveira Lemes. Aspectos do dissídio coletivo de comum acordo e do poder normativo da justiça do trabalho pós-Emenda Constitucional n. 45/04. In: SANTOS, Carolina de Oliveira Lemes. *Direito coletivo do trabalho em debate*. Rio de Janeiro: Lumen Juris, 2009. p. 181-182.

Coletiva que seria substituída pela sentença normativa da ação de dissídio coletivo deveriam ser consideradas e reiteradas. Do mesmo modo e inequívoco pelo texto constitucional anterior, a mesma sentença também deveria observar os preceitos legais de proteção, tais como aqueles que tratam da segurança e medicina do trabalho, da duração do trabalho, do trabalho da mulher e do menor, tidos como de ordem pública.

A esse respeito, João Carlos de Araújo ressalta que "a sentença coletiva não terá eficácia, se, por exemplo, estabelecer condição inferior à legal, ou convencional", porquanto "não poderá reduzir direitos trabalhista já anteriormente conquistados pela categoria em convenção ou acordo coletivo"[486], exceto na restrita hipótese de a empresa ou a entidade sindical patronal suscitada demonstrar a impossibilidade de manutenção de cláusula anteriormente pactuada[487].

A alteração decorrente da EC n. 45/04, porém, não propiciou qualquer inovação nesse particular, apenas tornou mais explícito que

> existindo norma coletiva decorrente de negociação coletiva anterior (convenção ou acordo coletivo de trabalho), que regia as relações de trabalho, suas disposições devem ser observadas no julgamento do dissídio coletivo de natureza econômica, ou seja, mantidas por sentença normativa[488].

Nessa esteira, ao analisar o processo RODC n. 53/04, originário do TRT da 3ª Região, o TST deliberou pela manutenção de cláusulas preexistentes referentes à participação nos lucros e resultados e abono salarial único, segundo consta no corpo do v. acórdão, sob a relatoria do Ministro Barros Levenhagen, por atender "ao comando do § 2º do art. 114 da Constituição, com a inovação introduzida pela Emenda Constitucional n. 45, de 2004", acrescentando que a parte suscitada, "por sua vez, não trouxe na defesa ou mesmo no recurso ordinário circunstâncias novas que não autorizassem a manutenção das cláusulas precedentes, relativas ao PLR e ao abono único", mas

> ao contrário, tanto lá como cá cuidou apenas de sustentar a tese de que a sua concessão demandava negociação entre os protagonistas das

---

(486) ARAÚJO, João Carlos de. *Ação coletiva do trabalho*. São Paulo: LTr, 1993. p. 13.
(487) SILVA, Edson Braz da. Aspectos processuais e materiais do dissídio coletivo frente à Emenda Constitucional n. 45/04. *Revista LTr*, São Paulo, n. 69, set. 2005. p. 1.044. Esse jurista cita duas decisões judiciais, uma do STF (Agravo Regimental em Recurso Extraordinário n. 150.475, publicado no DJU 27.10.95. p. 36-37, tendo como Relator o Ministro Ilmar Galvão) e outra do TST (RODC n. 31082/200-900-03-00, publicado no DJU 17.10.03, atuando como Relator o Ministro João Oreste Dalazen), que direcionam no sentido de manter cláusulas convencionais preexistentes, "quanto do patronato não apresentasse um justo motivo para a supressão do benefício e que fosse baseado em alterações posteriores das condições norteadoras da instituição da vantagem trabalhista".
(488) GARCIA, Gustavo Filipe Barbosa. Reforma do poder judiciário: o dissídio coletivo na justiça do trabalho após a Emenda Constitucional n. 45/04. *Revista LTr*, São Paulo, n. 69. jan. 2005. p. 71.

relações coletivas de trabalho, de modo que, mantida presumidamente a situação financeira pretérita da categoria econômica, impõe-se a manutenção de ambas as cláusulas[489].

Conquanto assegurada como regra a manutenção de cláusula preexistente, é importante destacar que tal não significa incorporação ou integração das disposições convencionadas aos contratos de trabalho. Andréa Presas Rocha afirma que o texto legal em análise refere-se a um critério de julgamento, "estipulado com a missão de fixar um norte para o julgador na prolação da decisão", não se tratando, "de modo algum, de norma de direito individual, determinando a incorporação das cláusulas convencionais aos contratos individuais de trabalho"[490]. Esse entendimento também é o de Gustavo Filipe Barbosa Garcia, o qual preconiza que a questão

> não é propriamente a respeito de integração ou não das cláusulas das normas coletivas nos contratos individuais de trabalho, mas sim o critério estabelecido, pela Constituição Federal, para o julgamento do dissídio coletivo pelos tribunais do trabalho[491].

Superada a abordagem do limite mínimo, convém discorrer sobre a amplitude máxima do poder normativo. A questão, aqui, é mais controvertida, tanto na doutrina como na jurisprudência, com mais ênfase a partir da alteração decorrente da EC n. 45/04, tanto que Walter William Ripper julga que "com o atual comando constitucional" "a exclusão de a expressão estabelecer normas e condições" "retira qualquer possibilidade criativa da Justiça do Trabalho e limita suas decisões aos mínimos preceitos legais e às cláusulas anteriormente negociadas (limites mínimos)"[492]. Esse posicionamento, contudo, não se revela correto, já que, como discorrido anteriormente, embora o texto legal não mais contemple a (expressão de) possibilidade de a Justiça do Trabalho estabelecer normas e condições de trabalho, tal atribuição está implícita no exercício do poder normativo.

Destarte, a sentença normativa que decide e resolve o conflito coletivo também delibera sobre as reivindicações das partes envolvidas no litígio, em especial da classe obreira, contrapostas pela categoria econômica. Consequentemente, as normas e condições de trabalho são definidas ou fixadas na referida sentença para serem aplicadas no âmbito da representação dos entes envolvidos na contenda,

---

(489) RODC n. 53/2004-000-03-00.6, publicado no DJU 6.5.2005. Disponível em: <http://www.tst.gov.br> Acesso em: 2.2.2008.
(490) ROCHA, Andréa Presas. Dissídios coletivos: modificações introduzidas pela Emenda Constitucional n. 45/04. In: ROCHA, Andréa Presas. *Suplemento Trabalhista*, São Paulo: LTr, n. 28, 2006. p. 134.
(491) CASTILHO, José Luciano de. A reforma do poder judiciário, o dissídio coletivo e o direito de greve. *Revista do Tribunal Superior do Trabalho*, Brasília, v. 71, n. 1, jan./abr. 2005. Disponível em: <http://www.tst.gov.br> Acesso em: 2.2.2008.
(492) RIPPER, Walter William. *O poder normativo da justiça do trabalho após a EC n. 45/04*. São Paulo: LTr, 2007. p. 108.

observando, além das disposições mínimas legais de proteção ao trabalho e as convencionadas anteriormente, os parâmetros delineados pelas partes no processo judicial coletivo. E nem poderia ser diferente, à medida que uma mera decisão se limitando a "solucionar o conflito" não resolveria, de fato, a situação litigiosa das categorias econômica e profissional. Ora, é sabido que o conflito se instala a partir de reivindicações das classes não solvidas no âmbito negocial entre as partes. Assim, se o Judiciário Trabalhista não mais pudesse fixar normas e condições de trabalho, de nada adiantaria a sua atuação, porquanto não resultaria na solução efetiva do conflito.

É certo, todavia, que, além da limitação mínima, há o critério máximo que envolve o poder normativo, embora uma corrente defenda o caráter amplo de atuação do Judiciário Trabalhista sem qualquer limite legal[493]. Mas este também não parece ser o critério mais coerente, até porque impossível se cogitar em extrapolamento dos limites das reivindicações deduzidas pelas partes envolvidas no conflito. Ives Gandra da Silva Martins Filho apresenta alguns delineamentos que expressam o limite máximo e o mínimo do poder normativo, sendo oportuno observar a menção ao preceituado no art. 766 da CLT como critério máximo, que se constitui na justa retribuição ao capital, de modo que as

> condições mais favoráveis ao trabalhador poderão ser estabelecidas, até o limite de possibilidade das empresas, não se podendo sobrecarregar unicamente o capital, em proveito do trabalho, sob pena de se inviabilizar o esforço produtivo nacional (acabando com o lucro, que o motor do empresário)[494].

Mesmo sem vincular os Tribunais Trabalhistas uma decisão proferida pelo STF nos autos do RE n. 197.911-1, publicado no DJU 7.11.1997, tendo como Relator o Ministro Octávio Gallotti, acabou servindo de balizamento do exercício do poder normativo, já que restringiu a atuação dos órgãos jurisdicionais nas ações de dissídio coletivo em quatro situações, como descritas por Raimundo Simão de Melo, e também em referência ao entendimento exarado pela Alta Corte, quais sejam: "a) no vazio da lei; b) quando não contrarie ou se sobreponha à lei vigente; c) desde que as condições não estejam vedadas pela Constituição Federal; e d) que a matéria tratada não esteja reservada à lei pela Constituição"[495].

---

(493) A respeito, Henrique Macedo Hinz, na publicação: HINZ, Henrique Macedo. *O poder normativo da justiça do trabalho*. São Paulo: LTr, 2000. p. 59; MELO, Raimundo Simão de. *Dissídio coletivo de trabalho*. São Paulo: LTr, 2002. p. 51, ressaltando que esse jurista complementa o enfoque quanto à ausência de limitação para a atuação normativa, defendida pelos partidários da corrente ampliativa, dizendo que, nesse caso, cabe "aos tribunais decidir com base apenas nos princípios da oportunidade e da conveniência".
(494) MARTINS FILHO, Ives Gandra da Silva. *Processo coletivo do trabalho*. São Paulo: LTr, 1994. p. 43.
(495) MELO, Raimundo Simão de. *Dissídio coletivo de trabalho*. São Paulo: LTr, 2002. p. 52.

Faz-se imperioso reiterar que a decisão do STF não vinculou os Tribunais do Trabalho, já que o processo analisado não se tratava de ação direta de (in)constitucionalidade, mas, segundo Otávio Brito Lopes, motivou o TST ao cancelamento de vários Precedentes Normativos[496].

Tanto é verdade que vários julgados do TST posteriormente àquela do STF não se restringiram às circunstâncias acima esposadas. Edésio Passos cita duas decisões (RODC n. 619907/1999 e RODC n. 743300/2001), "derivadas de votos dos ministros João Oreste Dalazen e Vieira de Mello, que retomavam a linha de defesa do emprego: determinar o adicional de horas extras em 100%", sendo que

> primeira decisão, gravando esse adicional na terceira e quarta horas extras, e a segunda determinando o adicional de 100% sobre as primeiras duas horas extras e estabelecendo o limite da nona e décima horas para o trabalho extraordinário[497]

e que retratam a atuação do Judiciário Trabalhista sem a restrição limitativa do entendimento do Supremo Tribunal.

Em arremate, malgrado a divergência no tocante à delimitação máxima do poder normativo ensejar discussões divergentes, um critério passível de ser adotado é o da equidade, não difundido plenamente, haja vista envolver maior desprendimento dos critérios objetivos. Raimundo Simão de Melo aborda a equidade como forma de se alcançar melhor solução para os conflitos coletivos[498]. De igual modo, Ives Gandra da Silva Martins Filho também invoca a equidade a ser exercida pelo juízo laboral em dissídio coletivo "na fixação de condições de trabalho que realcem a dignidade e a primazia do trabalho como fator de produção", e que, ao mesmo tempo, estimulem "a atividade produtiva, refletindo inclusive na geração de novos empregos"[499].

Mesmo externados em momento anterior à EC n. 45/04, esses posicionamentos doutrinários também são referendados por entendimento pós-Emenda, e José Luciano de Castilho ressalta a manifesta "possibilidade do exercício do poder de decidir por equidade, enquanto esta consagra a justiça do caso concreto"[500].

---

(496) LOPES, Otavio Brito. Os precedentes normativos do TST: cancelamento. *Revista LTr*, São Paulo, n. 63, mar. 1999. p. 347. O autor cita que foram cancelados 19 Precedentes Normativos positivos e 27 Precedentes Normativos negativos, e que nos primeiros (positivos) "o objetivo foi, certamente, compatibilizar a jurisprudência da SDC aos limites constitucionais do Poder Normativo, descortinados pelo A. STF".
(497) PASSOS, Edésio. Roteiro para estudo: poder normativo, resolução dos conflitos coletivos de trabalho e a EC n. 45/04. In: PASSOS, Edésio. *Direito coletivo do trabalho depois da EC n. 45/04*. Curitiba: Gênesis, 2005. p. 175.
(498) MELO, Raimundo Simão de. *Dissídio coletivo de trabalho*. São Paulo: LTr, 2002. p. 53.
(499) MARTINS FILHO, Ives Gandra da Silva. *Processo coletivo do trabalho*. São Paulo: LTr, 1994. p. 48.
(500) CASTILHO, José Luciano de. A reforma do poder judiciário, o dissídio coletivo e o direito de greve. *Revista do Tribunal Superior do Trabalho*, Brasília, v. 71, n. 1, jan/abr. 2005. p. 33. Disponível em: <http://www.tst.gov.br> Acesso em: 2.2.2008.

6.7. Análise dos aspectos controvertidos para ajuizamento de ação coletiva após a EC n. 45/04

Como já pontuado, a EC n. 45/04 possibilitou modificações no âmbito do direito coletivo do trabalho, porque alterou de maneira substancial a questão relativa à propositura da ação de dissídio coletivo de natureza econômica a par da nova redação contida no § 2º do art. 114 da Constituição Federal[501].

Passados mais de três anos, a inovação promovida pelo legislador constituinte derivado ainda causa discussões doutrinárias e jurisprudenciais sem que haja harmonia e regular uniformidade nos principais aspectos controvertidos já apontados. Os Tribunais Regionais têm se manifestado de maneira díspar, principalmente em relação à exigência ou à irrelevância do "comum acordo" para a regular tramitação do processo de ação coletiva[502].

O próprio TST também tem deliberado sem coesão, pois no processo DC n. 150085/2005-000-00-00.3 entendeu pela desnecessidade de obtenção do consentimento da parte contrária para o ajuizamento da ação coletiva, considerando que nesse caso teria ocorrido a concordância tácita do suscitado[503], enquanto na apreciação do DC n. 165049/2005-000-00-00.4, publicado no DJU 29.9.2006, o Tribunal deliberou pela extinção do processo por não ter sido demonstrado o "comum acordo", considerado como exigência legal para o ajuizamento do dissídio coletivo, destacando-se como argumento constante no corpo do acórdão que "até que venha a ocorrer a oportuna manifestação do Supremo Tribunal Federal", deve–se entender como formalidade essencial a anuência prévia.

Por se tratar de questão de ordem constitucional, há em tramitação no Supremo Tribunal Federal cinco ações diretas de inconstitucionalidade, nas quais se discute a

---

(501) Art. 114. ...
§ 2º Recusando-se qualquer das partes à negociação coletiva ou à arbitragem, é facultado às mesmas, de comum acordo, ajuizar dissídio coletivo de natureza econômica, podendo a Justiça do Trabalho decidir o conflito, respeitadas as disposições mínimas legais de proteção ao trabalho, bem como as convencionadas anteriormente.

(502) Abarcando a hipótese de desnecessidade de concordância da parte oponente no processo do dissídio coletivo, cita-se: TRT 2ª Reg., DC n. 20222-2005-000-02-00, Ac n. 2006000061, da SDC, Rela. Juíza Wilma Nogueira de Araújo Vaz da Silva, julg. em 15.12.2005, publ. no DOESP 24.1.2006; TRT 2ª Reg., DC n. 00012/2005-2, Ac. n. 2005001595 da SDC, Rel. Juiz José Carlos da Silva Arouca, julg. em 21.7.2005, publ. no DOESP 9.8.2005; TRT 3ª Reg., DC n. 00474-2006-000-03-00-9, da SEDC, Juiz Relator Sebastião Geraldo de Oliveira, julg. em 3.8.2006, publ. no DJMG 25.8.2006. Em contrapartida, entendendo pela indispensabilidade do "comum acordo" para o ajuizamento da ação coletiva, aponta-se: TRT 3ª Reg., DC n. 00668-2007-000-03-00-5, da SEDC, Juíza Relatora (convocada) Maria Cecília Alves Pinto, julg. em 22.11.2007, publ. no DJMG 30.11.2007; TRT 3ª Reg., DC n. 01426-2005-000-03-00-7, da SEDC, Juiz Relator Luiz Otávio Linhares Renault, julg. em 1º.6.2006, publ. no DJMG 15.6.2006; TRT 3ª Reg., DC n. 00072-2006-000-03-00-4 da SEDC, Juiz Relator (designado) Antônio Álvares da Silva, julg. em 1º.6.2006, publ. no DJMG 15.6.2006.

(503) Como mencionado por NASCIMENTO, Amauri Mascaro. A questão do dissídio coletivo "de comum acordo". *Revista LTr*, São Paulo, n. 70, jun. 2006. p. 647.

legalidade ou não da exigência do "comum acordo" para o ajuizamento da ação coletiva[504]. E até que a nossa mais Alta Corte se manifeste e delibere sobre o assunto, pacificando a controvérsia nesse particular, os operadores do direito laboral têm debatido a respeito, e suas principais divergências envolvem os aspectos adiante abordados.

6.7.1. Acerca da previsão "de comum acordo": discussão quanto à constitucionalidade

Como já mencionado neste livro, dentre as inovações inseridas no art. 114 da Constituição Federal no âmbito do direito coletivo a de maior repercussão e controvérsia, sem dúvida, refere-se à expressão "de comum acordo", retratando um requisito a ser cumprido para viabilizar a regular tramitação do processo da ação de dissídio coletivo.

As divergências envolvem os seguintes itens: **a)** sobre a facultatividade de a parte suscitante se valer ou se sujeitar ao consentimento do oponente (ou suscitado) para o ajuizamento do dissídio coletivo; **b)** quanto a constitucionalidade ou não da disposição "de comum acordo"; **c)** acerca do momento em que a anuência da parte contrária pode ser externada, inclusive da possibilidade do consentimento ocorrer tacitamente.

Analisam-se as hipóteses cogitadas e suas particularidades.

6.7.1.1. Sobre a facultatividade da obtenção do consentimento do oponente

Os partidários desse posicionamento entendem que a nova disposição do texto constitucional que trata do ajuizamento da ação coletiva — § 2º do art. 114 da Carta Magna, pós-EC n. 45/04, não torna obrigatória a concordância de ambas as partes envolvidas no conflito para regular interposição e processamento daquela medida judicial.

Destarte, a obtenção do aceite da parte contrária seria facultativa, e assim a propositura do dissídio coletivo perante o Tribunal do Trabalho competente poderia ser viabilizada de modo unilateral por quem, envolvido no conflito coletivo, vislumbrasse a solução da contenda com a intervenção desse órgão jurisdicional.

A esse respeito, expressando ideal contrário ao pensamento restritivo de acesso e adoção do dissídio coletivo "de natureza econômica", Márcio Ribeiro do Valle discorre, advertindo "que o ajuizamento de comum acordo é uma mera faculdade e apenas nas duas hipóteses referidas, ou seja, recusa à negociação coletiva ou à arbitragem". E mais adiante arremata:

---

(504) ADIN n. 3.392-DF, ADIN n. 3.423-DF, ADIN n. 3.431-DF, ADIN n. 3.432-DF, ADIN n. 3.520-DF, todos sob a relatoria do Ministro Cezar Peluso.

o que está escrito, na mais real verdade, é que, recusando-se qualquer das partes à negociação coletiva ou à arbitragem é que será possível e viável o exercício da faculdade (não obrigação, não imposição) do comum acordo no ajuizamento[505].

Embora reconheça que o propósito do legislador constituinte derivado foi o de limitar os dissídios coletivos de natureza econômica, Bruno Ferraz Hazan expressa o mesmo entendimento, considerando mais lógica a "tendência interpretativa de que o comum acordo é facultativo"[506].

Reforça essa visão José Carlos Arouca ao aventar tal possibilidade, "porque foi mantido mais que o poder normativo, ou seja, o inciso III do art. 8º da Constituição, quer dizer, a defesa pelo sindicato de interesses — e não de direitos — coletivos — e não meramente individuais — em questões judiciais"[507].

Invocando o preceituado no art. 5º, inciso XXXV, da Constituição Federal, Arnaldo Lopes Süssekind propõe que tal dispositivo,

> como cláusula pétrea, assegura o direito da entidade sindical, uma vez malograda a negociação coletiva, de ajuizar o dissídio coletivo, ainda que sem a concordância da entidade patronal — garantia que se harmoniza com o prescrito no art. 8º, III, do ordenamento constitucional[508].

Há, também, precedente jurisprudencial neste sentido, porque a Seção de Dissídios Coletivos do Tribunal Regional do Trabalho da 2ª Região deliberou sobre a facultatividade do ajuizamento de comum acordo sem excluir a possibilidade do ajuizamento unilateral, segundo consta da decisão,

> cujo amparo decorre de cláusula pétrea constitucional, até porque estabelecer a exigência do prévio comum acordo como *conditio sine qua non* para a instauração do dissídio coletivo implica forjar uma antinomia entre o art. 114 e a cláusula pétrea da indeclinabilidade da jurisdição, contemplada no inciso XXXV do art. 5º da Carta Magna, resumida no princípio segundo o qual a lei não excluirá da apreciação do Poder Judiciário lesão ou ameaça a direito[509].

---

(505) VALLE, Márcio Ribeiro do. Dissídio coletivo — EC n. 45/04: inexistência de óbice ao exercício do direito de ação. *Tribunal Regional do Trabalho da 3ª Região*, 2007. Disponível em: <www2.mg.trt.gov.br/informe/acs/2005/n290305c.htm> Acesso em: 26.12.2007.
(506) HAZAN, Bruno Ferraz. O direito do trabalho pede socorro: aderência contratual das normas coletivas e o "comum acordo" na instauração dos dissídios coletivos. *Suplemento trabalhista*, São Paulo: LTr, n. 7, 2007. p. 23.
(507) AROUCA, José Carlos. Justiça do trabalho competência para matéria sindical. In: AROUCA, José Carlos. *Suplemento Trabalhista*, São Paulo: LTr, n. 53, 2005. p. 219-220.
(508) SÜSSEKIND, Arnaldo Lopes. Do ajuizamento dos dissídios coletivos. *Revista LTr*, São Paulo, n. 69, set. 2005. p. 1.032.
(509) Processo n. 20222-2005-000-02-00, Acórdão n. 2006000061, decidido em 15.12.2005, publicado no DOESP, PJ, TRT 2ª T., 24.1.2006.

Apesar de defendida por juristas respeitáveis, a tese esposada não se mostra coerente com o texto legal, definido conforme a intenção do legislador constituinte derivado. Com efeito, ao prever que "é facultado às mesmas — ou seja, às partes envolvidas no conflito —, de comum acordo, ajuizar dissídio coletivo de natureza econômica...", resta evidenciada a facultatividade quanto à adoção do dissídio coletivo como medida para solucionar o conflito, mas uma vez decido por esse meio heterônomo, faz-se necessária a plena observância do condicionamento ou do requisito imposto para regular processamento e tramitação do processo da ação coletiva, cuja exigência somente pode ser relevada por intervenção judicial, o que será objeto de abordagem, adiante.

Não se depreende da análise gramatical do preceito constitucional que a obtenção do consentimento da parte contrária seria facultativa. Ao contrário, aquela se afigura como requisito indispensável, enquanto a facultatividade diz respeito, apenas, à escolha ou opção pela solução jurisdicional, cabível depois de esgotadas as vias negociais entre as partes em conflito e não havendo interesse na adoção da via arbitral.

Cássio Mesquita Barros deduz que, "chegando as negociações a um impasse, o ajuizamento do dissídio coletivo de natureza econômica, que permite a fixação de cláusulas e condições, só será possível se ambas as partes com isso concordarem"[510]. Também Alice Monteiro de Barros conclui que "o ajuizamento do dissídio coletivo de natureza econômica depende da comunhão de interesses das partes envolvidas"[511].

Importante salientar que, mesmo referindo-se ao "ajuizamento", tal deve ser compreendido como um requisito para a regularidade na tramitação do processo da ação coletiva e não necessariamente como uma condição para a interposição da medida judicial. É que, conforme será discorrido, a expressão "de comum acordo" se trata de um pressuposto processual para o regular desenvolvimento do processo, passível de ser obtido tacitamente, bem como alcançado no decorrer do andamento do feito.

6.7.1.2. Quanto à constitucionalidade ou não da disposição "de comum acordo"

A discussão, aqui, é mais acentuada, justamente porque a expressão "de comum acordo" do texto legal que trata do dissídio coletivo e da atuação do Judiciário Trabalhista no exercício do poder normativo se constitui na alteração mais relevante e de maior controvérsia dentro do âmbito de sua inserção no contexto jurídico e de sua eficácia.

---

(510) BARROS, Cássio Mesquita. A reforma judiciária da Emenda Constitucional n. 45. *Revista LTr*, São Paulo, n. 69, mar. 2005. p. 287.
(511) BARROS, Alice Monteiro de. *Curso de direito do trabalho*. São Paulo: LTr, 2006. p. 1.230.

Como já apontado, o aspecto em relevo é, atualmente, objeto de discussão judicial perante o STF, ou seja, quanto à legalidade ou não do "comum acordo" inserto na redação do § 2º do art. 114 da Constituição Federal[512]. A doutrina e a jurisprudência — também como já apontado — vêm debatendo o tema, resultando em duas correntes, uma das quais defende a inconstitucionalidade do preceito legal em desate por violar disposição pétrea que assegura como garantia constitucional o acesso ao Poder Judiciário para apreciar lesão ou ameaça a direito, referenciado como princípio da inafastabilidade da jurisdição como previsto no inciso XXXV do art. 5º da Carta Magna[513]. Isso não significa que outras premissas sejam desconsideradas para reforçar o posicionamento.

Nessa linha, Arnaldo Lopes Süssekind aduz que a "*Lex fundamentalis* de 1988 consagrou a teoria da inviolabilidade das cláusulas pétreas", cuja

> vedação alcança, além de outros direitos e garantias constitucionais e principalmente os mandamentos expostos no art. 5º, entre os quais consagra o tradicional princípio de que "a lei não excluirá da apreciação do Poder Judiciário lesão ou ameaça a direito".

Discorre, ainda, sobre a impossibilidade de o legislador constituinte derivado romper o regime político-jurídico anterior, já que a este cabe revisar o texto original ou a emenda de algumas de suas normas, não podendo, obviamente, exceder a autorização contida no texto genuíno que o instituiu. E complementa com o disposto no art. 8º, inciso III, da Constituição, que "a instauração de um dissídio coletivo objetiva, sem dúvida, a defesa 'dos direitos e interesses coletivos' da categoria representada pela entidade sindical"[514].

Ivan Simões Garcia, por sua vez, propõe que a "EC n. 45/04, no tocante ao 'comum acordo' é inconstitucional, não se revestindo de qualquer validade jurídica, porquanto contraria frontalmente os direitos fundamentais de inafastabilidade de jurisdição, do juiz natural e do devido processo legal (art. 5º, XXXV, LIII e LIV)", argumentando ainda que "a Justiça do Trabalho é o juízo natural para dirimir todos os conflitos emergentes da relação de emprego, e agora de trabalho", e, por conta disso, "o constituinte originário atribuiu a este ramo especializado poder suplementar

---

(512) Art. 114. Compete à Justiça do Trabalho processar e julgar:
§ 2º Recusando-se qualquer das partes à negociação coletiva ou à arbitragem, é facultado às mesmas, de comum acordo, ajuizar dissídio coletivo de natureza econômica, podendo a Justiça do Trabalho decidir o conflito, respeitadas as disposições mínimas legais de proteção ao trabalho, bem como as convencionadas anteriormente.
(513) Art. 5º Todos são iguais perante a lei, sem distinção de qualquer natureza, garantindo-se aos brasileiros e aos estrangeiros residentes no País a inviolabilidade do direito à vida, à liberdade, à igualdade, à segurança e à propriedade, nos termos seguintes:
XXXV — a lei não excluirá da apreciação do Poder Judiciário lesão ou ameaça a direito.
(514) SÜSSEKIND, Arnaldo Lopes. Do ajuizamento dos dissídios coletivos. *Revista LTr*, São Paulo, n. 69, set. 2005. p. 1.032.

no caso específico de sua jurisdição", o que equivale assinalar, "nos dissídios coletivos, a fim de que se promovam e efetivem os Direitos Fundamentais Sociais"[515].

Também entendendo haver violação constitucional por contrariar o princípio da jurisdição, Amauri Mascaro Nascimento explana que a exigência do impulso bilateral para o ajuizamento do dissídio contraria o princípio fundamental da CF: direito público subjetivo de ação, ressaltando que a imposição de mútuo consentimento pode trazer outra consequência indesejada: o incentivo à litigiosidade contida[516].

Para Wilma Nogueira de Araújo Vaz da Silva,

> não se pode extrair do § 2º da nova redação do art. 114 da Constituição Federal, dada pela Emenda Constitucional n. 45/02 (sic), uma interpretação que atente contra o direito de ação e consagre a inserção, nos respectivos requisitos de admissibilidade, de alguma das modalidades de condição obstacularizadas pelos princípios contidos nos arts. 122, 123 e 124 do vigente Código Civil.

Prossegue asseverando que a condição de imprescindibilidade de prévio comum acordo para que as entidades profissionais possam exercer o constitucional direito de ação inviabiliza o dissídio coletivo de natureza econômica pela via pacífica e, como efeito colateral indissociável, instiga a solução dos conflitos trabalhistas mediante a utilização da greve como instrumento de pressão, cuja deflagração não está sujeita por lei à anuência do poder econômico. E conclui:

> estabelecer a exigência do prévio comum acordo como *conditio sine qua non* para a instauração do dissídio coletivo implica forjar uma antinomia entre o art. 114 e a cláusula pétrea da indeclinabilidade da jurisdição, contemplada no inciso XXXV do art. 5º da Carta Magna[517].

Sob um enfoque das consequências fáticas da inovação jurídico-legal, Maira Angélica dal Conte Tonial destaca que a realidade atual não pode levar os nossos Tribunais a exigir o "mútuo consentimento" "como condição de possibilidade para o ajuizamento do dissídio coletivo", eis que "estar-se-á criando impeditivos ao acesso à justiça das classes menos favorecidas e oprimidas pelo capital"[518].

---

(515) GARCIA, Ivan Simões. Poder normativo: implicações constitucionais pós-EC n. 45/04. *Revista LTr*, São Paulo, n. 71, maio 2007. p. 582.
(516) NASCIMENTO, Amauri Mascaro. A questão do dissídio coletivo "de comum acordo". *Revista LTr*, São Paulo, n. 70, jun. 2006. p. 650 e 656.
(517) SILVA, Wilma Nogueira de Araújo Vaz da. Sobre a exigência de comum acordo como condição da ação de dissídios coletivos. *Revista LTr*, São Paulo, n. 69, set. 2005. p. 1.034 e 1.036.
(518) TONIAL, Maira Angélica dal Conte. *Dissídio coletivo* — o mútuo consentimento como requisito. Curitiba: Juruá, 2009. p. 238.

Outra corrente doutrinária tem se posicionado em sentido oposto, defendendo que a necessidade de obtenção da aquiescência da parte contrária não agride o direito ou o acesso ao Judiciário para a solução do conflito assegurado constitucionalmente, mas cria um requisito para a regular tramitação e apreciação do processo de dissídio coletivo de natureza econômica pelos Tribunais do Trabalho. Uma das justificativas para esse entendimento se sustenta nas discussões havidas no decorrer da deliberação da matéria no Congresso Nacional e do propósito do legislador em tornar o consentimento da parte suscitada exigência legal.

Avalizado pela discussão no plano legislativo, Júlio Bernardo do Carmo expõe, em nota de rodapé, que por ocasião da votação na Câmara dos Deputados da Emenda Constitucional n. 45/04 em segundo turno, conforme colhido das notas taquigráficas, "os deputados discutiram amplamente o assunto, dando especial ênfase na votação do destaque da expressão 'de comum acordo', que foi votado em separado", e cujo debate "foi candente, tendo prevalecido afinal a sua manutenção, como forma de forçar as partes envolvidas no conflito coletivo à negociação, ainda que utilizando-se a greve como medida extrema"[519].

Como propõe Otávio Brito Lopes, "com o advento da Emenda Constitucional n. 45, nenhuma das partes envolvidas no conflito coletivo pode, sem a anuência da outra, solicitar a solução do dissídio coletivo pelo Judiciário Trabalhista"[520]. Da mesma forma, Cássio Mesquita Barros ao salientar que "o ajuizamento do dissídio coletivo de natureza econômica que permite a fixação de cláusulas e condições de trabalho, só será possível se ambas as partes com isso concordarem"[521].

Gustavo Filipe Barbosa Garcia apregoa que o consentimento da parte adversa "não deixa de ser uma restrição à possibilidade de ajuizamento do dissídio coletivo econômico", e, em termos processuais, conduz, de certa forma, "a uma peculiar exceção a certos aspectos do princípio da inevitabilidade da jurisdição". No entanto, acrescenta que tal "não significa a exclusão de sua apreciação pelo Poder Judiciário", já que "nos conflitos coletivos de natureza econômica, o que se observa é a pretensão de fixação de novas condições de trabalho, a serem criadas para aplicação a todos os integrantes da categoria, ou aos empregados da(s) empresa(s) envolvida(s)", não se vislumbrando "simples lesão ou ameaça a direito propriamente, mas contraposição de interesses sobre a constituição de normas e condições a serem aplicadas, normalmente com efeitos futuros, nas relações de trabalho"[522].

---

(519) CARMO, Júlio Bernardo do. Do mútuo consenso como condição de procedibilidade do dissídio coletivo de natureza econômica. *Revista LTr*, São Paulo, v. 69, maio 2005. p. 594-595.
(520) LOPES, Otavio Brito. O poder normativo da justiça após a Emenda Constitucional n. 45. *Revista LTr*, São Paulo, n. 69, fev. 2005. p. 168.
(521) BARROS, Cássio Mesquita. A reforma judiciária da Emenda Constitucional n. 45. *Revista LTr*, São Paulo, n. 69, mar. 2005. p. 287.
(522) GARCIA, Gustavo Filipe Barbosa. Reforma do poder judiciário: o dissídio coletivo na justiça do trabalho após a Emenda Constitucional n. 45/04. *Revista LTr*, São Paulo, n. 69, jan. 2005. p. 68.

Analisando o tema em desate sob o enfoque da constitucionalidade da inovação advinda da EC n. 45/04, Raimundo Simão de Melo preleciona que não há ofensa ao inciso XXXV do art. 5º da CF, pois o "princípio da inafastabilidade jurisdicional se aplica, como estabelece explicitamente o preceito, às ofensas ou ameaças a direitos", o que não é o caso do dissídio coletivo econômico, por meio do qual "se discute meros interesses das categorias, especialmente obreira, consubstanciados em reivindicações econômicas e sociais que visam à melhoria das condições de trabalho dos respectivos membros"[523].

Para Enoque Ribeiro dos Santos, a exigência do "comum acordo" "não representa qualquer cerceamento do direito de livre acesso ao Poder Judiciário pelos legitimados", visto que acredita que o exercício do poder normativo pelos Tribunais do Trabalho "não representa um real e efetivo exercício da função jurisdicional, mas sim o desenvolvimento de uma função legislativa, de forma atípica e anômala", notadamente por objetivar "a criação de novas condições de trabalho"[524].

Sem desconsiderar os entendimentos ora esposados, em especial para compreender uma das linhas adotadas quanto à legalidade do consentimento das partes ao processamento do dissídio coletivo de interesse, há de se levar em conta, também, o objetivo da edição do § 2º do art. 114 da Constituição Federal pelo legislador constituinte-derivado.

Nesse passo, se apenas a adoção do método gramatical de interpretação da norma editada se mostra insuficiente para se concluir que a pretensão era — e é — efetivamente, no sentido acima externado, convém observar os métodos histórico e teleológico retratados pelo pensamento do legislador e das discussões parlamentares. Por esse prisma, é possível aferir, de modo satisfatório, que o propósito de elencar o "comum acordo" como condicionamento para viabilizar o exercício do poder normativo teve o condão de restringir o acionamento do Judiciário, e, por decorrência, forçar que as partes conflitantes esgotem as vias negociais na tentativa de solução para o impasse.

Alice Monteiro de Barros também parte da análise dos debates dos deputados para defender que a alteração do texto constitucional decorreu da intenção do legislador de "restringir o poder normativo da Justiça do Trabalho", e que tal interpretação não traduz em "ofensa ao art. 5º XXXV, da Constituição, que assegura o exame de lesão ou ameaça a direito pelo Poder Judiciário", uma vez que o "art. 114, § 2º, apenas impôs condição para o exercício do direito de ação, o que pode ser instituído até mesmo pelo legislador ordinário"[525].

---

(523) MELO, Raimundo Simão de. Ajuizamento de dissídio coletivo de comum acordo. *Revista Nacional de Direito de Trabalho*, Ribeirão Preto, v. 115, 2007. p. 24.
(524) SANTOS, Enoque Ribeiro dos. Dissídio coletivo e Emenda Constitucional n. 45/04. Considerações sobre as teses jurídicas da exigência do "comum acordo". *Revista Nacional de Direito do Trabalho*, Ribeirão Preto, v. 103, 2006. p. 13.
(525) BARROS, Alice Monteiro de. *Curso de direito do trabalho*. São Paulo: LTr, 2006. p. 1.229-1.230.

Ao tratar do assunto, Edson Braz da Silva faz alusão às discussões ocorridas no Fórum Nacional do Trabalho, complementando que a atual redação do art. 114, § 2º, é uma consequência dos debates travados nas reuniões do referido Fórum, particularmente quanto ao consenso das partes interessadas como condicionamento do exercício do poder normativo. Entende que não há conflito entre a norma do art. 5º, XXXV, e o preceito no § 2º do art. 114, ambos da Constituição Federal, "simplesmente porque cuidam de matérias diferentes", visto que, "enquanto na ação normal se objetiva a proteção de direitos, no dissídio coletivo o escopo é a satisfação de interesses que, se acolhidos judicialmente, mediante sentença normativa, transmutam-se em direitos"[526].

Como se nota, ambas as correntes expressam argumentos valorosos, porém não se pode deixar de se abstrair a intenção do legislador ao editar a EC n. 45/04 e alterar o preceituado no § 2º do art. 114 da Constituição Federal ao estabelecer a necessidade de consentimento da parte contrária para o exercício do poder normativo desempenhado pelos Tribunais Trabalhistas. Tal situação, por si só — e sem que haja o conflito de normas —, assegura a plenitude de acesso ao Judiciário visando à obtenção de tutela jurisdicional que solucione o conflito mediante a criação de normas e condições de trabalho.

6.7.1.3. QUANTO AO MOMENTO EM QUE A ANUÊNCIA DA PARTE CONTRÁRIA PODE SER EXTERNADA

A exemplo de outros aspectos já analisados, também não é uniforme a compreensão quanto ao momento e à forma que o "comum acordo" pode ou deve ser manifestado. Há quem entenda que o consentimento da parte suscitada deve preceder o ajuizamento da ação coletiva, ou se dar conjuntamente. Para outros, a aquiescência quanto ao processo de dissídio coletivo pode ser obtida no curso da demanda, bem como pode ocorrer tacitamente.

Ives Gandra da Silva Martins Filho afirma que "apenas de comum acordo o dissídio coletivo poderá ser ajuizado"[527], demonstrando que a obtenção da anuência da parte contrária deve anteceder a interposição da medida judicial.

Wilson Ramos Filho também deixa antever a necessidade de cumprimento do requisito em análise, previamente, ao enfatizar que a imprescindibilidade para o ajuizamento do dissídio coletivo de natureza econômica, que as partes que participaram da negociação malograda assim "o façam conjuntamente, em comum acordo"[528].

---

(526) SILVA, Edson Braz da. Aspectos processuais e materiais do dissídio coletivo frente à Emenda Constitucional n. 45/04. *Revista LTr*, São Paulo, n. 69, set. 2005. p. 1.039-1.041.
(527) MARTINS FILHO, Ives Gandra da Silva. A reforma do poder judiciário e seus desdobramentos na justiça do trabalho. *Revista LTr*, São Paulo, n. 69, jan. 2005. p. 36.
(528) RAMOS FILHO, Wilson. Direito coletivo e sindical na reforma do judiciário. In: RAMOS FILHO, Wilson. *Direito coletivo do trabalho depois da EC n. 45/04*. Curitiba: Gênesis, 2005. p. 96.

Ainda nessa mesma linha, Gustavo Filipe Barbosa Garcia entende que doravante "exige-se o consenso entre as partes envolvidas no conflito coletivo de trabalho para a instauração do referido dissídio", ou seja, o processo coletivo "apenas poderá ocorrer quando todas as partes envolvidas concordarem em levar o conflito à Justiça do Trabalho"[529].

Entretanto, embora se afigure como uma exigência legal, o "comum acordo" não deve ser interpretado como petição conjunta das partes em conflito, e tampouco como requisito prévio de admissibilidade à ação coletiva, mas para a sua regular tramitação e procedibilidade. Aliás, a se cogitar em petição conjunta firmada pelas partes, seria de se concluir que não haveria "parte contrária", ou estar-se-ia diante da "estranha situação de ajuizamento de uma ação por ambas as partes, em que, ao menos aparentemente, não há réu"[530].

Ademais, enquadrando-se como um pressuposto processual — conforme será abordado adiante —, tal situação pode ser regularizada no curso do processo, sendo possível se aferir ou se obter o consentimento da parte suscitada no curso do processo, inclusive tacitamente.

Manifestando essa mesma visão, Raimundo Simão de Melo expõe que o cumprimento da exigência

> pode ser preenchida na resposta do suscitado, de modo expresso ou tácito, na audiência de instrução e conciliação ou por meio de qualquer ato processual do qual se possa deduzir o assentimento daquele com a solução jurisdicional"[531].

De igual modo se posiciona Alexandre Agra Belmonte ao deduzir que, na hipótese do dissídio coletivo, o conflito é latente, e por isso "o comum acordo não precisa ser manifestado no momento do ajuizamento", e que "a falta de manifestação contrária ao ajuizamento importa em concordância tácita"[532]. Em arremate, Mônica Brandão Ferreira também explicita que "para o ajuizamento do dissídio coletivo não é necessário petição conjunta das partes, visto que o acordo não precisa ser prévio"[533].

Portanto, embora se constitua em requisito legal específico, a anuência da parte demandada pode ser obtida no decorrer da tramitação processual, desde

---

(529) GARCIA, Gustavo Filipe Barbosa. Reforma do poder judiciário: o dissídio coletivo na justiça do trabalho após a Emenda Constitucional n. 45/04. *Revista LTr*, São Paulo, n. 69, jan. 2005. p. 68.
(530) PINTO JÚNIOR, Dirceu. O poder normativo da justiça do trabalho e a EC n. 45/04. In: PINTO JÚNIOR, Dirceu. *Direito coletivo do trabalho depois da EC n. 45/04*. Curitiba: Gênesis, 2005. p. 137.
(531) MELO, Raimundo Simão de. Ajuizamento de dissídio coletivo de comum acordo. *Revista Nacional de Direito de Trabalho*, Ribeirão Preto, v. 115, 2007. p. 30.
(532) BELMONTE, Alexandre Agra. Mútuo consentimento como condição da ação no dissídio coletivo. *Revista LTr*, São Paulo, n. 71, jun. 2007. p. 684.
(533) FERREIRA, Mônica Brandão. O dissídio coletivo na justiça do trabalho: da necessidade do comum acordo para o seu ajuizamento. *Revista LTr*, São Paulo, n. 71, jan. 2007. p. 32.

que externada antes do encerramento instrutório. Eventual insurgência ou discordância da parte renitente em exprimir o seu consentimento deve ser apresentada na primeira oportunidade ou ocasião em que tiver de se manifestar, geralmente como preliminar na peça contestatória. Caso não o faça, é possível o entendimento de ter havido a aceitação tácita quanto à medida judicial interposta pela parte interessada na solução para o conflito.

6.7.2. Divergência de ordem processual em relação ao "comum acordo"

Superada a análise anterior e concluindo pela legalidade da exigência do condicionamento entre as partes para regular a tramitação do dissídio coletivo, cumpre verificar o seu enquadramento jurídico: se trata de uma condição da ação ou se figura como um pressuposto processual. A doutrina tenciona entre essas duas vertentes, embora seja possível afirmar, desde logo, que a expressão "comum acordo" no contexto da disposição legal é um requisito que deve ser compartilhado pelas partes.

Antes de serem analisados os posicionamentos doutrinários, é importante observar suas conceituações respectivas. De acordo com Arruda Alvim, as condições da ação "são as categorias lógico-jurídicas, existentes na doutrina e, muitas vezes, na lei, como em nosso Direito positivo, que, se preenchidas, possibilitam que alguém chegue à sentença de mérito"[534]. Ou seja, são requisitos constitutivos dos quais a ação depende, sob pena de, na falta de um deles, inviabilizar a apreciação do mérito da discussão. Ocorrendo a constatação de ausência de um elemento que compõe as condições da ação, tem-se que a parte é carecedora do direito de ação.

Quanto aos pressupostos processuais, Moacyr Amaral Santos assinala que "são requisitos necessários à regularidade e existência da relação processual"[535]. Assim, o não atendimento aos pressupostos impossibilita que o processo, como relação jurídica, se estabeleça ou se desenvolva validamente.

A verificação dos pressupostos processuais antecede a observância das condições da ação, porém tanto a desconsideração destas como daqueles importa na extinção do processo sem a resolução do mérito — vide art. 267, incisos IV e VI, do CPC. Não obstante, como aponta Humberto Theodoro Júnior, a deliberação judicial será de natureza e efeitos diversos, conforme acolhimento de matéria ligada aos pressupostos processuais ou às condições da ação. O reconhecimento da ausência de pressupostos processuais leva ao impedimento da instauração da relação

---

[534] ALVIM, Arruda. Manual de direito processual civil. São Paulo: Revista dos Tribunais, 1997. v. 1, p. 368.
[535] SANTOS, Moacyr Amaral. Primeiras linhas de direito processual civil. São Paulo: Saraiva, 1990. v. 1, p. 320.

processual ou à nulidade do processo, enquanto a ausência das condições da ação redunda em declaração de carência de ação[536].

No que tange especificamente ao "comum acordo" disposto no texto do § 2º do art. 114 da Constituição Federal, Gustavo Filipe Barbosa Garcia apregoa que "tudo indica tratar-se de condição da ação, bem peculiar e especial, do dissídio coletivo de natureza econômica", ou "mera condição da ação específica, para viabilizar a análise do mérito" do dissídio coletivo[537].

Também comungando do enquadramento supracitado, Alexandre Agra Belmonte sugere que, "para propor ou contestar ação, é preciso ter interesse e se o dissídio de natureza econômica é exatamente um dissídio de interesses, estar em juízo com a concordância da parte contrária é uma das condições dessa ação"[538]. Edson Braz da Silva assevera que "na parte relativa ao dissídio coletivo, o *de comum acordo* ostenta a natureza de condição específica da ação"[539].

O posicionamento doutrinário retratado nas citações acima, *data venia*, não se mostra o mais correto para refletir o enquadramento jurídico da expressão "comum acordo". Ora, considerando que as condições da ação se resumem, taxativamente, a três requisitos específicos: possibilidade jurídica do pedido, interesse de agir e legitimidade de parte, não se afigura como passível de o consentimento mútuo das partes integrar tal rol ou se inserir em uma das hipóteses, ainda que relativamente ao interesse de agir e cogitando-se que tal possa ser compartilhado entre as partes.

Acresça-se, como já pontuado, que a ausência de um único elemento que compõe as condições da ação resulta na carência do direito de ação, não sendo possível suprir eventual irregularidade atinente a um de seus requisitos no curso do processo.

De outro modo, a exigência do "comum acordo" melhor se encaixa dentro dos pressupostos processuais, mais especificamente de caráter objetivo, cuja inobservância se constitui em circunstância impeditiva de regular tramitação do processo do dissídio coletivo, mas passível de regularização no decorrer do feito. Neste sentido, Raimundo Simão de Melo explana que o "comum acordo" para o ajuizamento do dissídio coletivo econômico é indispensável e "significa mais um pressuposto processual, o qual, não atendido, leva ao indeferimento da petição inicial, depois de

---

(536) THEODORO JÚNIOR, Humberto. *Curso de direito processual civil*. Rio de Janeiro: Forense, 1990. v. I, p. 56.
(537) GARCIA, Gustavo Filipe Barbosa. Reforma do poder judiciário: o dissídio coletivo na justiça do trabalho após a Emenda Constitucional n. 45/04. *Revista LTr*, São Paulo, n. 69, jan. 2005. p. 68.
(538) BELMONTE, Alexandre Agra. Mútuo consentimento como condição da ação no dissídio coletivo. *Revista LTr*, São Paulo, n. 71, jun. 2007. p. 6.
(539) SILVA, Edson Braz da. Aspectos processuais e materiais do dissídio coletivo frente à Emenda Constitucional n. 45/04. *Revista LTr*, São Paulo, n. 69, set. 2005. p. 1.042.

esgotado o prazo assinado pelo juiz para o cumprimento de tal providência (CPC, art. 284)"[540].

Andréa Presas Rocha também está convencida de que "o 'comum acordo' é pressuposto processual de constituição e desenvolvimento do processo", "sem o qual não se estabelece a relação jurídica inerente ao dissídio"[541], enquanto Ivan Simões Garcia pondera que, ao lado da tentativa de conciliação prévia, a expressão legal em análise "é mais um pressuposto processual objetivo aditado pelo texto constitucional, especialmente para os dissídios coletivos"[542].

Logo, a imposição do "comum acordo" para o processamento da ação de dissídio coletivo se trata de um pressuposto processual.

6.7.3. Discussão quanto instituição da "arbitragem pública" em contraposição à atuação jurisdicional

Outro aspecto que a doutrina tem debatido em relação ao dissídio coletivo de natureza econômica relaciona-se à atividade que o órgão jurisdicional passou a exercer com a inovação decorrente da EC n. 45/04. Para uns, o poder normativo se transmudou para uma arbitragem judicial ou pública, de modo que os Tribunais do Trabalho passaram, então, a exercer uma espécie de juízo arbitral. Para outros, o Judiciário Trabalhista permanece desempenhando o poder normativo como atividade outorgada pelo legislador constitucional, com o duplo propósito de solucionar o conflito e fixar normas e condições de trabalho.

Os partidários e defensores da primeira corrente se alicerçam, basicamente, em duas premissas: o condicionamento do "comum acordo" e a extinção do poder normativo. Renato Lima Barbosa adverte que a necessidade do consenso das partes para o ajuizamento do dissídio coletivo "transforma-o numa verdadeira arbitragem pública", sendo que nesse caso (ou opção), "os limites da decisão encontram-se na própria Constituição", "enquanto que na arbitragem privada as próprias partes fixarão esses limites através de compromisso arbitral"[543].

Ives Gandra da Silva Martins Filho destaca que o dissídio coletivo foi transformado em "verdadeiro exercício de juízo arbitral, dada a necessidade de mútuo

---

(540) MELO, Raimundo Simão de. Ajuizamento de dissídio coletivo de comum acordo. *Revista Nacional de Direito de Trabalho*, Ribeirão Preto, v. 115, 2007. p. 26.
(541) ROCHA, Andréa Presas. Dissídios coletivos: modificações introduzidas pela Emenda Constitucional n. 45/04. In: ROCHA, Andréa Presas. *Suplemento Trabalhista*, São Paulo: LTr, n. 28, 2006. p. 131.
(542) GARCIA, Ivan Simões. Poder normativo: implicações constitucionais pós-EC n. 45/04. *Revista LTr*, São Paulo, n. 71, maio 2007. p. 583.
(543) BARBOSA, Renato Lima. A reforma do judiciário como primeiro passo para uma legítima negociação coletiva. In: BARBOSA, Renato Lima. *Direito coletivo do trabalho depois da EC n. 45/04*. Curitiba: Gênesis, 2005. p. 159.

acordo para a submissão do conflito ao Judiciário"[544], corroborando Octavio Bueno Magano ao asseverar que "como o ajuizamento de dissídio coletivo ficou, pelo novo texto, subordinado a acordo entre as partes, daí se conclui tratar-se, na verdade, de arbitragem pública"[545].

Já conjugando as duas vertentes para justificar o entendimento doutrinário ora analisado, Andrea Presas Rocha comunga da extinção do poder normativo, assinalando que a

> atividade normativa da Justiça do Trabalho depende, atualmente, da instauração, pelas partes, de comum acordo, do dissídio coletivo, revela-se de acurada coerência a conclusão daqueles que entendem que os Tribunais do Trabalho passaram à condição de autênticas Cortes de Arbitragem[546].

De outra banda, em sentido diametralmente oposto, uma corrente doutrinária se manifesta contrariamente ao entendimento de ter ocorrido uma transformação da atividade do Judiciário Trabalhista na solução dos conflitos coletivos em atividade arbitral. Para Alexandre Agra Belmonte, "a EC n. 45 não transformou a Justiça do Trabalho em juízo arbitral em relação aos dissídios coletivos de interesses", citando que a "atividade arbitral difere do exercício do poder normativo da Justiça do Trabalho, cuja decisão, ainda que se trate da criação de direitos, tem fundamentos jurídicos"[547].

Oportuna a observação de Gustavo Filipe Barbosa Garcia, para quem, embora seja possível se verificar, de certa forma, uma aproximação com o instituto da chamada arbitragem oficial ou pública, a EC n. 45 "não extinguiu os dissídios coletivos de natureza econômica, nem o poder normativo da Justiça do Trabalho, mas apenas buscou trazer restrições ao seu exercício". E conclui que "o § 2º do art. 114 não transformou o dissídio coletivo em arbitragem propriamente, até porque esta é mencionada, de forma específica, na parte inicial do dispositivo e no § 1º do mesmo art. 114", ressaltando, ainda, não se verificar "total identidade entre os critérios que fundamentam a decisão arbitral (Lei n. 9.307/96, art. 2º) e o dissídio coletivo de natureza econômica, pois este permanece alicerçado no poder normativo, que tem limites próprios"[548].

---

(544) MARTINS FILHO, Ives Gandra da Silva. A reforma do poder judiciário e seus desdobramentos na justiça do trabalho. *Revista LTr*, São Paulo, n. 69, jan. 2005. p. 31.
(545) MAGANO, Octavio Bueno. O direito do trabalho e a reforma do judiciário. *Revista LTr*, São Paulo, n. 69, mar. 2005. p. 290.
(546) ROCHA, Andréa Presas. Dissídios coletivos: modificações introduzidas pela Emenda Constitucional n. 45/04. In: ROCHA, Andréa Presas. *Suplemento Trabalhista*, São Paulo: LTr, n. 28, 2006. p. 133.
(547) BELMONTE, Alexandre Agra. Mútuo consentimento como condição da ação no dissídio coletivo. *Revista LTr*, São Paulo, n. 71, jun. 2007. p. 681.
(548) GARCIA, Gustavo Filipe Barbosa. Reforma do poder judiciário: o dissídio coletivo na justiça do trabalho após a Emenda Constitucional n. 45/04. *Revista LTr*, São Paulo, n. 69, jan. 2005. p. 69.

Bruno Ferraz Hazan também reforça essa opinião ao salientar que

> em hipótese alguma a instauração de dissídio coletivo poderá ser comparada à arbitragem, a uma porque não houve estipulação expressa desta figura, assim não poderá ser presumida, a duas porque não aparenta a ser a *mean legis*.

E arremata, a par do contido no § 2º do art. 114 da Constituição Federal, que "ilógico seria pensar que se recusando as partes à arbitragem, é facultado às mesmas a instauração de arbitragem"[549].

De fato, ainda que o ideal não seja a simples verificação gramatical do dispositivo legal acima referenciado, parece inequívoco que o legislador não teve a intenção de outorgar ao Judiciário Trabalhista competência para exercer a arbitragem, quer nominada como pública ou judicial. Se se entender como arbitragem pública aquela exercida por órgão ou agente público, então tal instituto já existe e pode ser desempenhado pelo Ministério Público do Trabalho, como abordado acima — vide art. 83, inciso XI, da Lei Complementar n. 75/93.

No que tange à cogitada arbitragem judicial, sobreleva observar que nem o regramento supracitado e muito menos qualquer norma infraconstitucional aponta o Judiciário como competente para exercício de tal encargo. Do mesmo modo, tanto a necessidade do "comum acordo" quanto a disposição de que doravante incumbe aos Tribunais do Trabalho "decidir o conflito" não se mostram suficientes para justificar a compreensão dos defensores da transmutação do poder normativo em juízo arbitral.

Pelo contrário, a própria redação do § 2º do art. 114 da Constituição Federal não mencionaria que, somente depois de vencida a tentativa de solução do litígio pela via negocial ou por meio da arbitragem, as partes poderiam, de comum acordo, ajuizar dissídio coletivo de natureza econômica para o Judiciário Trabalhista decidir o conflito, porquanto desconexa da realidade fático-jurídica de que se inexistir intenção conjunta das partes na adoção da via arbitral as mesmas buscariam a atuação jurisdicional com esse propósito.

Acresça-se que a própria assertiva "ajuizar dissídio coletivo" perante o Tribunal do Trabalho competente dá o exato direcionamento para a compreensão de que se trata da interposição de uma ação coletiva perante o Poder Judiciário encarregado de exercer a atividade que lhe foi outorgada pelo legislador constituinte.

Decididamente, portanto, não há de se cogitar na hipótese de transformação do poder normativo para juízo arbitral, quer pelo fato de exigência do "comum

---

(549) HAZAN, Bruno Ferraz. *O direito do trabalho pede socorro: aderência contratual das normas coletivas e o "comum acordo" na instauração dos dissídios coletivos*. In: HAZAN, Bruno Ferraz. *Suplemento trabalhista*, São Paulo: LTr, n. 7, 2007. p. 23.

acordo", quer pela suposição de que aquele instituto jurídico deixou de existir, apesar da expressa menção à atuação por parte dos Tribunais do Trabalho.

6.7.4. Possibilidade de supressão judicial em caso de expressa recusa ao consentimento para viabilizar a ação coletiva

A base de todo o processo negocial e o regular exercício da autonomia privada coletiva estão alicerçados em princípios, conforme já apresentado, sobressaindo-se o princípio da boa-fé, certamente o vetor dos demais por envolver a conduta e a prática de atos por parte dos entes negociantes ou com o encargo de negociar.

Mesmo que superada a tentativa de negociação direta entre as partes envolvidas no conflito de interesses coletivos, com ou sem o auxílio de um conciliador ou mediador, impõe-se que estas ajam de modo a demonstrar não apenas o esgotamento daquela via, como também compreender e assentir com a necessidade de solução para o impasse. Tal situação abarca a hipótese de consentimento em favor da parte contrária para buscar a via judicial a fim de resolver o conflito.

Não obstante, o antagonismo na relação capital e trabalho e as divergências não superadas na negociação entre as partes envolvidas no conflito podem acarretar a resistência injustificada de anuência àquela parte mais interessada em obter uma solução para a contenda, geralmente a categoria profissional, mormente abranger reivindicações envolvendo reajustes salariais e direitos trabalhistas superiores àqueles previstos em normas estatais. É certo que a categoria obreira pode se valer da adoção da greve como instrumento para defender seus interesses e forçar uma negociação que resulte na celebração de uma Norma Coletiva com disposições legal-convencionais satisfatórias, respeitadas as formalidades exigidas no ordenamento jurídico próprio.

O exercício da greve, contudo, não se afigura como medida de fácil implementação, notadamente para sindicatos profissionais sem representatividade e poder de persuasão e mobilização da classe, situação corroborada pela ausência da segurança empregatícia pós-movimento de paralisação e pelo temor patronal comum a qualquer trabalhador. Ademais, a greve nem sempre é bem digerida no meio social, refletindo em prejuízos à coletividade, à atividade empresarial e à parte economicamente mais fraca, ou seja, à própria categoria profissional.

A possibilidade de supressão judicial da ausência de consentimento da parte suscitada no processo de dissídio coletivo de caráter econômico é outra alternativa que tem recebido respaldo doutrinário. Essa situação se mostra possível, juridicamente, partindo do pressuposto de que, se o conflito coletivo estiver em aberto, sem solução pelas próprias partes envolvidas no dissídio e sem que uma delas admita a possibilidade de anuir com o processo de resolução judicial por meio do poder normativo, com prejuízos a uma das partes, o próprio dispositivo constitucional do inciso XXXV do art. 5º da Carta Política[550] assegura o acesso ao Judiciário, visando a obter a supressão do consentimento negado pela parte suscitada.

A propósito, o princípio da inafastabilidade da jurisdição reforça essa conclusão, já que, apesar de o texto legal fazer referência à "lesão ou ameaça de direito", os interesses categoriais, em geral discutidos em processo de negociação coletiva, também devem ser compreendidos como "direitos" que estão sendo reivindicados em ação coletiva perante a Justiça do Trabalho. Não por acaso, o próprio Texto Constitucional estabelece como prerrogativa-dever do sindicato a defesa dos direitos e interesses coletivos ou individuais da categoria, inclusive em questões judiciais ou administrativas — inciso III do art. 8º[551].

E se o ordenamento jurídico pátrio reconhece a negociação coletiva e o exercício da autonomia privada coletiva como instrumentos para a solução das contendas coletivas de trabalho parece certo concluir pela regular possibilidade de postulação judicial de supressão do requisito constante no § 2º do art. 114 da Constituição Federal. Do contrário estar-se-ia cogitando em manutenção do conflito, e, consequentemente, da lesão a interesses de classe.

Júlio Bernardo do Carmo, após apontar como questão crucial saber se a recusa da categoria econômica em consentir com o ajuizamento do dissídio coletivo de natureza econômica reflete uma postura moderada e legítima ou se externa a imposição de cláusula potestativa pura à parte adversa, impedindo-a de exercitar um direito que a Constituição Federal coloca ao seu dispor, complementa que se

> o sindicato dos trabalhadores for inexpressivo, tíbio, sem poder de barganha contra o patronato e sem meios de exercer com sucesso o direito de greve, a recusa de consentimento da categoria econômica para o ajuizamento conjunto do dissídio coletivo de natureza econômica pode sim caracterizar a recusa abusiva, injurídica ou de extrema má-fé que obsta potestativamente o exercício do direito de ação coletiva por parte do operariado[552].

Em seu entender, "a parte prejudicada poderá sim, de imediato, ajuizar o dissídio coletivo de natureza econômica e nele requerer de forma incidental o suprimento judicial da recusa da categoria econômica contraposta". E prossegue:

---

(550) Art. 5º Todos são iguais perante a lei, sem distinção de qualquer natureza, garantindo-se aos brasileiros e aos estrangeiros residentes no País a inviolabilidade do direito à vida, à liberdade, à igualdade, à segurança e à propriedade, nos termos seguintes:
XXXV — a lei não excluirá da apreciação do Poder Judiciário lesão ou ameaça a direito;
(551) Art. 8º É livre a associação profissional ou sindical, observado o seguinte:
III — ao sindicato cabe a defesa dos direitos e interesses coletivos ou individuais da categoria, inclusive em questões judiciais ou administrativas.
(552) CARMO, Júlio Bernardo do. Do mútuo consenso como condição de procedibilidade do dissídio coletivo de natureza econômica. *Revista LTr*, São Paulo, n. 69, maio 2005. p. 596-597.

sopesando o caso dos autos, o Tribunal do Trabalho poderá, desde que visualizada má-fé, abuso de direito ou ilicitude por parte da categoria econômica, outorgar o suprimento judicial suplicado, quando sua decisão terá a mesma eficácia jurídica do consentimento denegado, possibilitando assim a tramitação normal do dissídio coletivo de natureza econômica, até seu final julgamento[553].

O mesmo entendimento é comungado por Enoque Ribeiro dos Santos ao expor que, se

> o sindicato profissional for fraco e não tiver densidade suficiente para impor pressão por meio da greve, poderá instaurar o dissídio coletivo de natureza econômica no Tribunal, suscitando de forma incidental, o suprimento judicial do "comum acordo", por meio de tutela específica, com fulcro no art. 461 do Código de Processo Civil, que trata das obrigações de fazer, bem como com fundamento em imposição de uma condição puramente potestativa do empregador, proibida em nosso ordenamento jurídico, na denegação do aludido comum acordo[554].

Raimundo Simão de Melo, sem deixar de discorrer acerca da realidade brasileira em que a grande maioria dos sindicatos não tem poder negocial e de pressão contra o empresariado, entende que a recusa por uma das partes deve ser fundamentada, porque a "exigência do comum acordo representa restrição ao acesso ao Judiciário", e, "embora não signifique ofensa ao direito de ação, não pode ser usada por um dos sujeitos como abuso de direito ou má fé em relação ao suscitante", sob pena de se caracterizar a prática de ato antissindical. Nesse caso, complementa:

> havendo recusa comprovadamente abusiva ou de má-fé pela parte que se opõe ao ajuizamento do dissídio coletivo de natureza econômica, a parte interessada pode postular o suprimento judicial junto ao Tribunal competente[555].

De fato, o pressuposto do "comum acordo" não pode ser compreendido como requisito intransponível de ser obtido para a solução do conflito coletivo, ainda mais se dependente da parte contrária, que não concorda, justificadamente. Nesse caso, o caminho estará aberto para a parte interessada buscar a via judicial. Entretanto, é imprescindível que haja demonstração inequívoca do esgotamento das

---

(553) CARMO, Júlio Bernardo do. Do mútuo consenso como condição de procedibilidade do dissídio coletivo de natureza econômica. *Revista LTr*, São Paulo, n. 69, maio 2005. p. 596-597.
(554) SANTOS, Enoque Ribeiro dos. Dissídio coletivo e Emenda Constitucional n. 45/04. Considerações sobre as teses jurídicas da exigência do "comum acordo". *Revista Nacional de Direito do Trabalho*, Ribeirão Preto, v. 103, 2006. p. 16.
(555) MELO, Raimundo Simão de. Ajuizamento de dissídio coletivo de comum acordo. *Revista Nacional de Direito de Trabalho*, Ribeirão Preto, v. 115, 2007. p. 27.

tentativas de negociação direta — reitera-se, inclusive com conciliador ou mediador, a resistência injustificada da parte oponente e dos prejuízos advindos dessa situação.

6.9. Efeitos da solução judicial: sentença normativa

A par dos relatos expendidos, a solução judicial do conflito coletivo se exterioriza na decisão exarada, denominada sentença normativa. Por meio dela, o Tribunal do Trabalho exaure a tutela jurisdicional decidindo o conflito, e, como já exposto, delibera acerca das reivindicações deduzidas no processo de dissídio coletivo pela parte postulante (ou suscitante), fixando normas e condições de trabalho aplicáveis nos âmbitos das representações categoriais dos entes sindicais litigantes. É o que se extrai do contido na parte final do § 2º do art. 114 da Constituição Federal.

Convém reiterar que o fato de esse dispositivo não mais mencionar a possibilidade da Justiça do Trabalho "estabelecer normas e condições" de trabalho, como constava na redação anterior, não altera o propósito e o conteúdo da decisão judicial.

Em reforço, deve-se considerar que, na atual disposição legal, a decisão do conflito importa em respeitar "as disposições mínimas legais de proteção ao trabalho, bem como as convencionadas anteriormente" — e sem adentrar na discussão quanto à incorporação de cláusulas insertas em instrumento coletivo com prazo de vigência já expirado — ou seja, resulta na regular compreensão que o Judiciário Trabalhista, no exercício do poder normativo, prossegue estabelecendo normas e condições de trabalho.

Tratando do assunto, Edson Braz da Silva explana que "também com relação a essa matéria a EC n. 45 não trouxe qualquer novidade e repetiu, apenas com outras palavras, a orientação contida na versão original do § 2º do art. 114"[556]. Sob outro prisma, mas no mesmo sentido conclusivo ora externado, Gustavo Filipe Barbosa Garcia afirma que a alteração na redação do dispositivo em análise "delimita a amplitude do poder normativo da Justiça do Trabalho" e se apresenta "de forma bem mais clara e explícita" em relação ao texto anterior[557]. É possível concluir, pois, pela manutenção da outorga legal de competência jurisdicional aos Tribunais do Trabalho nos termos acima reiterados.

Ademais e em arremate, a própria denominação da decisão ainda adotada — ou seja, sentença normativa — explicita o seu caráter e o seu conteúdo normativo. Esse é o entendimento de Evaristo de Moraes Filho ao asseverar que

---

(556) SILVA, Edson Braz da. Aspectos processuais e materiais do dissídio coletivo frente à Emenda Constitucional n. 45/04. *Revista LTr*, São Paulo, n. 69, set. 2005. p. 1.044.
(557) GARCIA, Gustavo Filipe Barbosa. Reforma do poder judiciário: o dissídio coletivo na Justiça do Trabalho após a Emenda Constitucional n. 45/04. *Revista LTr*, São Paulo, n. 69, jan. 2005. p. 71.

> o caráter normativo das decisões das cortes arbitrais ou dos tribunais do trabalho é ínsito à própria solução dos conflitos coletivos de interesses, criando, para o futuro e com permanente adesão nos contratos de trabalho já existentes, novas condições de trabalho,

cuja "natureza regulamentar identifica-se com a que ocorre nas convenções coletivas de trabalho"[558].

---

(558) MORAES FILHO, Evaristo de. A sentença normativa. In: MORAES FILHO, Evaristo de. *Processo do trabalho*: estudos em memória de Carlos Coqueijo Torreão da Costa. São Paulo: LTr, 1989. p. 191.

Conclusão

A finalização do presente livro motiva e possibilita deduzir algumas conclusões a par das abordagens e dos enfoques externados.

Pode-se afirmar que conflito coletivo de trabalho é comum em qualquer ambiente político, social e econômico, nos quatro cantos do globo terrestre. Pode ocorrer com maior ou menor incidência, mas em geral é mais evidente no período em que comumente há o processo de negociação coletiva de trabalho visando ao ajustamento ou à renovação de regras normativas e condições laborais aplicáveis no âmbito das respectivas representações dos entes sindicais encarregados de discutir as reivindicações e de buscar a solução para o conflito.

Especificamente no Brasil, tal corresponde à época denominada data-base, embora não se deva descartar a possibilidade de sua eclosão, a partir do descumprimento de normas legais e/ou convencionais trabalhistas por parte do patronato, levando a classe trabalhadora envolvida nessa situação a se mobilizar, objetivando uma solução, ainda que se valendo do exercício da autotutela ou, mais precisamente, da greve.

O aspecto de relevo, nestas linhas conclusivas, é que, mais importante que compreender os conflitos coletivos de trabalho, é apontar os meios passíveis de serem adotados para a sua solução, já que transitam entre os métodos autocompositivos e heterocompositivos, abrangendo, nessa hipótese, a intervenção deliberativa direta de um terceiro ou de um órgão com tal atribuição, como ocorre com a Justiça do Trabalho, no exercício do poder normativo.

Aliás, justamente em relação à heterocomposição com a presença do terceiro com poder decisório, reside a maior incidência de discussões e debates, visto que abrange dois institutos jurídicos: a arbitragem e a via jurisdicional. Não é inovadora a conclusão, entendendo que a melhor forma de solução para um conflito é aquela em que as próprias partes envolvidas no litígio encontram e deliberam, de modo consensual e pacífico. Isso não significa ausência de divergência nos interesses, mas, sim, que há um propósito maior de pacificação do conflito.

Destarte, apesar das controvérsias, tanto a arbitragem quanto a via judicial, cada uma com suas características e particularidades, são métodos de solução de conflito que as partes envolvidas no processo de negociação direta frustrada podem adotar objetivando alcançar a pacificação do litígio.

No que tange à arbitragem, a abordagem realizada no presente livro demonstrou que tal método, apesar da resistência, se constitui em um meio eficaz de solução do conflito coletivo. É certo que a restrição à utilização do meio arbitral no âmbito do direito coletivo do trabalho, em detrimento da explícita previsão constitucional estabelecendo essa modalidade para resolver o conflito, decorre de fatores que envolvem desde a nossa cultura e experiência jurídica de buscar o amparo do Judiciário, na tentativa de obter a tutela que resolva o litígio, como do desconhecimento do instituto e de seus resultados práticos, além de depender do consenso de ambas as partes na adoção dessa via. Não obstante, diversas são as vantagens de sua utilização, como descritas neste livro.

Faz-se necessário, pois, uma vez frustrada a tentativa de negociação e resolução direta entre as partes, que os contentores deixem o ranço cultural direcionado unicamente à busca da solução jurisdicional e se lancem nessa opção de método heterocompositivo. É preciso que haja o desprendimento e o convencimento, dando abertura para essa nova tendência de solução do litígio coletivo de trabalho.

Em relação à opção da tutela jurisdicional, incorreto cogitar que o poder normativo dos Tribunais do Trabalho tenha sido extinto com a Emenda Constitucional n. 45/04. Com efeito, apesar da inovação contida no § 2º do art. 114 da Constituição Federal, estabelecendo a necessidade do "comum acordo" para viabilizar a regular tramitação do processo de dissídio coletivo, a via jurisdicional também se apresenta como meio de solução dos conflitos coletivos de trabalho, uma vez esgotada a negociação direta entre as partes e sendo descartada a opção arbitral. Aliás, de igual modo insubsistente, o entendimento que o Judiciário Trabalhista transmudou para um órgão arbitral.

Não se discorda, contudo, que, a partir da EC n. 45/04, o acesso aos Tribunais do Trabalho, visando à solução dos conflitos coletivos de interesse, se tornou mais restrito no que diz respeito a sua viabilização processual ao condicionar a sua procedibilidade. Esta foi a intenção do legislador constituinte-derivado, restringindo, na prática, a adoção do dissídio coletivo. Consequentemente, o exercício do poder normativo ficou mais reduzido no plano fático, mas não no âmbito legal.

Entretanto, reafirma-se que o poder normativo da Justiça do Trabalho permite que os tribunais decidam o conflito de interesse das partes envolvidas no litígio e, paralelamente, estabeleçam normas e condições de trabalho aplicáveis no âmbito das representações dos entes sindicais, nesse caso, observando-se como limite as disposições mínimas legais e as convencionadas anteriormente. É o que se depreende do disposto na segunda parte do § 2º do art. 114 da Constituição Federal.

A propósito da necessidade de anuência da parte contrária, como requisito específico para regular procedibilidade e tramitação da ação coletiva, se não é possível afirmar a sua inconstitucionalidade, de outro lado, a mesma premissa que assegura o princípio da inafastabilidade do Poder Judiciário, inscrito no inciso XXXV do art. 5º da Constituição Federal, permite que a parte reivindique a supressão do consentimento negado pela via judicial.

É certo, porém, que a inovação do texto constitucional que trata do processo de dissídio coletivo de natureza econômica, deve levar os entes sindicais à reflexão relativa à necessidade de buscarem a solução dos conflitos categoriais pela negociação direta, com ou sem a participação de um conciliador ou mediador, e, como recurso mais apropriado na hipótese de essa via restar inexitosa, optarem pela arbitragem.

Referências

ALMEIDA, João Alberto de. Arbitragem. In: ALMEIDA, João Alberto de. *Fundamentos do direito do trabalho:* estudos em homenagem ao ministro Milton de Moura França. São Paulo: LTr, 2000.

ALMEIDA, Lucilde D'Ajuda Lyra de. A negociação coletiva como instrumento de harmonização das relações de trabalho. *Revista LTr*, São Paulo, n. 68, set. 2004.

ALMEIDA, Renato Rua de. Das cláusulas normativas das convenções coletivas de trabalho: conceito, eficácia e incorporação nos contratos individuais de trabalho. *Revista LTr*, São Paulo, n. 60, dez. 1996.

ALVIM, Arruda. *Manual de direito processual civil.* São Paulo: Revista dos Tribunais, 1997. v. 1.

AMARAL, Lídia Miranda de Lima. *Mediação e arbitragem*: uma solução para os conflitos trabalhistas no Brasil. São Paulo: LTr, 1994.

ARAÚJO, João Carlos de. *Ação coletiva do trabalho*. São Paulo: LTr, 1993.

AROUCA, José Carlos. *Repensando o sindicato*. São Paulo: LTr, 1998.

_____. *O sindicato em um mundo globalizado*. São Paulo: LTr, 2003.

_____. Justiça do trabalho competência para matéria sindical. In: AROUCA, José Carlos. *Suplemento Trabalhista,* São Paulo: LTr, n. 53, 2005.

AVELLAR, Luiz Carlos da Cunha. Os dissídios coletivos à luz da constituição de 1988. *Revista LTr*, São Paulo, n. 55, mar. 1991.

BARBOSA, Renato Lima. A reforma do judiciário como primeiro passo para uma legítima negociação coletiva. In: BARBOSA, Renato Lima. *Direito coletivo do trabalho depois da EC n. 45/04*. Curitiba: Gênesis, 2005.

BARROS, Alice Monteiro de. *Curso de direito do trabalho*. São Paulo: LTr, 2006.

BARROS, Cássio Mesquita. Categorias econômicas e profissionais. In: BARROS, Cássio Mesquita. *Direito sindical brasileiro*: estudos em homenagem ao professor Arion Sayão Romita. São Paulo: LTr, 1998.

_____. Flexibilização do direito do trabalho. *Revista LTr*, São Paulo, n. 59, ago. 1995.

_____. Mediação e arbitragem em uma nova relação de trabalho. In: BARROS, Cássio Mesquita. *Temas atuais de direito.* Edição comemorativa ao Jubileu de Prata da Academia Paulista de Direito. São Paulo: LTr, 1998.

_____. Modernização da CLT à luz da realidade brasileira. *Revista LTr*, São Paulo, n. 55, abr. 1991.

_____. A reforma judiciária da Emenda Constitucional n. 45. *Revista LTr*, São Paulo, v. 69, mar. 2005.

BASTOS, Celso Ribeiro. *Curso de direito constitucional*. São Paulo: Saraiva, 1995.

BATALHA, Wilson de Souza Campos. *Direito processual das coletividades e dos grupos*. São Paulo: LTr, 1992.

_____; BATALHA, Sílvia Marina Labate. *Sindicato sindicalismo*. São Paulo: LTr, 1994.

BELMONTE, Alexandre Agra. Mútuo consentimento como condição da ação no dissídio coletivo. *Revista LTr,* São Paulo, n. 71, jun. 2007.

BELTRAN, Ari Possidonio. *A autotutela nas relações do trabalho*. São Paulo: LTr, 1996.

BERNARDES, Hugo Gueiros. Níveis da negociação coletiva. In: BERNARDES, Hugo Gueiros. *Direito sindical brasileiro*: estudos em homenagem ao professor Arion Sayão Romita. São Paulo: LTr, 1998.

_____. Participação dos sindicatos na negociação coletiva de trabalho. In: BERNARDES, Hugo Gueiros. *Curso de direito constitucional do trabalho*: estudos em homenagem ao professor Amauri Mascaro Nascimento. São Paulo: LTr, 1991.

_____. Princípios da negociação coletiva. In: BERNARDES, Hugo Gueiros. *Relações coletivas de trabalho*: estudos em homengem ao ministro Arnaldo Süssekind. São Paulo: LTr, 1989.

BRITO FILHO, José Cláudio Monteiro de. *Direito sindical*. São Paulo: LTr, 2000.

_____. Mediação e arbitragem como meios de solução de conflitos coletivos de trabalho: atuação do Ministério Público do Trabalho. *Revista LTr*, São Paulo, n. 62, mar. 1998.

BRITO, Rider Nogueira de. Legitimação para a negociação coletiva. In: BRITO, Rider Nogueira de. *Curso de direito coletivo do trabalho*: estudos em homenagem ao ministro Orlando Teixeira da Costa. São Paulo: LTr, 1998.

CACHAPUZ, Rozane da Rosa. *Arbitragem*. Leme: Editora de Direito, 2000.

CAIRO JÚNIOR, José. *Direito do trabalho:* relações coletivas de trabalho. Salvador: Podivm, 2006. v. 2.

CARRION, Valentin. *Comentários à consolidação das leis do trabalho*. São Paulo: Saraiva, 2008.

CARMO, Júlio Bernardo do. Do mútuo consenso como condição de procedibilidade do dissídio coletivo de natureza econômica. *Revista LTr*, São Paulo, n. 69, maio 2005.

CARMONA, Carlos Alberto. *A arbitragem no processo civil brasileiro*. São Paulo: Malheiros, 1993.

_____. *Arbitragem e processo*. São Paulo: Atlas, 2006.

CASTILHO, José Luciano de. A reforma do poder judiciário, o dissídio coletivo e o direito de greve. *Revista do Tribunal Superior do Trabalho,* Brasília, v. 71, n. 1, jan./abr. 2005. Disponível em: <http://www.tst.gov.br> Acesso em: 2.2.2008.

CATHARINO, José Martins. *Tratado elementar de direito sindical*. São Paulo: LTr, 1982.

CEZAR, Kátia Regina. Poder normativo e dissídios coletivos. In: CEZAR, Kátia Regina. *Temas controvertidos do direito coletivo do trabalho no cenário nacional e internacional*. São Paulo: LTr, 2006.

CINTRA, Antonio Carlos de Araújo; GRINOVER, Ada Pellegrini; DINAMARCO, Cândido Rangel. *Teoria geral do processo*. São Paulo: Revista dos Tribunais, 2005.

CÓRDOVA, Efrén. *As relações coletivas de trabalho na América Latina*. São Paulo: LTr, 1985.

COUTINHO, Cristiane Maria Henrichs de Souza. *Arbitragem e a Lei n. 9.307/96*. Rio de Janeiro: Forense, 1999.

DALLEGRAVE NETO, José Affonso. *Inovações na legislação trabalhista*. São Paulo: LTr, 2002.

DELGADO, Mauricio Godinho. *Direito coletivo do trabalho*. São Paulo: LTr, 2001.

DINIZ, Maria Helena. *Compêndio de introdução à ciência do direito*. São Paulo: Saraiva, 2004.

FERRARI, Irany. Negociação coletiva direta nas relações de trabalho. In: FERRARI, Irany. *Curso de direito coletivo do trabalho*: estudos em homenagem ao ministro Orlando Teixeira da Costa. São Paulo: LTr, 1998.

FERRAZ JÚNIOR, Tercio Sampaio. *Introdução ao estudo do direito*. São Paulo: Atlas, 2001.

FERREIRA, Aurélio Buarque de Holanda. *Novo dicionário da língua* portuguesa. 3. ed. 1. imp. Curitiba: Positivo, 2004.

FERREIRA, Monica Brandão. O dissídio coletivo na justiça do trabalho: da necessidade do comum acordo para o seu ajuizamento. *Revista LTr*, São Paulo, n. 71, jan. 2007.

FIGUEIRA JÚNIOR, Joel Dias. *Arbitragem, jurisdição e execução*. São Paulo: Revista dos Tribunais, 1999.

FIGUEIRÔA JÚNIOR, Narciso. *Arbitragem nos conflitos de trabalho*. 2007. Disponível em: <http://www.fetcesp.com.br/ArtigoCompleto.asp?Codigo=18> Acesso em: 26.12.2007.

FRAGA, Ricardo Carvalho. Em defesa do poder normativo: atualidade, flexibilidade, neoliberalismo e perspectivas. In: FRAGA, Ricardo Carvalho. *Perspectivas do direito do trabalho*. Porto Alegre: Livraria do Advogado, 1993.

FRANCO FILHO, Georgenor de Sousa. *A nova lei de arbitragem e as relações de trabalho*. São Paulo: LTr, 1997.

_____ . A arbitragem no direito do trabalho. In: FRANCO FILHO, Georgenor de Sousa. *O direito do trabalho na sociedade contemporânea*. São Paulo: Jurídica Brasileira, 2001.

FREITAS, Manoel Mendes de. Poder normativo da justiça do trabalho: poder regulamentar do chefe do poder executivo — análise comparativa. In: FREITAS, Manoel Mendes de. *Curso de direito do trabalho:* estudos em memória de Célio Goyatá. São Paulo: LTr, 1994. v. 2.

GARCEZ, José Maria Rossani. *Negociação*: ADRS: mediação: conciliação e arbitragem. Rio de Janeiro: Lumen Juris, 2004.

GARCIA, Gustavo Filipe Barbosa. Reforma do poder judiciário: o dissídio coletivo na Justiça do Trabalho após a Emenda Constitucional n. 45/04. *Revista LTr*, São Paulo, n. 69, jan. 2005.

GARCIA, Ivan Simões. Poder normativo: implicações constitucionais pós-EC n. 45/04. *Revista LTr*, São Paulo, n. 71, maio 2007.

GARCIA, Pedro Carlos Sampaio. *O sindicato e o processo*. São Paulo: Saraiva, 2002.

GENRO, Tarso Fernando. Em defesa do poder normativo e da reforma do estado. In: GENRO, Tarso Fernando. *Perspectivas do direito do trabalho*. Porto Alegre: Livraria do Advogado, 1993.

GIUGNI, Gino. *Direito sindical*. Tradução e notas de Eiko Lúcia Itioka. São Paulo: LTr, 1991.

GOMES, Orlando; GOTTSCHALK, Élson. *Curso de direito do trabalho*. Rio de Janeiro: Forense, 1995.

GOMES, Orlando. *A convenção coletiva de trabalho*. São Paulo: LTr, 1995.

GOMES Neto, Indalécio. *Pequeno curso de direito coletivo do trabalho*. Curitiba: JM, 2000.

GUIMARÃES, Deocleciano Torrieri. *Dicionário técnico jurídico*. São Paulo: Rideel, 2004.

GUNTHER, Luiz Eduardo; ZORING, Cristina Maria Navarro. A insustentável leveza da negociação coletiva e o peso do sindicato (exegese da recepção do § 1º do art. 617 da CLT, em face do art. 8º, inc. VI, da CF/88, e da reforma trabalhista/sindical em andamento). In: GUNTHER, Luiz Eduardo; ZORING, Cristina Maria Navarro. *Reforma trabalhista e sindical*: o direito do trabalho em perspectivas. Homenagem a Edésio Franco Passos. São Paulo: LTr, 2005.

HAZAN, Bruno Ferraz. O direito do trabalho pede socorro: aderência contratual das normas coletivas e o "comum acordo" na instauração dos dissídios coletivos. In: HAZAN, Bruno Ferraz. *Suplemento Trabalhista,* São Paulo: LTr, n. 7, 2007.

HINZ, Henrique Macedo. *O poder normativo da justiça do trabalho*. São Paulo: LTr, 2000.

JUSTIÇA privada é cilada para trabalhadores. *Folha de S. Paulo*, São Paulo, p. B-1, 27.5.2002.

LAIMER, Adriano Guedes. *O novo papel dos sindicatos*. São Paulo: LTr, 2003.

LEITE, Carlos Henrique Bezerra. *A ação civil pública*. São Paulo: LTr, 2001.

_____ . A negociação coletiva no direito do trabalho brasileiro. *Revista LTr*, São Paulo, n. 70, jul. 2006.

_____ . *Curso de direito processual do trabalho*. São Paulo: LTr, 2007.

LOPES, Otavio Brito. Os precedentes normativos do TST: cancelamento. *Revista LTr*, São Paulo, n. 63, mar. 1999.

_____ . O poder normativo da justiça após a Emenda Constitucional n. 45. *Revista LTr*, São Paulo, n. 69, fev. 2005.

LORENZETTI, Ricardo Luis. *Fundamentos do direito privado*. São Paulo: Revista dos Tribunais, 1998.

LUCA, Carlos Moreira de. *Convenção coletiva do trabalho:* um estudo comparativo. São Paulo: LTr, 1991.

MAGANO, Octavio Bueno. *Manual de direito do trabalho*. São Paulo: LTr, 1990. v. III.

_____ . O direito do trabalho e a reforma do judiciário. *Revista LTr*, São Paulo, n. 69, mar. 2005.

MAIOR, Jorge Luiz Souto. Arbitragem e direito do trabalho. *Revista LTr*, São Paulo, n. 61, fev. 1997.

MALHADAS, Júlio Assumpção. Flexibilização de direitos. In: MALHADAS, Júlio Assumpção. *Relações coletivas de trabalho*: estudos em homenagem ao ministro Arnaldo Süssekind. São Paulo: LTr, 1989.

MALLET, Estêvão. Outorga judicial do consentimento negado pelo sindicato. In: MALLET, Estêvão. *Temas de direito do trabalho*. São Paulo: LTr, 1998.

MANCUSO, Rodolfo de Camargo. *Interesses difusos*: conceito e legitimação para agir. São Paulo: Revista dos Tribunais, 2004.

MANUS, Pedro Paulo Teixeira. *Negociação coletiva e contrato individual de trabalho*. São Paulo: Atlas, 2001.

_____. *Direito individual e coletivo do trabalho*. São Paulo: Atlas, 2001.

MARANHÃO, Délio. Dos instrumentos trabalhistas normativos e do limite de sua eficácia no tempo. In: MARANHÃO, Délio. *Relações coletivas de trabalho*: estudos em homenagem ao ministro Arnaldo Süssekind. São Paulo: LTr, 1989.

MARTINS FILHO, Ives Gandra da Silva. *Processo coletivo do trabalho*. São Paulo: LTr, 1994.

_____. O direito comparado como fonte do direito coletivo do trabalho. *Revista LTr*, São Paulo, n. 55, set. 1991.

_____. Breve história da justiça do trabalho. In: MARTINS FILHO, Ives Gandra da Silva. *História do trabalho, do direito do trabalho e da justiça do trabalho*. São Paulo: LTr, 1998.

_____. A reforma do poder judiciário e seus desdobramentos na justiça do trabalho. *Revista LTr*, São Paulo, n. 69, jan. 2005.

MARTINS, Ildélio. Classificação dos conflitos coletivos de trabalho. In: MARTINS, Ildélio. *Curso de direito coletivo do trabalho:* estudos em homenagem ao ministro Orlando Teixeira da Costa. São Paulo: LTr, 1998.

MARTINS, Sergio Pinto. *Direito do trabalho*. São Paulo: Atlas, 1999.

_____. *Direito processual do trabalho*. São Paulo: Atlas, 2002.

MAZZONI, Giuliano. *Relações coletivas de trabalho*. Tradução de Antonio Lamarca. São Paulo: Revista dos Tribunais, 1972.

MEDEIROS, Mauro. *A interpretação da convenção coletiva de trabalho*. São Paulo: LTr, 2003.

MEIRELES, Edilton. *Competência e procedimento na justiça do trabalho*: primeiras linhas da reforma do judiciário. São Paulo: LTr, 2005.

MEIRELLES, Davi Furtado. Poder normativo: momento de transição. In: MEIRELLES, Davi Furtado. *Direito coletivo do trabalho depois da EC n. 45/04*. Curitiba: Gênesis, 2005.

MELO, Raimundo Simão de. *Dissídio coletivo de trabalho*. São Paulo: LTr, 2002.

_____. Formas de solução dos conflitos coletivos de trabalho no Brasil. *Revista LTr*, São Paulo, n. 55, nov. 1991.

_____. Ajuizamento de dissídio coletivo de comum acordo. *Revista Nacional de Direito de Trabalho*, Ribeirão Preto, n. 115, 2007.

MENEZES, Cláudio Armando Couce de. Permanência das cláusulas constantes de instrumentos coletivos. *Revista LTr*, São Paulo, n. 56, abr. 1992.

_____. BORGES, Leonardo Dias. *O moderno processo do trabalho:* tutela antecipada, arbitragem, execução, recursos. São Paulo: LTr, 1997.

MONTORO, André Franco. *Introdução à ciência do direito*. São Paulo: Revista dos Tribunais, 2000.

MORAES FILHO, Evaristo de. A sentença normativa. In: MORAES FILHO, Evaristo de. *Processo do trabalho:* estudos em memória de Carlos Coqueijo Torreão da Costa. São Paulo: LTr, 1989.

MORGADO, Isabele Jacob. *A arbitragem nos conflitos de trabalho*. São Paulo: LTr, 1998.

MOURA, Fernando Galvão; MELO, Nelma de Souza. Arbitragem no direito do trabalho. *Jus Navigandi*, Teresina. Disponível em: <http://jus2.uol.com.br/doutrina/texto.asp?id=2204> Acesso em: 26.12.2007.

NADER, Paulo. *Introdução ao estudo do direito*. Rio de Janeiro: Forense, 1987.

NASCIMENTO, Amauri Mascaro. *Curso de direito do trabalho*. São Paulo: Saraiva, 1996.

_____ . *Compêndio de direito sindical*. São Paulo: LTr, 2000.

_____ . *Conflitos coletivos de trabalho*. São Paulo: Saraiva, 1978.

_____ . *Curso de direito processual do trabalho*. São Paulo: Saraiva, 2007.

_____ . A questão do dissídio coletivo "de comum acordo". *Revista LTr*, São Paulo, n. 70, jun. 2006.

OLIVEIRA, Marcelo Salaroli de. Da obrigatoriedade da participação dos sindicatos econômicos na negociação coletiva de trabalho. In: OLIVEIRA, Marcelo Salaroli de. *Direito coletivo moderno*. São Paulo: LTr, 2006.

PACHECO, Iara Alves Cordeiro. *Os direitos trabalhistas e a arbitragem*. São Paulo: LTr, 2003.

PAMPLONA FILHO, Rodolfo. Atualizando uma visão didática da arbitragem na área trabalhista. *Jus Navigandi*, Teresina. Disponível em: <http://jus2.uol.com.br/doutrina/texto.asp?id=6831> Acesso em: 26.12.2007.

PASSOS, Edésio. Roteiro para estudo: poder normativo, resolução dos conflitos coletivos de trabalho e a EC n. 45/04. In: PASSOS, Edésio. *Direito coletivo do trabalho depois da EC n. 45/04*. Curitiba: Gênesis, 2005.

PEREIRA, José Luciano de Castilho. Autonomia privada coletiva. In: PEREIRA, José Luciano de Castilho. *O direito do trabalho na sociedade contemporânea*. São Paulo: Jurídica Brasileira, 2001.

PIMENTEL, Marcelo. Composição de conflitos: algumas ideias para a revitalização da justiça do trabalho. In: PIMENTEL, Marcelo. *Relações coletivas de trabalho*: estudos em homenagem ao ministro Arnaldo Süssekind. São Paulo: LTr, 1989.

PINTO, José Augusto Rodrigues. *Direito sindical e coletivo do trabalho*. São Paulo: LTr, 1998.

PINTO JÚNIOR, Dirceu. O poder normativo da justiça do trabalho e a EC n. 45/04. In: PINTO JÚNIOR, Dirceu. *Direito coletivo do trabalho depois da EC n. 45/04*. Curitiba: Gênesis, 2005.

PISCO, Claudia de Abreu Lima. Técnicas para solução alternativa de conflitos trabalhistas. *Revista LTr*, São Paulo, n. 70, nov. 2006.

_____ . Dissídios coletivos e mútuo consentimento — análise da constitucionalidade da exigência. *Revista LTr*, São Paulo, n. 72, jan. 2009.

POLÍCIA investiga ações de três tribunais arbitrais. *O Diário do Norte do Paraná*, Maringá, 24.12.2007.

PRADO, Roberto Barreto. *Curso de direito sindical*. São Paulo: LTr, 2003.

RAMOS, Augusto César. Mediação e arbitragem na justiça do trabalho. *Jus Navigandi*, Teresina, ano 6, n. 54, fev. 2002. Disponível em: <http://jus2.uol.com.br/doutrina/texto.asp?id=2620> Acesso em: 26.12.2007.

RAMOS FILHO, Wilson. Direito coletivo e sindical na reforma do judiciário. In: RAMOS FILHO, Wilson. *Direito coletivo do trabalho depois da EC n. 45/04*. Curitiba: Gênesis, 2005.

REALE, Miguel. *Nova fase do direito moderno*. São Paulo: Saraiva, 2001.

RIPPER, Walter William. *O poder normativo da justiça do trabalho após a EC n. 45/04*. São Paulo: LTr, 2007.

ROBORTELLA, Luiz Carlos Amorim. O conceito moderno de negociação coletiva. In: ROBORTELLA, Luiz Carlos Amorim. *Direito sindical brasileiro*: estudos em homenagem ao prof. Arion Sayão Romita. São Paulo: LTr, 1998.

ROCHA, Andréa Presas. Dissídios coletivos: modificações introduzidas pela Emenda Constitucional n. 45/04. In: ROCHA, Andréa Presas. *Suplemento Trabalhista*, São Paulo: LTr, n. 28, 2006.

RODRIGUEZ, Américo Plá. *Princípios de direito do trabalho*. São Paulo: LTr, 1996.

ROMITA, Arion Sayão. O conceito de categoria. In: ROMITA, Arion Sayão. *Curso de direito coletivo do trabalho*: estudos em homenagem ao ministro Orlando Teixeira da Costa. São Paulo: LTr, 1998.

RUPRECHT, Alfredo J. *Relações coletivas de trabalho*. São Paulo: LTr, 1995.

RUSSOMANO, Mozart Victor. *Princípios gerais de direito sindical*. Rio de Janeiro: Forense, 2002.

_____; CABANELLAS, Guillermo. *Conflitos coletivos de trabalho*. São Paulo: Revista dos Tribunais, 1979.

SÁ, Maria Cristina Haddad de. *Negociação coletiva de trabalho no Brasil*. São Paulo: LTr, 2002.

SANTOS, Carolina de Oliveira Lemes. Aspectos do dissídio coletivo de comum acordo e do poder normativo da justiça do trabalho pós-Emenda Constitucional n. 45/04. In: SANTOS, Carolina de Oliveira Lemes. *Direito coletivo do trabalho em debate*. Rio de Janeiro: Lumen Juris, 2009.

SANTOS, Enoque Ribeiro dos. *Direitos humanos na negociação coletiva*. São Paulo: LTr, 2004.

_____. Dissídio coletivo e Emenda Constitucional n. 45/04. Considerações sobre as teses jurídicas da exigência do "comum acordo". *Revista Nacional de Direito do Trabalho*, Ribeirão Preto, v. 103, 2006.

SANTOS, Moacyr Amaral. *Primeiras linhas de direito processual civil*. São Paulo: Saraiva, 1990. v. 1.

SANTOS, Paulo de Tarso. *Arbitragem e poder judiciário*. São Paulo: LTr, 2001.

SANTOS, Ronaldo Lima dos. *Teoria das normas coletivas*. São Paulo: LTr, 2007.

SÁVIO, Luciane Alves. Flexibilização do direito do trabalho e implantação da autonomia privada coletiva no Brasil. In: SÁVIO, Luciane Alves. *Direito do trabalho:* estudos. São Paulo: LTr, 1997.

SCHIAVI, Mauro. Aspectos polêmicos e atuais da arbitragem como meio de solução dos conflitos trabalhistas. In: SCHIAVI, Mauro. *Suplemento Trabalhista,* São Paulo: LTr, n. 125, 2007.

SILVA, Antônio Álvares da. Solução dos conflitos do trabalho. In: SILVA, Antônio Álvares da. *Curso de direito do trabalho:* estudos em memória de Célio Goyatá. São Paulo: LTr, 1994. v. 2.

SILVA, Edson Braz da. Aspectos processuais e materiais do dissídio coletivo frente à Emenda Constitucional n. 45/04. *Revista LTr*, São Paulo, n. 69, set. 2005.

SILVA, Lílian Fernandes da. Arbitragem: a Lei n. 9.307/96. *Revista da Escola Paulista de Magistratura*, São Paulo, n. 4, ano 2, 1998.

SILVA, Luiz de Pinho Pedreira da. Negociação coletiva. In: SILVA, Luiz de Pinho Pedreira da. *Curso de direito constitucional do trabalho*: estudos em homenagem ao professor Amauri Mascaro Nascimento. São Paulo: LTr, 1991. v. 2.

SILVA, Paulo Renato Fernandes da. A regulação no contrato de trabalho. *Revista LTr*, São Paulo, n. 68, jul. 2004.

SILVA, Wilma Nogueira de Araújo Vaz da. Sobre a exigência de comum acordo como condição da ação de dissídios coletivos. *Revista LTr*, São Paulo, n. 69, set. 2005.

SOUZA, Zoraide Amaral de. *Arbitragem, conciliação*: mediação nos conflitos trabalhistas. São Paulo: LTr, 2004.

STUMER, Gilberto. Negociação coletiva de trabalho como fundamento da liberdade sindical x poder normativo da Justiça do Trabalho. *Revista LTr*, São Paulo, n. 71, nov. 2007.

SÜSSEKIND, Arnaldo Lopes. *Convenções da OIT*. São Paulo: LTr, 1994.

_____ . *Direito constitucional do trabalho*. Rio de Janeiro: Renovar, 1999.

_____ . Poder normativo dos tribunais do trabalho. In: SÜSSEKIND, Arnaldo Lopes. *Direito do trabalho* — estudos. São Paulo: LTr, 1997.

_____ . A negociação trabalhista e a lei. *Revista LTr*, São Paulo, n. 69, fev. 2005.

_____ . Do ajuizamento dos dissídios coletivos. *Revista LTr*, São Paulo, n. 69, set. 2005.

TEIXEIRA FILHO, João de Lima. *Instituições de direito do trabalho*. São Paulo: LTr, 2002. v. 2.

_____ . A obrigação de paz e os instrumentos normativos. In: TEIXEIRA FILHO, João de Lima. *Relações coletivas de trabalho*: estudos em homenagem ao ministro Arnaldo Süssekind. São Paulo: LTr, 1989.

_____ . A arbitragem e a solução dos conflitos coletivos de trabalho. In: TEIXEIRA FILHO, João de Lima. *Curso de direito coletivo do trabalho:* estudos em homenagem ao ministro Orlando Teixeira da Costa. São Paulo: LTr, 1998.

TEIXEIRA FILHO, Manoel Antonio. *Dissídio coletivo:* curso de processo do trabalho. São Paulo: LTr, 1998. v. 24.

THEODORO JÚNIOR, Humberto. *Curso de direito processual civil*. Rio de Janeiro: Forense, 1990. v. 1.

TONIAL, Maira Angélica dal Conte. *Dissídio coletivo — o mútuo consentimento como requisito*. Curitiba: Juruá, 2009.

TRABALHADORES se queixam de conciliações. *Folha de S. Paulo*, São Paulo, p. B-4, 27.5.2002.

VALLE, Márcio Ribeiro do. Dissídio coletivo — EC n. 45/04: inexistência de óbice ao exercício do direito de ação. *Tribunal Regional do Trabalho da 3ª Região*, 2007. Disponível em: <www2.mg.trt.gov.br/informe/acs/2005/n290305c.htm> Acesso em: 26.12.2007.

YOSHIDA, Márcio. *Arbitragem trabalhista*. São Paulo: LTr, 2006.